Gartengestaltung nach Farben

Jenny Hendy

Gartengestaltung nach Farben

Über 1000 Pflanzen

Auswahl · Anbau · Pflege

Bechtermünz

Titel der Originalausgabe
Plant Selector

Deutsche Erstausgabe

Lektorat und Redaktion: Pippa Rubinstein, Sally Roth, Sally MacEachern, Sally Bond
Beratung: Frances Hutchison (Australia), Peter Kruger (Südafrika), Sally Roth (USA)
Art Director: Moira Clinch
Layout und Design: Jennie Doogie, Sally Bond
Fotografie: Peter Stiles
Koordination und Bearbeitung der deutschen Ausgabe: Neumann & Nürnberger, Leipzig
Übertragung ins Deutsche: Antje Lorbeer, Leipzig
Umschlaggestaltung: Silvia Braunmüller, Gestaltungsbüro Lehmacher, Friedberg (Bayern)
Umschlagmotive: © Sven Frändas/Naturbild AB/Okapia, München (lo); © Hans Reinhard/Okapia, München (ro); Manfred Ruckszio/Okapia, München (lu); © Digital Stock Corporation (ru)
Gesamtherstellung: Leefung-Asco Printers Ltd., Hong Kong

Printed in China

ISBN 3-8289-1635-X

INHALT

BENUTZUNG DES BUCHES

Einfache Farbmuster, wie die hier abgebildete Mischung aus pastellblauen Stiefmütterchen und rosafarbenen Begonien, sind ein besonderer Blickfang.

Gestaltung mit Farben

Pflanzungen mit einfacher farblicher Gestaltung erzielen meist eine eindrucksvollere Wirkung als solche, bei denen viele verschiedene Farbtöne eingesetzt werden. Dieses Buch soll Ihnen bei der farblichen Gestaltung Ihrer Rabatten helfen. In den Einleitungen zu den einzelnen Kapiteln finden Sie viele Anregungen für die einfarbige Gestaltung sowie entsprechende Kombinationsmöglichkeiten mit anderen Farben. Dabei sollten Sie jedoch bedenken, dass die Hauptfarbe Ihrer Beete je nach Jahreszeit wechselt. Es gestaltet sich beispielsweise recht schwierig, eine Rabatte das ganze Jahr über in einem Blauton zu halten, da es im Winter nicht viele blau blühende Pflanzen gibt. Die Kombination mit einer anderen Farbe, zum Beispiel gelb, ist daher empfehlenswert. Außerdem bietet eine zweifarbige Rabatte eine weitaus interessantere Abwechslung im Verlauf der Jahreszeiten.

Einjährige Pflanzen eignen sich besonders gut zum Experimentieren mit verschiedenen Farbmustern. Sollte sich nämlich eine gewählte Pflanzenkombination als ungünstig erweisen, können Sie in der nächsten Saison sogleich etwas Neues ausprobieren. Für eine dauerhafte Bepflanzung einer gemischten Rabatte sollten Sie jedoch immergrüne Pflanzen als Grundlage verwenden. Diese sind zwar nicht so farbenprächtig wie Blumen, aber dafür weitaus ausdauernder. Grüntöne, die ebenfalls in vielen verschiedenen Farbschattierungen vorkommen, verstärken zudem die Wirkung der Blütenpflanzen.

Bei der Beetgestaltung müssen natürlich auch andere Faktoren berücksichtigt werden, wie zum Beispiel das formschöne Zusammenspiel verschiedener Wuchsformen und Strukturen. Die Farbfotos und Beschreibungen zu den einzelnen Pflanzen vermitteln Ihnen eine deutliche Vorstellung ihrer Wuchsform. Um sicher zu gehen, dass Ihre Rabatte im Hinblick auf die Formgestaltung genügend Abwechslung bietet, sollten Sie sich Ihre gewünschte Anordnung der

Pflanzen am besten in schwarz-weiss vorstellen. Für ein attraktives Erscheinungsbild einer Rabatte müssen die zeitgleich blühenden Pflanzen gut zusammenpassen. Es erweist sich als unnütz, rein theoretisch ein schönes Arrangement von Pflanzen anzulegen, die alle zu unterschiedlicher Zeit in Blüte stehen.

Abschließend sei angemerkt, dass Sie sich nicht das ganze Jahr hindurch an ein bestimmtes Farbmuster halten müssen. Sie können zum Beispiel eine Hauptfarbe wählen, die Sie im Verlauf des Jahres mit anderen Farbtönen ergänzen oder in Kontrast bringen. Solche Veränderungen lassen sich besonders durch Zwiebelpflanzen und Einjährige erzielen.

Saisonale Abwechslung

Die Kapitel zu den einzelnen Farben beginnen zunächst mit den entsprechenden Pflanzen für das Frühjahr und nehmen ihren Verlauf durch die Jahreszeiten bis hin zum Winter. Pflanzen, deren Blütezeit sich über mehrere Monate erstreckt, werden dabei jedoch nur einmal aufgeführt – normalerweise für die Zeit, in der sie den schönsten Anblick bieten. In Regionen mit wärmerem Klima, in denen nur ein milder oder gar kein Winter vorherrscht, kann sich die Blütezeit einiger Pflanzen praktisch über das ganze Jahr erstrecken. Dazu gehört zum Beispiel das Fleißige Lieschen, eine verbreitete Beetpflanze, die in frostfreien Regionen fast ununterbrochen blüht und sich selbst aussät. Auch die Blütezeit der Rosen erstreckt sich in milden Klimaten vom Frühling bis in den Spätherbst. Klimatisch bedingte deutliche Unterschiede in der Blütezeit werden bei einigen Pflanzenbeschreibungen in einer Klammerangabe gesondert vermerkt.

Eine schöne Rabatte sollte das ganze Jahr hindurch einen Blickfang bilden. Dieses Ziel lässt sich jedoch nicht so einfach in die Praxis umsetzen, besonders wenn es ein eingeschränktes Farbmuster einzuhalten gilt. Es ist daher besser, in den einzelnen Jahreszeiten einen Höhepunkt anzustreben. Sobald Ihre Rabatte in eine blüharme Phase übergeht, können Sie mit Hilfe von einjährigen und frostempfindlichen mehrjährigen Pflanzen ein wenig Farbe ins Spiel bringen.

Gestaltung nach Größe

Jede Seite dieses Buches ist in drei Teile untergliedert. In der oberen Reihe sind die Pflanzen aufgeführt, die höher als 120 cm wachsen und daher im hinteren Teil der Rabatte angeordnet werden sollten. Danach folgt die mittlere Reihe für Pflanzen mit einer allgemeinen Wuchshöhe von 60 cm bis 120 cm, und zum Schluss die untere Reihe mit Pflanzen, die durchschnittlich nicht höher als 60 cm wachsen und in den Vordergrund der Rabatte gehören. In Regionen mit wärmerem Klima, vor allem in frostfreien Gebieten mit ununterbrochener Wachstumszeit, können einige Pflanzen jedoch die hier angegebene Wuchshöhe übersteigen. Das gilt vor allem für Kletterpflanzen, Sträucher und Bäume.

Mit Hilfe unserer Angaben erhalten Sie eine Vorstellung von der jeweils zu erwartenden Höhe. Wenn Ihre Rabatte jedoch sehr klein oder schmal ist, dann sollten Sie auf Pflanzen mit einer Wuchshöhe von mehr als 120 cm besser verzichten. Höher wachsende Pflanzen müssen jedoch nicht unbedingt im hinteren Teil der Rabatte angeordnet werden, denn mit einigen lassen sich auch im mittleren oder vorderen Beetteil äußerst interessante Akzente setzen und niedrige

Die Abb. am Seitenende zeigt den einheitlichen Seitenaufbau dieses Buches, rechts daneben befindet sich eine der Pflanzenbeschreibungen.

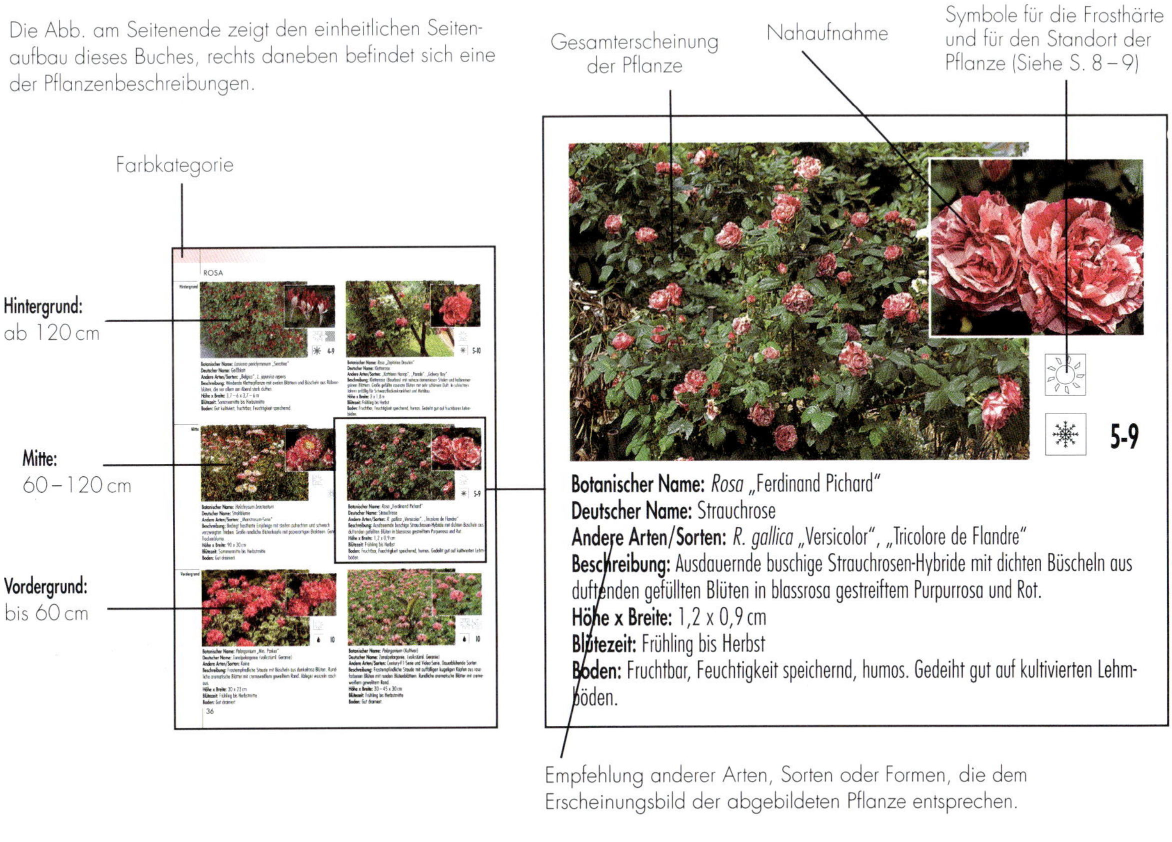

Lavendel stammt aus dem Mittelmeerraum und benötigt, wie viele silber- oder graublättrige Pflanzen, für ein gesundes Wachstum und eine volle Blüte einen sonnigen Standort.

Muster auflockern. Dafür eignen sich besonders Pflanzen mit schmaler Wuchsform oder lockerer Struktur, die die dahinter liegenden Gewächse nicht verdecken.

Sonne oder Schatten?

Während einige Pflanzen bei voller Sonneneinstrahlung gedeihen, bevorzugen andere wiederum mehr Schatten. Viele Pflanzen können etwas Schatten vertragen, d. h. sie gedeihen auch im Halbschatten unter Bäumen oder an einem Standort, der nur einen Teil des Tages von der Sonne beschienen wird. Es gibt aber auch einige Pflanzen, die eine schattige Lage ohne direkte Sonneneinstrahlung vertragen. Die für die einzelnen Pflanzen geeigneten Lichtverhältnisse werden mit Hilfe der folgenden Symbole angegeben:

 Braucht direkte Sonneneinstrahlung.

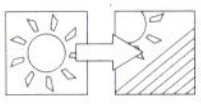 Braucht einen sonnigen Standort, aber verträgt auch Halbschatten.

 Braucht Halbschatten und verträgt weder volle Sonne noch Schatten.

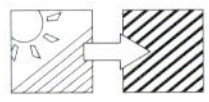 Verträgt keine direkte Sonneneinstrahlung, sondern braucht einen halbschattigen bis schattigen Standort.

 Gedeiht im Schatten.

 Verträgt alle Lichtverhältnisse.

Boden

Bei jeder der aufgeführten Pflanzen wird auch eine kurze Beschreibung der erforderlichen Bodenbeschaffenheit gegeben. Die Drainage oder Entwässerung ist dabei einer der wichtigsten Faktoren, damit die Pflanze richtig gedeiht. Pflanzen, die einen gut entwässerten Standort benötigen, kommen oftmals nur kurze Zeit mit Trockenheit aus. Viele Pflanzen brauchen vor allem in der Wachstumsphase feuchte Wurzeln, aber vertragen keinen nassen oder aufgeweichten Boden. Um die Wurzeln feucht zu halten, sollten Sie den Boden mit organischer Masse (Humus) anreichern und mit Mulch abdecken, damit die Feuchtigkeit erhalten bleibt. Wenn der Boden besonders trocken ist, kann bei diesen Pflanzen auch ein halbschattiger Standort hilfreich sein. Es gibt nur wenige Beetpflanzen, die einen nassen oder sumpfigen Standort benötigen. Damit aber auch dieser Bodenbeschaffenheit Rechnung getragen wird, sind einige Zierpflanzen aufgeführt, die sich zur Bepflanzung von aufgeweichten oder ständig nassen Böden eignen.

Der Säure- bzw. Basengehalt des Bodens wird anhand einer pH-Wertskala von 1 bis 14 gemessen. Ein pH-Wert von 7 ist neutral, Werte unter 7 weisen auf einen sauren und Werte über 7 auf einen alkalischen (kalkhaltigen) Boden hin. Damit Sie nicht unnötig Zeit und Geld verschwenden ist es unerlässlich, vor Beginn der Bepflanzung den pH-Wert des Bodens zu bestimmen, da einige Pflanzen besondere Anforderungen stellen. Die dafür erforderlichen Testsets lassen sich einfach anwenden und sind preisgünstig in jedem Gartencenter erhältlich. Pflanzen, die einen sauren Boden bevorzugen, brauchen im Allgemeinen einen humusreichen und Feuchtigkeit speichernden Boden mit einem pH-Wert von 7 oder niedriger. Da die meisten Pflanzen einen leicht sauren, neutralen oder leicht alkalischen Boden vertragen, ist der pH-Wert in diesen Fällen nicht gesondert in der Beschreibung angegeben. Es gibt jedoch auch einige Pflanzen, die vor allem auf recht alkalischem oder kalkhaltigem Boden mit einem pH-Wert über 7 gedeihen.

Ein weiterer Faktor ist die Bodenfruchtbarkeit. Glücklicherweise gibt es Pflanzen, die alle Bedingungen vertragen. Da „hungrige" Pflanzen, wie zum Beispiel Strauchrosen, auf unfruchtbarem, trockenem und steinigem Boden nur schlecht gedeihen, muss der Boden dafür erst kultiviert werden. Viele aromatische Kräuter und silberblättrige Sträucher, die aus dem Mittelmeerraum stammen, viel Sonne brauchen und Trockenheit vertragen, gedeihen hingegen auch unter diesen Bedingungen. Es ist sehr wichtig, die Fruchtbarkeit des Bodens durch die Zugabe von Mist und Düngemitteln zu erhalten. Dabei muss jedoch bedacht werden, dass ein gut genährter Boden bestimmte Pflanzen (z. B. frostharte Einjährige) zu einer verstärkten Blattbildung auf Kosten der Blüten anregt. Ein überernährter Boden kann zudem auch schwache Pflanzen hervorbringen, die für Insektenbefall und Frostschäden anfällig sind.

Rhododendren, Azaleen und andere Heidekrautgewächse, wie Lavendelheide und viele weitere Erika-Arten, gedeihen nur auf sauren Böden. Bei kalkhaltigem Boden werden ihre Blätter gelb (Chlorose) und die Pflanze geht ein.

Frosthärte

Jeder Pflanze ist eine Nummer oder Nummernfolge zugeordnet, die der Aufteilung der Klimazonen auf der Erde entspricht (siehe unten). Ausgehend von Ihrer Klimazone können Sie somit auf einen Blick feststellen, ob eine bestimmte Pflanze in Ihrem Garten gedeiht oder ob sie im Winter geschützt werden muss. Einjährige Pflanzen, die nach ihrer Blüte absterben, sind mit einem Blumensymbol gekennzeichnet und gedeihen in jeder Klimazone. Die Frosthärte einer Pflanze gibt jedoch nicht nur die erforderliche Mindesttemperatur an. Oftmals liegt es aber auch an einer schlechten Drainage, dass manche Pflanzen den Winter nicht überstehen. Auch eine Windeinwirkung bei Frostbedingungen kann starke Schäden verursachen. Wenn Sie ausreichenden Schutz bieten und die Wurzeln bereits im Herbst durch eine dicke Mulchschicht vor dem Frost schützen, können viele empfindliche Pflanzen über den Winter gebracht werden.

5-7 Beispiel für die Klimazonen-Einteilung (Legende rechts)

Einjährige Pflanze

Kartenlegende zu den Klimazonen

1 = unter −10°C
2 = −9 bis −10°C
3 = −8 bis −9°C
4 = −6 bis −8°C
5 = −5 bis −6°C
6 = −4 bis −5°C
7 = −3 bis −4°C
8 = −1 bis −3°C
9 = 0 bis −1°C
10 = 1 bis 0°C

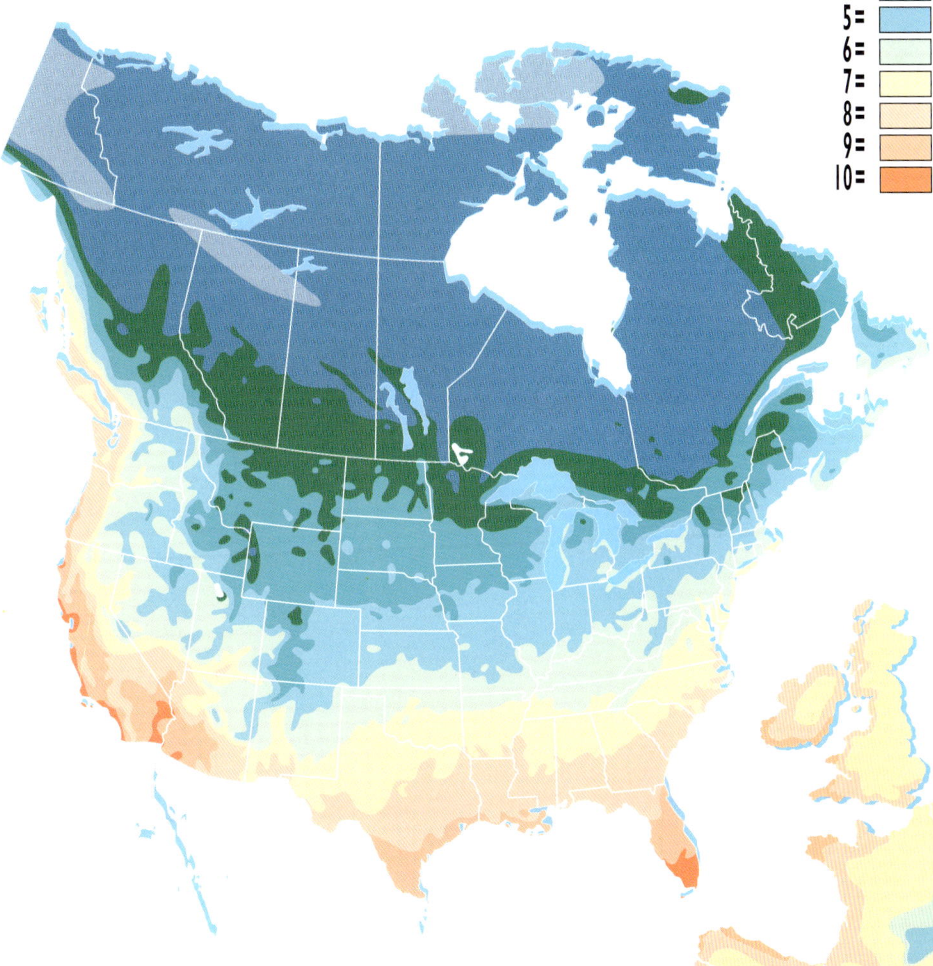

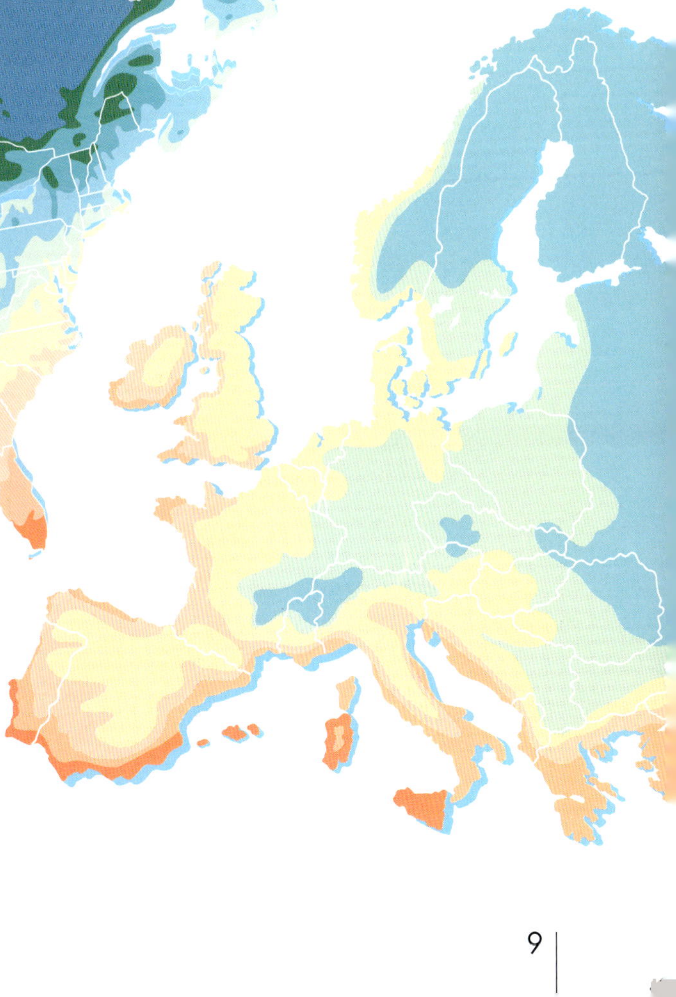

Für Länder, in denen keine Klimazonen-Karten verwendet werden, wird die Frosthärte wie folgt angegeben:

bedingt frosthart bis 0°C

frosthart bis −5°C

voll frosthart bis −6°C oder niedriger

ROSA

Rosa ist eine Mischung aus den Primärfarben Rot und Weiß, aber das Farbspektrum der als Rosa bezeichneten Farbtöne ist weitaus breiter. Die kühleren, bläulichen Rosatöne reichen bis ins Lila, und die wärmeren, gelblichen Rosanuancen gehen in einen Pfirsichton über. Auf einer Rabatte harmonieren diese beiden Extreme im Allgemeinen jedoch nicht gut miteinander. Leuchtendes Lachsrosa lässt sich oft schwer mit anderen Farben kombinieren, aber kommt inmitten von kühlen Tönen, wie Weiß, Hellblau und Hellgrün, gut zur Geltung. Die Kombination von Rosa und Gelb galt einst als Todsünde, aber ein schönes Lachsrosa kann mit dem richtigen Gelbton ein wahrer Blickfang werden. Es kommt einfach auf einen Versuch an!

Weiche Rosatöne wirken sehr angenehm und schaffen eine ruhige und harmonische Atmosphäre im Garten. Außerdem lassen sich Beete in Rosa relativ einfach anlegen und können vor dem dezenten Hintergrund einer sauber geschnittenen immergrünen Hecke eine wahre Augenweide sein. Bei rotem Backstein und Terrakotta ist allerdings Vorsicht geboten, da sich Orange und Rosa nicht miteinander vertragen!

In Verbindung mit transparent weißen Blüten und silbergrünem Blattwerk wirkt Rosa besonders romantisch. Bläuliche Rosatöne ergeben zusammen mit hellen Violett- und Blautönen einen angenehmen Pastell-Effekt. Lassen Sie sich von dieser zarten Farbkombination jedoch nicht zu stark verleiten, da Ihr Arrangement sonst fad und kontrastlos wirken kann. Mit Akzenten in leuchtendem Kirschrot oder dunklem, samtigem Purpurrot können Sie eine auflockernde Wirkung erzielen.

Links: Dieses einfache Arrangement aus rosafarbenen Rhododendren und Fingerhut wirkt herrlich romantisch.

Hintergrund

5-7

Botanischer Name: *Rhododendron* „Christmas Cheer"
Deutscher Name: Rhododendron
Andere Arten/Sorten: „Pink Pearl"
Beschreibung: Immergrüner Strauch mit dichten Büscheln aus trichterförmigen hellrosa Blüten. Dieser Rhododendron blüht im Spätwinter bzw. Vorfrühling und kann in kalten Klimaten früher zur Blüte gebracht werden.
Höhe x Breite: 1,20 x 1,50 m
Blütezeit: Winter bis Vorfrühling
Boden: Sauer, humos, Feuchtigkeit speichernd.

4-9

Botanischer Name: *Prunus* x *subhirtella* „Autumnalis Rosea"
Deutscher Name: Hingankirsche, Frühjahrskirsche, Rosa Winterkirsche
Andere Arten/Sorten: *P. mume* „Beni-chidori"
Beschreibung: Ovalblättriger Baum mit schöner gelber Herbstfärbung. In milden Wintern sind auf den blattlosen Zweigen rosafarbene Blütentrauben zu sehen.
Höhe x Breite: 7 x 7 m
Blütezeit: Spätherbst bis Vorfrühling
Boden: Gut drainiert.

Mitte

4-9

Botanischer Name: *Daphne mezereum*
Deutscher Name: Seidelbast
Andere Arten/Sorten: *D. odora* „Aureomarginata"
Beschreibung: Strauch mit kelchförmigem Wuchs. Die blattlosen Triebe sind mit stark duftenden vierblättrigen pinkfarbenen Blüten bedeckt. Kann nach der Blüte giftige rote Beeren hervorbringen. Kleine lanzettförmige Blätter.
Höhe x Breite: 75 x 90 cm
Blütezeit: Spätwinter bis Vorfrühling
Boden: Tiefgründig, fruchtbar, gut drainiert, aber Feuchtigkeit speichernd. Humos.

8-10

Botanischer Name: *Erica erigena* „Superba" syn. *E. mediterranea*
Deutscher Name: Mittelmeerheide
Andere Arten/Sorten: „Brightness", „Irish Salmon"
Beschreibung: Immergrüner Strauch mit grünen nadelförmigen Blättern, die im Winter nachdunkeln. Winzige duftende Glockenblüten. Braucht sauren Boden und im Sommer viel Feuchtigkeit.
Höhe x Breite: 1,2 x 1,2 m
Blütezeit: Spätwinter bis Frühling
Boden: Sauer, humos, Feuchtigkeit speichernd.

Vordergrund

7-9

Botanischer Name: *Cyclamen coum*
Deutscher Name: Frühlingsalpenveilchen
Andere Arten/Sorten: *C. persicum* (Kultivare)
Beschreibung: Knollenpflanze mit immergrünen herzförmigen Blättern mit Silbermarmorierung. Purpurrosa Blüten. Guter Bodendecker unter Laub abwerfenden Bäumen und Sträuchern.
Höhe x Breite: 10 x 5 – 10 cm
Blütezeit: Winter
Boden: Humos, Feuchtigkeit speichernd, aber gut drainiert.

3-9

Botanischer Name: *Primula* x *polyantha* „Crescendo Rose"
Deutscher Name: Primel
Andere Arten/Sorten: Rainbow-Sorte, Wanda-Hybriden, Hercules-Sorte
Beschreibung: Frostharte Staude, als Zweijährige für Frühjahrsbeete kultiviert. Aus der grundständigen Blattrosette wachsen kräftige Stängel. Welke Blüten und gelbe Blätter entfernen.
Höhe x Breite: 23 – 30 x 30 cm
Blütezeit: Frühling
Boden: Feuchtigkeit speichernd.

Hintergrund

4-9

Botanischer Name: *Magnolia stellata* „Rosea“
Deutscher Name: Sternmagnolie
Andere Arten/Sorten: „King Rose“, „Susan“
Beschreibung: Kuppelförmiger Strauch mit anfänglich aufrechten Trieben, die sich später zu den Seiten ausbreiten. Nach der Blüte kommen ovale Blätter zum Vorschein. Weiße Blütensterne mit vielen bandförmigen Blütenblättern. Duftend.
Höhe x Breite: 2,5 x 3,5 cm
Blütezeit: Vorfrühling
Boden: Stark alkalische Böden meiden.

4-9

Botanischer Name: *Magnolia* x *soulangiana*
Deutscher Name: Tulpenmagnolie
Andere Arten/Sorten: *M.* x *loebneri* „Leonard Messel“
Beschreibung: Großer aufrechter Strauch mit breiten ovalen Blättern. Bildet noch vor den Blättern kelchförmige rosa Blüten.
Höhe x Breite: 4 x 4 m
Blütezeit: Frühling
Boden: Humos, Feuchtigkeit speichernd. Gedeiht auf Lehmböden.

Mitte

7-8

Botanischer Name: *Rhododendron* x *cilpinense*
Deutscher Name: Rhododendron
Andere Arten/Sorten: *R. williamsianum*, *R.* „Praecox“, *R. yakushimanum*
Beschreibung: Halbimmergrüner kompakter Strauch mit dunkelgrünen glänzenden Blättern und Büscheln aus blassrosa Glockenblüten mit dunkelbraunen Staubbeuteln. Die Knospen und Außenseiten der Blüten besitzen einen dunkleren Rosaton.
Höhe x Breite: 1,2 x 1,2 m
Blütezeit: Vorfrühling
Boden: Sauer, humos und Feuchtigkeit speichernd.

2-7

Botanischer Name: *Prunus tenella* „Fire Hill“
Deutscher Name: Zwergmandel
Andere Arten/Sorten: Keine
Beschreibung: Strauch mit aufrechtem Wuchs. Vor den Blättern erscheinen leuchtend pinkfarbene Blüten. „Fire Hill“ besitzt eine geringere Wuchshöhe.
Höhe x Breite: 1,2 x 0,9 m
Blütezeit: Vorfrühling
Boden: Gut drainiert. Stark alkalische Böden meiden.

Vordergrund

5-9

Botanischer Name: *Primula vulgaris* subsp. *sibthorpii*
Deutscher Name: Karnevalsprimel
Andere Arten/Sorten: Wanda-Hybriden
Beschreibung: Frostharte Staude mit einer grundständigen Rosette aus geriffelten Blättern. Die kurzen Triebe tragen runde lilarosa Blüten mit gelber Mitte.
Höhe x Breite: 15 x 15 cm
Blütezeit: Vorfrühling bis Frühlingsmitte
Boden: Gut drainiert, Feuchtigkeit speichernd.

9-10

Botanischer Name: *Veltheimia bracteata* syn. *V. undulata*, *V. viridifolia*
Deutscher Name: Veltheimia
Andere Arten/Sorten: Keine
Beschreibung: Zwiebelpflanze aus der Familie der Liliengewächse mit einer grundständigen Rosette aus breiten, glänzenden bandförmigen Blättern. Endständige Ähren aus röhrenförmigen Blüten in Rosa, Orange oder Rot mit grüner Spitze.
Höhe x Breite: 30 – 45 x 25 – 38 cm
Blütezeit: Spätwinter
Boden: Gut drainiert.

Hintergrund

8-9

Botanischer Name: *Camellia* x *williamsii* „Bow Bells"
Deutscher Name: Kamelie
Andere Arten/Sorten: „Donation", „November Pink"
Beschreibung: Immergrüner Strauch mit länglichen bis lanzettförmigen glänzenden Blättern und halb gefüllten purpurrosa Trichterblüten. Lange Blütezeit.
Höhe x Breite: 3 x 3 m
Blütezeit: Spätherbst bis Vorfrühling
Boden: Sauer, humos, Feuchtigkeit speichernd.

5-9

Botanischer Name: *Rhododendron racemosum*
Deutscher Name: Rhododendron
Andere Arten/Sorten: Keine
Beschreibung: Immergrüner kräftiger Strauch mit aufrechtem Wuchs und kleinen, dunkelgrünen aromatischen Blättern. Büschel aus vielen kleinen trichterförmigen Blüten in Hellrosa.
Höhe x Breite: 2,5 x 2,5 m
Blütezeit: Frühling
Boden: Sauer, humos, Feuchtigkeit speichernd.

Mitte

6-9

Botanischer Name: *Rhododendron* „Kirin"
Deutscher Name: Immergüne Azalee
Andere Arten/Sorten: „Blaauw's Pink", „Hino-mayo"
Beschreibung: Immergrüne Azalee mit dichtem buschigem Wuchs. Kleine, ovale dunkle Blätter und viele kleine dunkelrosa Trichterblüten mit hellrosa Schattierung.
Höhe x Breite: 1,20 x 1,20 m
Blütezeit: Frühling
Boden: Sauer, humos, Feuchtigkeit speichernd.

8-10

Botanischer Name: *Hebe albicans* „Red Edge"
Deutscher Name: Hebe, Strauchveronika
Andere Arten/Sorten: „Candy"
Beschreibung: Immergrüner Strauch mit kuppelförmigem Wuchs und kurzen weißen Blütenähren. Die kleinen graugrünen Blätter besitzen einen zarten roten Rand und die Triebe rosafarbene Spitzen. Nach der Blüte etwas zurückschneiden.
Höhe x Breite: 60 x 90 cm
Blütezeit: Frühsommer
Boden: Gut drainiert.

Vordergrund

5-9

Botanischer Name: *Erica carnea* „Myretoun Ruby"
Deutscher Name: Schneeheide
Andere Arten/Sorten: „December Red", „King George", „Pink Spangles"
Beschreibung: Immergrüner Strauch, guter Bodendecker. Dunkelgrüne nadelförmige Blätter und dichte Trauben aus winzigen purpurrosa Glockenblüten. Nach der Blüte etwas zurückschneiden.
Höhe x Breite: 20 x 45 cm und breiter
Blütezeit: Spätwinter bis Vorfrühling
Boden: Gut drainiert, humos. Verträgt alkalische Böden.

3-10

Botanischer Name: *Bellis perennis* „Robella"
Deutscher Name: Tausendschön, Maßliebchen
Andere Arten/Sorten: „Monstrosa", Goliath- und Radar-Serien
Beschreibung: Kurzlebige Staude, als Zweijährige für Frühjahrsbeete kultiviert. Aus der Blattrosette wachsen schlanke Stängel mit gefüllten Blüten.
Höhe x Breite: 7,5 x 15 cm
Blütezeit: Frühlingsmitte bis Sommermitte
Boden: Gut drainiert.

Hintergrund

Botanischer Name: *Pieris* „Flamingo"
Deutscher Name: Lavendelheide
Andere Arten/Sorten: „Pink Delight", „Christmas Cheer", „Valley Rose"
Beschreibung: Immergrüner Strauch mit kleinen, spitzen dunkelgrünen Blättern und buschigem aufrechtem Wuchs. Die schönen überwinternden Knospen bilden herabhängende Trauben aus dunkelrosa Blütenglocken.
Höhe x Breite: 1,8 x 3 – 3,5 m
Blütezeit: Vorfrühling bis Spätfrühling
Boden: Sauer, humos, Feuchtigkeit speichernd.

Botanischer Name: *Chaenomeles speciosa* „Moerloosii" („Apfelblüte")
Deutscher Name: Zierquitte
Andere Arten/Sorten: *C.* x *superba* „Pink Lady"
Beschreibung: Strauch mit breiter Wuchsform, kleinen, dunkelgrünen Blättern und bedornten Zweigen, an denen apfelblütenartige Blüten entstehen. Kann kleine aromatische Früchte hervorbringen.
Höhe x Breite: 3 x 3 m
Blütezeit: Winter bis Frühling
Boden: Gut drainiert. Stark alkalische Böden meiden.

Mitte

Botanischer Name: *Dicentra spectabilis*
Deutscher Name: Tränendes Herz
Andere Arten/Sorten: Keine
Beschreibung: Staude mit farnartigem Blattwerk und überhängenden Trieben mit herzförmigen purpurrosa-weißen Blüten.
Höhe x Breite: 60 – 45 cm
Blütezeit: Spätfrühling bis Frühsommer
Boden: Feuchtigkeit speichernd, humos.

Botanischer Name: *Daphne odora* „Aureomarginata"
Deutscher Name: Seidelbast
Andere Arten/Sorten: *D. odora, D. bholua* und Sorten
Beschreibung: Immergrüner Strauch mit dunkelgrünen, glänzenden gelb umrandeten Blättern. Stark duftende purpurrosa-weiße Blüten. Verträgt keine volle Sonne.
Höhe x Breite: 90 x 90 cm
Blütezeit: Wintermitte bis Vorfrühling
Boden: Tiefgründig, fruchtbar, humos. Verträgt mäßig alkalische Böden.

Vordergrund

Botanischer Name: *Erythronium revolutum* Johnsonii-Gruppe
Deutscher Name: Forellenlilie, Zahnlilie
Andere Arten/Sorten: *E. revolutum*
Beschreibung: Knollen bildende Staude mit lanzettförmigen braun marmorierten Blättern. Große nickende rosa Blüten mit zurückgebogenen Blütenblättern.
Höhe x Breite: 20 – 30 x 15 cm
Blütezeit: Frühling
Boden: Humos, Feuchtigkeit speichernd, aber gut drainiert.

Botanischer Name: *Epimedium grandiflorum* „Rose Queen"
Deutscher Name: Elfenblume
Andere Arten/Sorten: *Epimedium* x *rubrum*
Beschreibung: Immergrüne Staude mit schönen, herzförmigen kupferrot geränderten Blättern. Guter Bodendecker. Die Blüten hängen traubenförmig an den drahtartigen Trieben herab.
Höhe x Breite: 30 x 30 cm
Blütezeit: Frühling
Boden: Humos, Feuchtigkeit speichernd.

Hintergrund

5-7

Botanischer Name: *Rhododendron* (Hybride)
Deutscher Name: Laub abwerfende Azalee
Andere Arten/Sorten: Knaphill-, Mollis- und Exbury-Hybriden
Beschreibung: Laub abwerfender Strauch mit breitem Wuchs und grünem Blattwerk mit schöner Herbstfärbung. Die großen Blütenköpfe bestehen aus vielen Einzelblüten mit auffälligen Staubblättern und Narben. Stark duftend.
Höhe x Breite: 1,50–2,10 x 1,50–2,80 m
Blütezeit: Frühlingsmitte bis Spätfrühling
Boden: Feuchtigkeit speichernd, humos, sauer.

4-9

Botanischer Name: *Magnolia* x *leobneri* „Leonard Messel"
Deutscher Name: Sternmagnolie
Andere Arten/Sorten: Keine
Beschreibung: Strauch oder kleiner Baum mit aufrechtem Wuchs. Die duftenden sternförmigen lilarosa Blüten erscheinen noch vor den Blättern.
Höhe x Breite: 6 x 4 m
Blütezeit: Vorfrühling
Boden: Fruchtbar, gut drainiert, möglichst humos. Verträgt alkalische Böden.

Mitte

2-10

Botanischer Name: *Paeonia suffruticosa* „Duchess of Kent"
Deutscher Name: Stauden-Pfingstrose
Andere Arten/Sorten: „Sarah Bernhardt", „Madame Calot", „Mons. Jules Elie"
Beschreibung: Staude mit großen, dunkelgrünen glänzenden Blättern. Schalenförmige halb gefüllte Blüten mit gezähntem Rand. Dunkelrote Knospen im Frühling. Muss gestützt werden.
Höhe x Breite: 70 x 70 cm
Blütezeit: Spätfrühling bis Frühsommer
Boden: Fruchtbar, gut drainiert, aber Feuchtigkeit speichernd.

2-10

Botanischer Name: *Paeonia officinalis* „Rosea Plena"
Deutscher Name: Pfingstrose
Andere Arten/Sorten: „Queen of Sheba", „Edulis Superba", „June Rose", „Gayborder June"
Beschreibung: Staude mit dichtem, glänzendem dunkelgrünem Blattwerk. Gefüllte purpurrosa Blüten. Braucht Ruhe. Frost im Spätfrühling kann erneutes Austreiben verhindern.
Höhe x Breite: 60 x 60 cm
Blütezeit: Spätfrühling
Boden: Fruchtbar, gut drainiert, aber Feuchtigkeit speichernd.

Vordergrund

4-8

Botanischer Name: *Daphne* x *burkwoodii*
Deutscher Name: Maien-Seidelbast
Andere Arten/Sorten: „Somerset"
Beschreibung: Strauch mit aufrechten Trieben und dichtem graugrünem Blattwerk. Endständige Büschel aus stark duftenden Blüten. Kann nach einem heißen Sommer runde orangerote Beeren hervorbringen.
Höhe x Breite: 75 x 75 cm
Blütezeit: Frühling bis Frühsommer
Boden: Neutral bis sauer. Gut kultiviert, humos.

3-10

Botanischer Name: *Dicentra* „Spring Morning"
Deutscher Name: Tränendes Herz
Andere Arten/Sorten: „Stuart Boothman", syn. „Boothman's Variety"
Beschreibung: Staude mit farnartigen graugrünen Blättern und breitem rundem Wuchs. An den gebogenen Trieben hängen herzförmige Blüten. Sehr guter Bodendecker.
Höhe x Breite: 30 x 30 cm
Blütezeit: Spätfrühling bis Sommermitte
Boden: Feuchtigkeit speichernd, humos.

Hintergrund

5-9

Botanischer Name: *Clematis montana* var. *rubens*
Deutscher Name: Bergwaldrebe
Andere Arten/Sorten: „Elizabeth", „Picton's", „Tetrarose"
Beschreibung: Wüchsige Kletterpflanze, breitet sich am Ende des Spaliers zu den Seiten aus. Viele zarte bronzepurpurne Blätter. Im Spätfrühling kommen duftende, malvenfarbene vierblättrige Blüten zum Vorschein.
Höhe x Breite: 7,5 m x unbestimmte Breite
Blütezeit: Spätfrühling bis Frühsommer
Boden: Gut drainiert, fruchtbar, aber Feuchtigkeit speichernd.

4-9

Botanischer Name: *Kalmia latifolia* „Ostbo Red"
Deutscher Name: Berglorbeer
Andere Arten/Sorten: „Nancy", „Nathan Hale", „Pink Charm"
Beschreibung: Immergrüner Strauch mit großen Trauben aus wachsartigen pinkfarbenen Blüten. Die tiefroten Knospen bilden einen schönen Kontrast. Kann erst nach einigen Jahren seine volle Blühkraft entwickeln.
Höhe x Breite: 3 x 3 m
Blütezeit: Spätfrühling bis Frühsommer
Boden: Verlangt sauren Boden. Tiefgründig, reich an organischen Substanzen.

Mitte

2-10

Botanischer Name: *Paeonia* (Gartenhybride)
Deutscher Name: Staudenpäonie, Staudenpfingstrose
Andere Arten/Sorten: „Gleam of Light", „Pink Delight", „Dinner Plate"
Beschreibung: Staude mit buschigem Wuchs und schönen tief zerteilten Blättern. Zarte schalenförmige Blüten mit erhabener Mitte. Purpurrote Knospen im Frühling.
Höhe x Breite: 75 – 120 x 90 cm
Blütezeit: Je nach Sorte, Spätfrühling bis Sommermitte
Boden: Fruchtbar, gut kuliviert, Feuchtigkeit speichernd, aber nicht nass.

6-10

Botanischer Name: *Rhododendron* „Betty"
Deutscher Name: Immergrüne Azalee
Andere Arten/Sorten: „Blaauw's Pink", „Hino-mayo"
Beschreibung: Immergrüner Strauch mit dichtem, flach gewölbtem Wuchs. Die kleinen dunkel glänzenden Blätter verschwinden hinter den Blüten. Kann in kalten Wintern absterben, aber stark zurückgeschnittene Pflanzen können sich evtl. wieder erholen.
Höhe x Breite: 75 x 90 cm
Blütezeit: Frühlingsmitte bis Spätfrühling
Boden: Sauer, Feuchtigkeit speichernd, humos.

Vordergrund

3-10

Botanischer Name: *Heuchera sanguinea*
Deutscher Name: Purpurglöckchen
Andere Arten/Sorten: „Rosemary Bloom", x *Heucherella*-„Bridget Bloom"
Beschreibung: Immergrüne Staude mit gezackten Blättern, gut zur Randbepflanzung. An den zahlreichen drahtartigen Stängeln wachsen winzige glockenförmige Blüten. Tief einpflanzen und alle 3 bis 4 Jahre teilen.
Höhe x Breite: 30 x 30 cm
Blütezeit: Spätfrühling bis Sommermitte
Boden: Fruchtbar, gut drainiert.

5-10

Botanischer Name: *Houttuynia cordata* „Chameleon"
Deutscher Name: Chamäleonpflanze, Chinesischer Koriander
Andere Arten/Sorten: Keine
Beschreibung: Staude mit fleischigen und verschiedenartig gemusterten herzförmigen Blättern. Kleine weiße Blüten im Sommer. Die zerriebenen Blätter duften nach Pomeranze. Kann sich stark ausbreiten.
Höhe x Breite: 45 cm x unbestimmte Breite
Blütezeit: Sommer
Boden: Feucht bis nass

Hintergrund

5-9

Botanischer Name: *Clematis* „Nelly Moser"
Deutscher Name: Großblumige Waldrebe, Klematis
Andere Arten/Sorten: „Bees Jubilee"
Beschreibung: Kletterpflanze mit großen dunkel- und hellrosa gestreiften Blüten. Unmittelbar nach der Blüte zurückschneiden. Im Frühherbst kann es zu einer erneuten, aber schwächeren Blüte kommen. Braucht Halt.
Höhe x Breite: 3,5 x 0,9 m
Blütezeit: Frühsommer (erneute Blüte im Frühherbst möglich)
Boden: Feuchtigkeit speichernd. Tief einpflanzen.

6-9

Botanischer Name: *Tamarix tetrandra*
Deutscher Name: Tamariske
Andere Arten/Sorten: Keine
Beschreibung: Strauch mit drahtartigen Trieben. Nach den fedrigen Blütenbüschen kommen schuppenförmige Blätter zum Vorschein. Sehr windresistente Küstenpflanze. Unmittelbar nach der Blüte zurückschneiden.
Höhe x Breite: 2,5 x 2,5 m
Blütezeit: Spätfrühling bis Frühsommer
Boden: Gut drainierte Sand- oder Lehmböden. Verträgt Trockenheit.

Mitte

6-7

Botanischer Name: *Rhododendron* (Kultivar)
Deutscher Name: Immergrüne Azalee
Andere Arten/Sorten: „Azuma Kagami"
Beschreibung: Immergrüner rundlicher Strauch mit kleinen ledrig glänzenden Blättern. Viele gefüllte oder ungefüllte Blüten, oftmals mit schönem Streifen- oder Punktmuster im Inneren.
Höhe x Breite: 1,2 x 1,2 m
Blütezeit: Spätfrühling
Boden: Humos, Feuchtigkeit speichernd und sauer. (Kein alkalischer Boden).

4-9

Botanischer Name: *Persicaria bistorta* „Superba" syn. *Polygonum b.* „Superbum"
Deutscher Name: Schlangenknöterich, Wiesenknöterich
Andere Arten/Sorten: Keine
Beschreibung: Staude mit Büscheln aus derben lanzettförmigen Blättern und aufrechten, flauschigen rosafarbenen Blütenkolben. Gedeiht in feuchten Gärten neben üppigen Uferpflanzen oder bei ausreichender Feuchtigkeit im Schatten von Bäumen.
Höhe x Breite: 75 x 60 cm
Blütezeit: Spätfrühling bis Spätsommer, je nach Bodenfeuchtigkeit
Boden: Feuchtigkeit speichernd bis feucht.

Vordergrund

5-8

Botanischer Name: *Paeonia veitchii*
Deutscher Name: Staudenpäonie, Staudenpfingstrose
Andere Arten/Sorten: *P. v. woodwardii*
Beschreibung: Buschige Staude mit hellgrünen elegant gefiederten Blättern. Schalenförmige purpurrosa Blüten. Selbstaussaat möglich. In den geöffneten Hülsen sind bläuliche Samen zu sehen.
Höhe x Breite: 30 x 30 cm
Blütezeit: Spätfrühling bis Frühsommer
Boden: Fruchtbar, gut kultiviert, Feuchtigkeit speichernd, aber nicht nass.

5-10

Botanischer Name: *Erigeron* „Charity"
Deutscher Name: Berufskraut
Andere Arten/Sorten: „Quakeress", „Försters Liebling", „Dimity"
Beschreibung: Staude mit flachen Büschen aus lanzettförmigen Blättern und vielen margeritenartigen Blüten mit gelber Mitte. Lange Blütezeit. Für Gärten in Küstennähe geeignet.
Höhe x Breite: 60 x 60 cm
Blütezeit: Frühsommer bis Spätsommer
Boden: Mäßig fruchtbar, gut drainiert.

Hintergrund

6-7

Botanischer Name: *Syringa x josiflexa* „Bellicent"
Deutscher Name: Flieder
Andere Arten/Sorten: Keine
Beschreibung: Strauch, dessen anfänglich aufrecht wachsenden Triebe sich elegant zu den Seiten neigen. Herabhängende Rispen mit blassrosa Röhrenblüten. Duftend. Für größere Gärten geeignet.
Höhe x Breite: 4 x 5 m
Blütezeit: Spätfrühling bis Frühsommer
Boden: Gut drainiert.

5-9

Botanischer Name: *Wisteria floribunda* „Rosea" syn. „Honko"
Deutscher Name: Blauregen, Glyzinie
Andere Arten/Sorten: Keine
Beschreibung: Wüchsiger Kletterstrauch mit kräftigen holzigen Trieben und großen gefiederten Blättern. Die langen Blütentrauben wirken herabhängend am schönsten. Gegen eine Ausbreitung und zur Anregung der Blütenbildung sorgfältig zurückschneiden.
Höhe x Breite: 9 m
Blütezeit: Frühsommer
Boden: Fruchtbar, gut drainiert, Feuchtigkeit speichernd.

Mitte

3-10

Botanischer Name: *Aquilegia vulgaris*
Deutscher Name: Akelei
Andere Arten/Sorten: *A. x hybrida* Music-Serie, *A. x hybrida* „Dragonfly"
Beschreibung: Staude mit nickenden Glockenblüten an aufrechten drahtartigen Stängeln. Die Blätter erinnern an graugrünen Frauenhaarfarn. Selbst aussäend.
Höhe x Breite: 90 x 45 cm
Blütezeit: Frühsommer
Boden: Durchschnittlich gut drainiert, aber nicht trocken.

3-9

Botanischer Name: *Lupinus* (Hybride)
Deutscher Name: Lupine
Andere Arten/Sorten: Gallery-Hybriden, Russell-Hybriden
Beschreibung: Staude mit gefingerten Blättern und dichten Ähren aus wickenartigen Blüten. Durch Entfernen der welken Blüten kann die weitere Blütenbildung angeregt und eine Selbstaussaat verhindert werden.
Höhe x Breite: 1,2 x 0,45 m
Blütezeit: Frühsommer
Boden: Gut drainiert, leicht alkalisch.

Vordergrund

Botanischer Name: *Acroclinium roseum* syn. *Helipterum roseum*
Deutscher Name: Sonnenflügel
Andere Arten/Sorten: „Bonny", *A. r. grandiflorum* „Goliath", „Double Rose-Pink"
Beschreibung: Drahtige Stängel mit papierartigen Blütenköpfen und auffälliger gelber Mitte. Ähnelt der Strohblume, *Helichrysum monstrosum.* Eignet sich als Trockenblume und behält seine Farbe.
Höhe x Breite: 30 x 30 cm
Blütezeit: Sommermitte bis Frühherbst
Boden: Gedeiht auf trockenem, nährstoffarmem Boden, aber kann sich allen Verhältnissen anpassen.

Botanischer Name: *Centranthus macrosiphon*
Deutscher Name: Spornblume, Spornbaldrian
Andere Arten/Sorten: Keine
Beschreibung: Frostharte einjährige Form der mehrjährigen *Centranthus ruber.* Dichte kuppelförmige Köpfe mit winzigen leuchtend rosa Blüten.
Höhe x Breite: 45 x 45 cm
Blütezeit: Sommer
Boden: Gut drainiert, auch karger, steiniger Boden.

Hintergrund

6-9

Botanischer Name: *Cornus florida* „Apple Blossom"
Deutscher Name: Blumenhartriegel
Andere Arten/Sorten: „Spring Song", „Stokes Pink", *C. f.* var. *rubra*
Beschreibung: Strauch oder kleiner Baum mit breitem Wuchs und tief geäderten Blättern. Die unscheinbaren Blüten sind von vier prächtigen Blütenblättern umgeben.
Höhe x Breite: 6 x 8 m
Blütezeit: Frühling bis Frühsommer
Boden: Fruchtbar, gut drainiert, Feuchtigkeit speichernd und kalkfrei.

7-9

Botanischer Name: *Indigofera kirilowii*
Deutscher Name: Indigostrauch
Andere Arten/Sorten: *I. heterantha, I. australis*
Beschreibung: Stauch mit hellgrünen, gefiederten farnartigen Blättern und Trauben aus wickenartigen rosa Blüten. Guter Bodendecker. Im Frühling ganz zurückschneiden.
Höhe x Breite: 1,5 x 1,5 m +
Blütezeit: Sommer
Boden: Gut drainiert.

Mitte

4-9

Botanischer Name: *Lupinus* (Hybride)
Deutscher Name: Lupine
Andere Arten/Sorten: „La Chatelaine", „Blushing Bride", „Lady Fayre", Russel-Hybriden
Beschreibung: Ausdauernde Pflanze mit gefingerten Blättern und dichten Ähren aus wickenartigen Blüten. Durch Entfernen der welken Blüten kann die weitere Blütenbildung angeregt und eine Selbstaussaat verhindert werden. Anfällig für Blattläuse.
Höhe x Breite: 1,2 x 0,45 cm
Blütezeit: Frühsommer
Boden: Gut drainiert, leicht alkalisch.

8-10

Botanischer Name: *Cistus* „Grayswood Pink"
Deutscher Name: Zistrose
Andere Arten/Sorten: *C.* x *hybridus, C.* x „Sunset"
Beschreibung: Immergrüner Strauch mit flachem breitem Wuchs, kleinen graugrünen Blättern und einer Fülle von kreisrunden Blüten. Frosthart. Ist irrtümlicherweise unter dem Namen *C.* „Silver Pink" erhältlich.
Höhe x Breite: 0,6 – 0,75 x 2,4 m
Blütezeit: Spätfrühling bis Sommermitte
Boden: Gut drainiert. Für nährstoffarme Sandböden geeignet.

Vordergrund

3-9

Botanischer Name: *Centaurea hypoleuca* „John Coutts"
Deutscher Name: Flockenblume
Andere Arten/Sorten: *C. dealbata* „Steenbergii"
Beschreibung: Staude mit distelartiger Blütenmitte, umringt von schönen strahlenförmigen Einzelblüten. Graugrüne gelappte Blätter mit flaumiger grauweißer Unterseite. Silbrige Samenkapseln.
Höhe x Breite: 60 x 45 cm
Blütezeit: Frühsommer bis Frühherbst
Boden: Gedeiht gut auf drainierten nährstoffarmen Böden, auch Kalkböden.

Botanischer Name: *Lobularia marittima* „Wonderland"
Deutscher Name: Duftsteinrich
Andere Arten/Sorten: „Rosie O'Day"
Beschreibung: Frostharte Einjährige mit flachem breitem Wuchs und einer Fülle von rosaroten Blüten. Zu fruchtbarer, aber auch zu trockener Boden verringert die Blühkraft.
Höhe x Breite: 7 – 15 x 22 cm
Blütezeit: Frühsommer bis Frühherbst
Boden: Gut drainiert, aber nicht trocken. Gemäßigter, nicht zu hoher Nährstoffgehalt.

Hintergrund

4-9

Botanischer Name: *Weigela florida* „Variegata"
Deutscher Name: Weigelie
Andere Arten/Sorten: *Weigela* „Praecox Variegata"
Beschreibung: Strauch mit weiß geränderten Blättern und Büscheln aus trichterförmigen dunkelrosa Blüten im Frühsommer. Blüht am zweijährigen Holz. Nach der Blüte ein Drittel der alten Zweige zurückschneiden.
Höhe x Breite: 1,8 – 2,2 x 1,8 – 2,2 m
Blütezeit: Hauptsächlich Spätfrühling bis Frühsommer
Boden: Mäßig fruchtbar.

9-10

Botanischer Name: *Pandorea jasminoides* syn. *Tecoma jasminoides*
Deutscher Name: Australischer Trompetenstrauch
Andere Arten/Sorten: „Rosea Superba"
Beschreibung: Immergrüne Kletterpflanze mit gefiederten Blättern und auffälligen rosa Trichterblüten mit dunklerem Schlund. „Charisma" besitzt leuchtende gelb gemusterte Blätter.
Höhe x Breite: 6 m
Blütezeit: Sommer bis Herbst
Boden: Fruchtbar, gut drainiert.

Mitte

4-10

Botanischer Name: *Monarda didyma* „Croftway Pink"
Deutscher Name: Indianernessel
Andere Arten/Sorten: „Beauty of Cobham"
Beschreibung: Staude mit einem grundständigen Büschel aus aromatischen Blättern. Die aufrechten Triebe tragen wirtelförmig angeordnete Blüten mit auffälligen Brakteen. Lockt Bienen an. Getrocknete Blüten eignen sich für Duft-Potpourri.
Höhe x Breite: 90 x 45 cm
Blütezeit: Sommer
Boden: Feuchtigkeit speichernd bis feucht.

5-9

Botanischer Name: *Rosa gallica* syn. *Rosa mundi*
Deutscher Name: Apothekerrose, Essigrose
Andere Arten/Sorten: „Tricolore de Flandre", „George Vibert"
Beschreibung: Strauchrose, deren Zweige sich unter der Last der purpur- und blassrosa gestreiften Blüten neigen können. Im Frühling zurückschneiden. Das Streifenmuster kann zu einem einfarbigen Purpurrosa zurückgehen. Zart duftend.
Höhe x Breite: 75 x 90 cm
Blütezeit: Sommer
Boden: Fruchtbar, Feuchtigkeit speichernd, humos. Stark alkalische Böden meiden.

Vordergrund

6-10

Botanischer Name: *Matthiola incana*
Deutscher Name: Levkoje
Andere Arten/Sorten: Zehnwöchige Sorten z. B. „Appleblossom"
Beschreibung: Zweijährige mit breiten, fleischigen graugrünen Blättern und Ähren aus duftenden gefüllten Blüten. Zum Sommeranfang im Freien aussäen, zum Überwintern in einem Frühbeet in Töpfe setzen und im Frühjahr auspflanzen.
Höhe x Breite: 45 x 30 cm
Blütezeit: Frühsommer
Boden: Gut drainiert. Gedeiht gut auf Kalkboden.

Botanischer Name: *Dianthus* „Strawberry Parfait"
Deutscher Name: Einjährige Nelke
Andere Arten/Sorten: „Raspberry Parfait", „Colour Magician", „Snowfire"
Beschreibung: Einjährige mit flachen Blattbüscheln. Blüten mit gezackten Blütenblättern und dunkler Mitte. Schmale dunkelgrüne Blätter. Viele ähnliche Sorten der *Dianthus chinensis*.
Höhe x Breite: 15 – 20 x 22 cm
Blütezeit: Spätfrühling bis Herbstmitte
Boden: Gut drainiert, neutral bis alkalisch.

Hintergrund

7-9

Botanischer Name: *Indigofera heterantha* syn. *I. gerardiana*
Deutscher Name: Indigostrauch
Andere Arten/Sorten: Keine
Beschreibung: Strauch mit weit ausladenden Zweigen und gefiederten farnartigen Blättern. Lilarosa Blüten. Lange Blütezeit. In kalten Wintern bis zum Boden zurückschneiden.
Höhe x Breite: 1,6 x 2,4 m
Blütezeit: Frühsommer bis Frühherbst
Boden: Mäßig fruchtbar, gut drainiert.

6-9

Botanischer Name: *Dipelta floribunda*
Deutscher Name: Botanischer Name
Andere Arten/Sorten: Keine
Beschreibung: Strauch, blüht an vorjährigem Holz. Viele trichterförmige Blüten mit leuchtender Öffnung und gelbem Schlund. Duftend. Schöne Borke bei älteren Sträuchern. Wird baumähnlich.
Höhe x Breite: 4 x 2 m
Blütezeit: Spätfrühling bis Frühsommer
Boden: Fruchtbar. Auch kreidehaltige Böden.

Mitte

8-10

Botanischer Name: *Cistus* x *purpureus*
Deutscher Name: Rosa Zistrose
Andere Arten/Sorten: „Peggy Sammons", „Brilliancy", *C. xp.* „Betty Taudevin"
Beschreibung: Immergrüner Strauch mit schmalen graugrünen Blättern an den aufrechten Trieben. Große Blüten mit seidenpapierartigen pinkfarbenen Blütenblättern.
Höhe x Breite: 1,5 x 0,9 m
Blütezeit: Frühsommer bis Spätsommer
Boden: Gut drainiert. Verträgt auch nährstoffarme Sandböden.

4-9

Botanischer Name: *Rodgersia pinnata*
Deutscher Name: Schaublatt
Andere Arten/Sorten: „Superba"
Beschreibung: Staude mit sehr langen 5- bis 9-fach gefiederten Blättern. Fedrige blassrosa Blütenbüschel und schöne, ausdauernde bronzefarbene Samenkapseln.
Höhe x Breite: 90 x 60 cm
Blütezeit: Sommer
Boden: Feuchtigkeit speichernd bis sumpfig.

Vordergrund

4-9

Botanischer Name: *Geranium endressii*
Deutscher Name: Storchschnabel
Andere Arten/Sorten: *G.* x *oxonianum* „A. T. Johnson", *G. o.* „Wargrave Pink"
Beschreibung: Halbimmergrüne Staude, guter Bodendecker. Schön geteilte hellgrüne Blätter und leuchtend rosa Blüten mit langer Blühzeit. Hemmt das Unkrautwachstum und eignet sich besonders zur Beetbepflanzung unter Bäumen.
Höhe x Breite: 45 x 60 cm
Blütezeit: Sommer bis Herbst
Boden: Alle Bedingungen, außer sumpfige Böden.

6-10

Botanischer Name: *Phuopsis stylosa*
Deutscher Name: Scheinwaldmeister
Andere Arten/Sorten: Keine
Beschreibung: Die schwachen Triebe dieser Staude sind mit schmalen wirtelig angeordneten Blättern bedeckt, die der Pflanze außerhalb der Blütezeit einen zartes sternförmiges Aussehen verleihen. Runde Büschel aus winzigen Blüten. Lange Blütezeit.
Höhe x Breite: 30 x 60 cm +
Blütezeit: Sommer
Boden: Gut drainiert, fruchtbar.

Hintergrund

3-9

Botanischer Name: *Filipendula rubra* „Venusta"
Deutscher Name: Amerikanische Scheinspiere
Andere Arten/Sorten: *F. rubra*, *F. palmata* und Kultivare, *F. purpurea*
Beschreibung: Wüchsige Staude. Sehr hohe kräftige Triebe mit großen Federbüscheln und großen gezähnten Blättern. Für kleinere Gärten eignen sich *F. palmata* und *F. purpurea*.
Höhe x Breite: 1,8 – 2,4 x 1,2 m
Blütezeit: Sommermitte
Boden: Feuchtigkeit speichernd bis sumpfig.

5-9

Botanischer Name: *Rosa* „Kew Rambler"
Deutscher Name: Kaskadenrose
Andere Arten/Sorten: „Blush Rambler"
Beschreibung: Schnellwüchsige Kletterrose, im Gegensatz zu den meisten anderen modernen Kletterrosen nur einmal blühend. Ungefüllte, wildrosenartige Bluten mit weiß umrandeten Staubblättern.
Höhe x Breite: 5 – 6 x 5 – 6 m
Blütezeit: Sommer
Boden: Fruchtbar, Feuchtigkeit speichernd.

Mitte

5-9

Botanischer Name: *Rosa* „Romance", syn. „Tanezamor"
Deutscher Name: Beetrose (Floribunda-Rose)
Andere Arten/Sorten: „Heidi Jayne", „Keepsake", („Esmeralda"), „Escapade"
Beschreibung: Verzweigte Beetrose mit dunkelgrünen Blättern und gefüllten, leicht duftenden pinkfarbenen Blüten. Regelmäßig düngen und mit organischem Material mulchen.
Höhe x Breite: 1 x 0,7 m
Blütezeit: Spätfrühling bis Herbstmitte
Boden: Fruchtbar, Feuchtigkeit speichernd bis schwer. Stark alkalische Böden meiden.

5-9

Botanischer Name: *Rosa* „Brother Cadfael"
Deutscher Name: Englische Rose
Andere Arten/Sorten: „Mary Rose", Bibi Maizoon" syn. „Ausdimindo"
Beschreibung: Buschige intensiv duftende Strauchrose mit kräftigen Trieben und sehr großen kugelförmigen Blüten, die an gefüllte Pfingstrosen erinnern. Erneute Blüte im Herbst möglich.
Höhe x Breite: 1 x 0,75 m
Blütezeit: Frühsommer bis Frühherbst
Boden: Fruchtbar, Feuchtigkeit speichernd bis schwer. Stark alkalische Böden meiden.

Vordergrund

4-8

Botanischer Name: *Astilbe* „Hyacinth"
Deutscher Name: Prachtspiere, Astilbe
Andere Arten/Sorten: „Europa", „Rheinland", „Cattleya", „Erica"
Beschreibung: Staude mit farnartigem Blattwerk und fedrigen Blütenrispen. Hübsche braune Samenkapseln im Herbst/Winter. Bei trockenem Boden an eine leicht schattige Stelle pflanzen und mulchen.
Höhe x Breite: 75 x 60 cm
Blütezeit: Sommer
Boden: Humos, feucht bis sumpfig.

5-10

Botanischer Name: *Oenothera speciosa* „Rosea"
Deutscher Name: Nachtkerze
Andere Arten/Sorten: „Ballerina", „Pink Petticoats"
Beschreibung: Gruppen bildende Rhizomstaude mit schmalen Blättern und schalenförmigen Blüten, die sich trotz ihres Namens am Tage öffnen. Wuchernd.
Höhe x Breite: 45 x 30 cm
Blütezeit: Spätfrühling bis Spätsommer
Boden: Gut drainiert, nicht zu fruchtbar. Verträgt keine Winternässe.

Hintergrund

8-10

Botanischer Name: *Lavatera* „Rosea"
Deutscher Name: Buschmalve
Andere Arten/Sorten: „Kew Rose"
Beschreibung: Halbimmergrüner Strauch mit kräftigem aufrechtem Wuchs. Große gelappte graugrüne Blätter. Blüht bis zum Frost. Gegen starke Ausbreitung und für schöne Wuchsform im Frühling stark zurückschneiden.
Höhe x Breite: 3 x 3 m
Blütezeit: Frühsommer bis Herbstmitte
Boden: Gut drainiert bis trocken, aber nicht nährstoffarm.

5-9

Botanischer Name: *Rosa* „Cornelia"
Deutscher Name: Strauchrose
Andere Arten/Sorten: „Sarah van Fleet", „Mary Rose"
Beschreibung: Wüchsige Strauchrose mit schönen dunklen Blättern. Die gefüllten duftenden Blüten sind hellrosa und dunkeln zum Herbst zu nach.
Höhe x Breite: 1,5 x 1,5 m
Blütezeit: Sommermitte bis Herbstmitte
Boden: Fruchtbar, schwer, Feuchtigkeit speichernd.

Mitte

Botanischer Name: *Cosmos bipinnatus* Sensation-Serie
Deutscher Name: Kosmea, Schmuckkörbchen
Andere Arten/Sorten: „Seashells Mixed", „Picotee", „Daydream"
Beschreibung: Bedingt frostharte Einjährige mit farnartigem Blattwerk und großen schalenförmigen Blüten auf geraden Stängeln. Um eine frühere Blüte zu erreichen, Anfang bis Mitte Frühling drinnen aussäen und ins Freie pflanzen, wenn die Frostgefahr vorüber ist.
Höhe x Breite: 90 x 60 cm
Blütezeit: Frühsommer bis Frühherbst
Boden: Feuchtigkeit speichernd, aber gut drainiert.

4-9

Botanischer Name: *Lupinus polyphyllus* (Hybriden)
Deutscher Name: Lupine
Andere Arten/Sorten: Russell-Hybriden, „Loveliness"
Beschreibung: Staude mit gefingerten Blättern und kompakten Ähren aus wickenartigen Blüten. Welke Blüten entfernen, um eine Selbstaussaat zu verhindern und die weitere Blütenbildung anzuregen.
Höhe x Breite: 1,2 x 0,6 m
Blütezeit: Frühsommer
Boden: Fruchtbar, gut drainiert. Bevorzugt kalkhaltige Böden.

Vordergrund

Botanischer Name: *Callistephus chinensis*
Deutscher Name: Sommeraster
Andere Arten/Sorten: Pompon-Serie, Milady-Serie
Beschreibung: Viele gefüllte, ungefüllte oder pomponförmige Blüten in Pastelltönen. Zur Anregung der Blütenbildung welke Blüten regelmäßig entfernen.
Höhe x Breite: 30 – 60 x 30 – 45 cm
Blütezeit: Sommermitte bis Frostbeginn
Boden: Feuchtigkeit speichernd. Saure Böden mit Kalk anreichern.

Botanischer Name: *Verbena* x *hybrida* „Aveyron"
Deutscher Name: Eisenkraut
Andere Arten/Sorten: „Sissinghurst", „Silver Anne" (beide Sorten mehltauresistent)
Beschreibung: Einjährige Pflanze oder frostempfindliche Staude mit verzweigtem Wuchs. Kleine gezackte Blätter und kuppelförmige Blütenbüschel. Dichter blütenreicher Bodendecker. Mehltauanfällig.
Höhe x Breite: 15 – 20 x 45 cm
Blütezeit: Frühsommer bis Frostbeginn
Boden: Feuchtigkeit speichernd, aber drainiert.

Hintergrund

Botanischer Name: *Lathyrus odoratus*
Deutscher Name: Duftwicke, Edelwicke
Andere Arten/Sorten: Große Auswahl in Samenkatalogen
Beschreibung: Einjährige rankende Kletterpflanze mit duftenden Wickenblüten und ovalen paarigen Blättern. Gute Schnittblume. Mit dünnen Stäben oder feinmaschigen Netzen stützen.
Höhe x Breite: 2,7 x 0,9 cm
Blütezeit: Sommermitte bis Frühherbst
Boden: Tiefgründig, fruchtbar, Feuchtigkeit speichernd.

2-10

Botanischer Name: *Alcea rosea*
Deutscher Name: Stockmalve, Stockrose
Andere Arten/Sorten: Verschiedene ungefüllte und gefüllte Sorten, z. B. „Chater's Double"
Beschreibung: Zweijährige Pflanze. Die Blüten wachsen an großen aufrechten Trieben, die aus einem grundständigen Buschel gelappter Blättern herausragen. Neue Pflanzen jährlich aussähen, um die wachstumshemmende Rostkrankheit zu vermeiden, die sich in Form von orangefarbenen Pusteln an der Blattunterseite bemerkbar macht.
Höhe x Breite: 1,8 – 2,7 x 0,6 m
Blütezeit: Sommer bis Frühherbst
Boden: Bevorzugt schweren, fruchtbaren Boden und Feuchtigkeit im Sommer.

Mitte

4-9

Botanischer Name: *Lilium* „Acapulco"
Deutscher Name: Lilie
Andere Arten/Sorten: „Journey's End", „Stargazer"
Beschreibung: Zwiebelpflanze mit aufrechten Trieben und schmalen spitzen Blättern. Große trompetenförmige Blüten. Duftend. Zwischen andere niedrigere Gewächse pflanzen.
Höhe x Breite: 90 cm
Blütezeit: Sommermitte
Boden: Gut drainiert, aber Feuchtigkeit speichernd.

3-10

Botanischer Name: *Echinacea purpurea* „Robert Bloom"
Deutscher Name: Roter Sonnenhut
Andere Arten/Sorten: „Magnus"
Beschreibung: Staude mit steifen aufrechten Stängeln. Große Korbblüten mit einer rötlich gelben bis braunen kuppelförmigen Mitte. Lockt Bienen und Schmetterlinge an.
Höhe x Breite: 90 – 120 x 45 cm
Blütezeit: Sommer
Boden: Gut drainiert, aber im Sommer feucht.

Vordergrund

Botanischer Name: *Impatiens* „Accent-Serie" F1
Deutscher Name: Fleißiges Lieschen
Andere Arten/Sorten: Super Elfin F1, Novette F1
Beschreibung: Einjährige mit fleischigen Stängeln und ovalen spitz zulaufenden Blättern. Bildet ununterbrochen kleine runde Blüten. Lässt sich schwierig aus Samen ziehen. Für schattige Rabatten geeignet.
Höhe x Breite: 20 – 25 x 25 cm
Blütezeit: Spätfrühling bis Frostbeginn
Boden: Humos, Feuchtigkeit speichernd.

9-10

Botanischer Name: *Argyranthemum* „Gill's Pink"
Deutscher Name: Strauchmargerite
Andere Arten/Sorten: „Petite Pink", „Champagne Daisy"
Beschreibung: Immergrüne basal verholzende Staude mit buschigem Wuchs und fein gefiedertem Blattwerk. Bringt ständig Margeritenblüten hervor. Pflanzen unter Glas überwintern lassen oder Stecklinge nehmen.
Höhe x Breite: 45 – 60 x 45 cm
Blütezeit: Sommermitte bis Herbstmitte
Boden: Gut drainiert. Verträgt Kalk und Trockenheit.

Hintergrund

5-9

Botanischer Name: *Rosa* „New Dawn"
Deutscher Name: Kletterrose
Andere Arten/Sorten: „Albertine", Dr. W. van Fleet"
Beschreibung: Schnellwüchsige Kletterpflanze mit glänzenden Blättern und schön geformten Blüten. Die dunkleren Knospen bilden einen herrlichen Kontrast zu den geöffneten Blüten. Leicht duftend. Ideale Pergola-Pflanze.
Höhe x Breite: 4,5 x 4,5 m
Blütezeit: Frühsommer bis Herbstmitte
Boden: Fruchtbar, schwer, Feuchtigkeit speichernd.

8-10

Botanischer Name: *Ceanothus* x *pallidus* „Marie Simon"
Deutscher Name: Säckelblume
Andere Arten/Sorten: „Perle Rose"
Beschreibung: Laub abwerfender Strauch mit kleinen runden Blättern und rosa Blütenbüscheln mit sehr langer Blühdauer. Ausgezeichnet zur Hintergrundbepflanzung gemischter Rabatten geeignet. Im Frühling stark zurückschneiden.
Höhe x Breite: 1,5 x 1,5 m
Blütezeit: Sommer bis Frühherbst
Boden: Gut drainiert. Stark alkalische Böden meiden.

Mitte

4-9

Botanischer Name: *Astrantia major* „Buckland"
Deutscher Name: Große Sterndolde
Andere Arten/Sorten: *A. m. rosea, A. m. rubra*
Beschreibung: Staude mit einem grundständigen Büschel aus gelappten Blättern und aufrechten Stängeln. Die schönen Blütenköpfe bestehen aus winzigen Blüten, die von papierartigen Brakteen umgeben sind.
Höhe x Breite: 60+ x 45 cm
Blütezeit: Frühsommer bis Frühherbst
Boden: Gut drainiert, aber Feuchtigkeit speichernd.

5-9

Botanischer Name: *Rosa* „Ballerina"
Deutscher Name: Strauchrose
Andere Arten/Sorten: „Yesterday", „Frau Dagmar Hastrup"
Beschreibung: Moderne Strauchrose mit großen Büscheln aus blassrosa Blüten mit weißer Mitte. Zum Saisonende hin mehltauanfällig.
Höhe x Breite: 1 x 1,2 m
Blütezeit: Frühsommer bis Herbstmitte
Boden: Fruchtbar, schwer, Feuchtigkeit speichernd.

Vordergrund

6-9

Botanischer Name: *Lavandula angustifolia* „Hidcote Pink"
Deutscher Name: Englischer Lavendel
Andere Arten/Sorten: „Loddon Pink", „Rosea"
Beschreibung: Strauch mit niedriger runder Wuchsform und schmalen, graugrünen aromatischen Blättern. Wichtige Nektarquelle für Bienen. Zur Erhaltung der kompakten Wuchsform nach der Blüte zurückschneiden. Kein altes Holz zurückschneiden.
Höhe x Breite: 45 – 60 x 45 – 60 cm
Blütezeit: Sommermitte
Boden: Gut drainiert. Liebt Kalkböden.

Botanischer Name: *Crepis rubra*
Deutscher Name: Roter Pippau
Andere Arten/Sorten: „Rosea"
Beschreibung: Frostharte Einjährige mit einer grundständigen Rosette aus lanzettförmigen Blättern und aufrechten Stängeln. Löwenzahnähnliche rosa Blüten. Welke Blüten entfernen, um eine Selbstaussaat zu verhindern.
Höhe x Breite: 30 – 45 x 15 cm
Blütezeit: Sommermitte bis Spätsommer.
Boden: Gut drainiert, nicht überdüngt.

Hintergrund

4-9

Botanischer Name: *Actinidia kolomikta*
Deutscher Name: Mehrfarbiger Strahlengriffel
Andere Arten/Sorten: „Arctic Beauty"
Beschreibung: Wüchsige Kletterpflanze mit großen rosa-weiß gefleckten Blättern. Bevorzugt einen warmen und geschützten, im Sommer feuchten Standort. Braucht Halt und viel Platz, um sich richtig zu entfalten.
Höhe x Breite: 4 x 4 m
Blütezeit: Unbedeutende Blüten
Boden: Neutral bis sauer, gut drainiert.

8-10

Botanischer Name: *Lavatera* „Barnsley"
Deutscher Name: Buschmalve
Andere Arten/Sorten: „Candy Floss"
Beschreibung: Halbimmergrüner Strauch mit buschigem aufrechtem Wuchs und großen gelappten graugrünen Blättern. Blütenreich. Im Frühling stark zurückschneiden.
Höhe x Breite: 3 x 3 m
Blütezeit: Frühsommer bis Herbstmitte
Boden: Gut drainiert, auch trocken, aber nicht nährstoffarm.

Mitte

3-10

Botanischer Name: *Achillea* „Apfelblüte"
Deutscher Name: Schafgarbe
Andere Arten/Sorten: Galaxy-Hybriden, „Summer Pastels"
Beschreibung: Staude mit fedrigen Blättern und verzweigten Stängeln mit flachen Blütenköpfen. Muss evtl. gestützt werden. Die horizontale Blütenlinie bildet einen schönen Kontrast zu den aufrechten Stängeln.
Höhe x Breite: 90 x 60 cm
Blütezeit: Frühsommer bis Frühherbst
Boden: Gut drainiert, aber Feuchtigkeit speichernd.

5-10

Botanischer Name: *Sidalcea* „Elsie Heugh"
Deutscher Name: Präriemalve
Andere Arten/Sorten: „Sussex Beauty", „Loveliness"
Beschreibung: Staude mit stockrosenartigen Blütenähren, die aus einem großen grundständigen Blattbüschel wachsen. Seidige Blütenblätter mit gekerbtem Rand. Muss vor allem in ungeschützten Gärten gestützt werden.
Höhe x Breite: 1,2 x 0,50 m
Blütezeit: Sommer
Boden: Gut drainiert.

Vordergrund

3-10

Botanischer Name: *Gypsophila* „Rosenschleier"
Deutscher Name: Schleierkraut
Andere Arten/Sorten: „Flamingo", „Pink Beauty", „Pink Star"
Beschreibung: Staude mit lockeren Büscheln aus winzigen runden Blüten über einem grundständigen Blattbüschel. Effektvoller Hintergrund für großblütige Pflanzen mit klaren Konturen. Braucht Ruhe.
Höhe x Breite: 30 x 45 cm
Blütezeit: Sommer
Boden: Tiefgründig, kalkhaltig, gut drainiert.

6-10

Botanischer Name: *Penstemon* „Thorn" (syn. „Apple Blossom")
Deutscher Name: Bartfaden
Andere Arten/Sorten: „Evelyn", „Pink Endurance", „Pink Beauty"
Beschreibung: Halbimmergrüne Staude mit buschigem Wuchs. Aufrechte Stängel mit schmalen Blättern und Röhrenblüten. Relativ frosthart. Leidet stärker unter Winternässe und welken Blättern als unter Kälte.
Höhe x Breite: 45 x 45 cm
Blütezeit: Frühsommer bis Herbstmitte
Boden: Fruchtbar, gut drainiert.

Hintergrund

8-10

Botanischer Name: *Escallonia* „Donard Beauty"
Deutscher Name: Escallonie
Andere Arten/Sorten: Keine
Beschreibung: Immergrüner kräftiger Strauch mit leicht ausladendem Wuchs und kleinen ledrigen dunkelgrünen Blättern. Viele kleine dunkelrosa Röhrenblüten mit ausgestellter Öffnung.
Höhe x Breite: 3 x 4 m
Blütezeit: Frühsommer
Boden: Toleriert viele Bedingungen, aber verträgt keinen stark alkalischen Boden.

9-10

Botanischer Name: *Bougainvillea* „Dauphine"
Deutscher Name: Bouganvillea, Drillingsblume
Andere Arten/Sorten: „Double Pink", „Flamingo Pink", „Pink Champagne" (syn. „Mahara Pink")
Beschreibung: Halbimmergrüne Kletterpflanze mit cremeweiß gemusterten Blättern. Die holzigen Triebe müssen gestützt werden. Die unauffälligen Blüten sind von großen prächtigen Brakteen umgeben. Anfällig für Schildläuse und Weiße Fliege.
Höhe x Breite: 5 m
Blütezeit: Sommer
Boden: Gut drainiert. Möglichst nährstoffarmer Boden, um übermäßige Blattbildung zu verhindern.

Mitte

5-9

Botanischer Name: *Rosa* „Blue Moon" syn. „Mainzer Fastnacht", „Sissy"
Deutscher Name: Beetrose (Teehybride)
Andere Arten/Sorten: „Paul Shirville", „Harry Edland"
Beschreibung: Beetrose mit aufrechtem Wuchs und spärlicher Blattbildung. Schön geformte malvenrosa Blüten. Lieblicher Duft.
Höhe x Breite: 60 x 90 cm
Blütezeit: Sommer bis Herbst
Boden: Bevorzugt fruchtbare Feuchtigkeit speichernde Böden, vor allem Lehmboden.

9-10

Botanischer Name: *Gladiolus* (Hybride)
Deutscher Name: Gladiole
Andere Arten/Sorten: „Inca Queen", „Rose Supreme", „Gigi", „Pink Lady", „La France"
Beschreibung: Zwiebelpflanze mit schwertförmigen Blättern und kräftigen Ähren aus auffälligen Blüten. Ausgezeichnete Schnittblume. Vom Spätfrühling bis zur Sommermitte alle 10 Tage einpflanzen, um eine anhaltende Blütenfolge bis zum Herbst zu erhalten. Vor Frostbeginn aus der Erde nehmen.
Höhe x Breite: 90 – 120 x 15 – 25 cm
Blütezeit: Sommer bis Herbst
Boden: Gut drainiert, fruchtbar, humos.

Vordergrund

5-10

Botanischer Name: *Origanum laevigatum* „Herrenhausen"
Deutscher Name: Blumenoregano
Andere Arten/Sorten: O. l. „Hopleys'"
Beschreibung: Niedrige Staude mit Rosetten aus kleinen Blättern. Dichte Wirtel aus rosafarbenen Blüten mit purpurnen Brakteen. Junge Blätter im Frühling schimmern bronzefarben.
Höhe x Breite: 45 x 30 cm
Blütezeit: Sommermitte bis Frühherbst
Boden: Gut drainiert. Verträgt Trockenheit.

5-9

Botanischer Name: *Rosa* „The Fairy"
Deutscher Name: Strauchrose
Andere Arten/Sorten: „Yesterday"
Beschreibung: Bodendeckende Rose mit schönen kleinen glänzenden Blättern und Trauben aus kleinen gefüllten rosettenförmigen Blüten. Kann auch zu herabhängendem Wuchs gebracht werden.
Höhe x Breite: 60 x 60 + cm
Blütezeit: Hochsommer bis Spätsommer
Boden: Fruchtbar, bevorzugt gehaltvolle, etwas schwerere Feuchtigkeit speichernde Böden.

5-9

Botanischer Name: *Rosa* „Pink Perpétué"
Deutscher Name: Kletterrose
Andere Arten/Sorten: „Chaplin's Pink Climber", „Zephrine Drouhin", „Rosy Mantle"
Beschreibung: Einmal blühende Kletterrose mit steifen, holzigen verzweigten Trieben, die am Klettergestell angebunden werden müssen. Gefüllte mittelrosa Blüten mit dunkelrosa Blattunterseite. Viele ledrige dunkelgrüne Blätter. Schwach duftend.
Höhe x Breite: 2,8 x 2,5 m
Blütezeit: Sommer bis Herbst
Boden: Bevorzugt fruchtbare Feuchtigkeit speichernde Böden, besonders Lehmboden.

Hintergrund

5-9

Botanischer Name: *Rosa* „Albertine"
Deutscher Name: Kletterrose
Andere Arten/Sorten: „New Dawn", „Aloha", „Compassion"
Beschreibung: Kletterrose mit holzigen Trieben. Braucht Halt. Mittelgroße, gefüllte lachsrosa Blüten mit dunklerer Mitte. Schöner Duft. Blätter bei trockenem Boden mehltauanfällig.
Höhe x Breite: 5 x 4 m
Blütezeit: Sommer
Boden: Bevorzugt fruchtbare Feuchtigkeit speichernde Böden, vor allem Lehmboden.

7-10

Botanischer Name: *Gladiolus communis* spp. *byzantinus*
Deutscher Name: Siegwurz
Andere Arten/Sorten: „Rose Charm"
Beschreibung: Staude mit Ähren aus magentafarbenen Röhrenblüten. Büschel aus langen schmalen Blättern. Kann sich auf leichtem Boden stark ausbreiten. Nicht für kalte Regionen geeignet.
Höhe x Breite: 90 x 30 + cm
Blütezeit: Frühsommer bis Sommermitte
Boden: Mäßig fruchtbar. Breitet sich auf schwerem Boden langsamer aus.

Mitte

4-9

Botanischer Name: *Astrantia maxima*
Deutscher Name: Sterndolde
Andere Arten/Sorten: *A. major rosea*
Beschreibung: Staude mit rosafarbenen Blütenständen und einem sternförmigen Kragen aus papierartigen Brakteen. Dreilappige Blätter.
Höhe x Breite: 60 – 75 x 30 cm
Blütezeit: Sommermitte bis Spätsommer
Boden: Fruchtbar, gut drainiert, aber Feuchtigkeit speichernd.

8-9

Botanischer Name: *Geranium* x *riversleaianum* „Russell Prichard"
Deutscher Name: Storchschnabel
Andere Arten/Sorten: „Mavis Simpson"
Beschreibung: Staude mit langen vorstehenden Trieben, gelappten graugrünen Blättern und einer Fülle von Blüten. Etwas frostempfindlich, deshalb im Frühling pflanzen.
Höhe x Breite: 24 x 90 cm
Blütezeit: Frühsommer bis Frühherbst
Boden: Fruchtbar, gut drainiert.

Vordergrund

Botanischer Name: *Impatiens walleriana* „Variegata"
Deutscher Name: Fleißiges Lieschen
Andere Arten/Sorten: Neu-Guinea-Hybriden
Beschreibung: Frostempfindliche Staude/Einjährige mit fleischigen Stängeln und ovalen spitz zulaufenden Blättern mit kräftiger Musterung. Kreisrunde karminrosa Blüten. Ausgezeichnete Schattenpflanze. Zurückschneiden und feucht halten.
Höhe x Breite: 15 – 30 cm
Blütezeit: Frühsommer bis Frühherbst
Boden: Feuchtigkeit speichernd.

Hintergrund

5-9

Botanischer Name: *Lathyrus latifolius*
Deutscher Name: Staudenwicke
Andere Arten/Sorten: „Rosa Perle", *L. grandiflorus, L. tuberosus*
Beschreibung: Kletterstaude, ähnelt der Edelwicke, aber besitzt flache Triebe und dichteres, gefiedertes Blattwerk. Duftende Wickenblüten.
Höhe x Breite: 1,8 x 1,8 m
Blütezeit: Sommer bis Frühherbst
Boden: Gut drainiert.

6-9

Botanischer Name: *Phytolacca polyandra* syn. *P. clavigera*
Deutscher Name: Kermesbeere
Andere Arten/Sorten: Keine
Beschreibung: Staude mit aufrechtem Wuchs. Die rosa Blütenähren reifen zu glänzenden schwarzen Beeren (giftig) heran. Unangenehm riechende Blätter mit gelber Herbstfärbung.
Höhe x Breite: 1,2 x 0,6 – 1,2 m
Blütezeit: Hochsommer bis Spätsommer.
Boden: Fruchtbar, Feuchtigkeit speichernd.

Mitte

Botanischer Name: *Lavatera* „Silver Cup"
Deutscher Name: Bechermalve
Andere Arten/Sorten: „Loveliness" syn. „Sunset", „Pink Beauty"
Beschreibung: Buschige Pflanze mit großen, gelappten graugrünen Blättern und schönen hibiskusartigen Blüten. Idealer Lückenfüller für gemischte Strauch- oder Staudenrabatten.
Höhe x Breite: 75 x 60 cm
Blütezeit: Hochsommer bis Frühherbst
Boden: Gut drainiert. Sehr fruchtbare Böden meiden.

8-10

Botanischer Name: *Hebe* „Great Orme"
Deutscher Name: Hebe, Strauchveronika
Andere Arten/Sorten: „Simon Delaux", „Eveline", „Carnea"
Beschreibung: Immergrüner Strauch mit schmalen glänzenden Blättern und schlanken Ähren aus kleinen tiefrosa Blüten, die weiß verblassen und somit einen zweifarbigen Effekt bewirken. Windgeschützter Standort. Beschädigte Triebe im Frühling zurückschneiden.
Höhe x Breite: 1,2 x 1,8 m
Blütezeit: Sommer
Boden: Gut drainiert, locker. Böden mit Winterstaunässe meiden.

Vordergrund

Botanischer Name: *Antirrhinum majus* (Varietät)
Deutscher Name: Löwenmaul
Andere Arten/Sorten: Coronette-Serie F1, „Butterfly Pink", „Potomac Pink", „Pan American Summer Pink"
Beschreibung: Bildet verzweigte dichte Blütenähren und kleine lanzettförmige Blätter. Sämlinge entfernen, um die Verzweigung anzuregen. Für erneute Ährenbildung welke Blütenstände abschneiden.
Höhe x Breite: 30 – 60 x 30 cm
Blütezeit: Sommer bis Frühherbst
Boden: Mäßig kultiviert.

9-10

Botanischer Name: *Osteospermum jucundum* syn. *O. barberiae*
Deutscher Name: Kapmargerite, Kapkörbchen
Andere Arten/Sorten: *O. j. compactum, O.* „Stardust"
Beschreibung: Immergrüne Staude/Halbstrauch mit dichten Blattkissen und Korbblüten, die an trüben Tagen geschlossen bleiben. Idealer Bodendecker für trockene Standorte und im Vordergrund sonniger Rabatten.
Höhe x Breite: 30 x 30 cm
Blütezeit: Sommer bis Herbst
Boden: Gut drainiert. Verträgt Trockenheit.

Hintergrund

Botanischer Name: *Galega officinalis* „Duchess of Bedford"
Deutscher Name: Geißraute
Andere Arten/Sorten: „His Majesty", „Lady Wilson"
Beschreibung: Mehrjährige Staude mit gefiederten Blättern und verzweigten Ähren aus wickenartigen Blüten. Klassische Pflanze für den Rabattenhintergrund. Muss gestützt werden.
Höhe x Breite: 1,5 x 0,9 m
Blütezeit: Sommer
Boden: Gut drainiert.

3-9

Botanischer Name: *Lavatera* „Candy Floss"
Deutscher Name: Buschmalve
Andere Arten/Sorten: „Bredon Springs", „Barnsley", „Rosea"
Beschreibung: Halbimmergrüner Strauch mit großen, graugrünen gelappten Blättern. An den Blattachseln wachsen große hibiskusartige Blüten. Je länger die Triebe, desto mehr Blüten entstehen. Im Frühling stark zurückschneiden.
Höhe x Breite: 1,75 x 1,25 m
Blütezeit: Sommer bis Herbst
Boden: Gut drainiert. Sehr fruchtbare Böden meiden.

8-10

Mitte

Botanischer Name: *Lavatera* „Pink Beauty"
Deutscher Name: Bechermalve
Andere Arten/Sorten: „Loveliness" syn. „Sunset", „Silver Cup"
Beschreibung: Buschige Pflanze mit großen, gelappten graugrünen Blättern und imposanten hibiskusartigen Blüten. Idealer Lückenfüller. Hellerer Rosaton als die dunkel geäderte Sorte „Silver Cup".
Höhe x Breite: 75 x 60 cm
Blütezeit: Sommermitte bis Frühherbst
Boden: Gut drainiert. Sehr fruchtbare Böden meiden.

Botanischer Name: *Consolida* „Sublime"
Deutscher Name: Rittersporn
Andere Arten/Sorten: Giant Imperial-Serie z. B. „Pink Perfection", „Rosalie"
Beschreibung: Einjährige Pflanze mit hohen Ähren aus gefüllten Blüten. Sehr gute Schnittblume. Windige Standorte meiden und abstützen. Guter Lückenfüller für Höhenkontrast in neu angelegten Rabatten.
Höhe x Breite: 0,9 – 1,2 x 0,6 m
Blütezeit: Sommer
Boden: Gut drainiert, nicht zu fruchtbar.

Vordergrund

8-10

Botanischer Name: *Osteospermum ecklonis caulescens*
Deutscher Name: Kapmargarite, Kapkörbchen
Andere Arten/Sorten: „Lady Leitrim"
Beschreibung: Immergrüne Staude/Halbstrauch mit dichten Matten aus bandförmigen aromatischen Blättern. Schöne ins Hellrosa verblassende Blüten mit dunkelblauer Mitte und blaugrauer Unterseite.
Höhe x Breite: 30 x 30 cm
Blütezeit: Sommer bis Herbst
Boden: Gut drainiert. Verträgt Trockenheit.

8-10

Botanischer Name: *Persicaria capitata* „Pink Bubbles"
Deutscher Name: Knöterich
Andere Arten/Sorten: „Magic Carpet"
Beschreibung: Frostempfindliche bodendeckende Staude oder Rankenpflanze. Spitz auslaufende grüne Blätter mit V-förmiger Bronzemaserung und eine Fülle von kugelförmigen rosa Blütenköpfchen. Sät sich in einigen Gebieten selbst aus.
Höhe x Breite: 10 – 15 x 22 cm
Blütezeit: Sommer
Boden: Gut drainiert.

Hintergrund

4-9

Botanischer Name: *Sanguisorba obtusa*
Deutscher Name: Japanischer Wiesenknopf
Andere Arten/Sorten: Keine
Beschreibung: Staude mit schönen blaugrünen Blättern und verzweigten Trieben mit flauschigen rosaroten Blütenständen. Gedeiht gestützt am besten.
Höhe x Breite: 1,2 x 0,6 m
Blütezeit: Sommermitte bis Spätsommer
Boden: Feuchtigkeit speichernd bis feucht.

9-10

Botanischer Name: *Bougainvillea cultivar*
Deutscher Name: Bougainvillea, Drillingsblume
Andere Arten/Sorten: „Pink Champagne" syn. „Mahara Pink", „Flamingo Pink"
Beschreibung: Frostempfindliche immergrüne Kletterpflanze mit verzweigtem Wuchs und breiten hellgrünen Blättern. Die winzigen weißen Blüten sind von großen, farbenprächtigen papierartigen Brakteen umgeben. Nach der Blüte leicht zurückschneiden.
Höhe x Breite: 3,5 – 7,5 + x 3,5 – 7,5 m
Blütezeit: Sommer bis Frühherbst
Boden: Gut drainiert.

Mitte

Botanischer Name: *Celosia spicata* „Flamingo Feather"
Deutscher Name: Celosie, Federbusch
Andere Arten/Sorten: Keine
Beschreibung: Einjährige mit drahtartigen Trieben und spitz zulaufenden zweifarbigen Federbüschen in Hell- und Dunkelrosa. Braucht einen warmen geschützten Standort. Eignet sich für Trockensträuße.
Höhe x Breite: 30 – 75 x 45 cm
Blütezeit: Sommer bis Frühherbst
Boden: Gut drainiert. Verträgt keine schweren Böden.

7-10

Botanischer Name: *Crinum x powellii*
Deutscher Name: Hakenlilie
Andere Arten/Sorten: „Haarklemense", „Krelagei", „Ellen Bosanquet"
Beschreibung: Zwiebelpflanze mit überhängenden bandförmigen Blättern und einem kräftigen Stängel mit großen duftenden trompetenförmigen Blüten. Zwiebelhals beim Einpflanzen aus dem Boden ragen lassen. In kalten Gebieten kräftig mulchen oder vor eine warme Mauer pflanzen.
Höhe x Breite: 1,2 x 0,9 m
Blütezeit: Spätsommer
Boden: Gut kultiviert, fruchtbar, Feuchtigkeit speichernd.

Vordergrund

9-10

Botanischer Name: *Argyranthemum* „Vancouver"
Deutscher Name: Strauchmargerite
Andere Arten/Sorten: „Mary Wooton", „Gill's Pink"
Beschreibung: Frostempfindliche Staude mit stark zergliederten Blättern und verzweigten Blütenstängeln. Große Korbblüten mit flacher Mitte. Halbschattiger Standort verhindert Ausbleichen.
Höhe x Breite: 60 x 45 cm
Blütezeit: Frühsommer bis Herbstmitte
Boden: Gut drainiert.

Botanischer Name: *Salvia viridis*
Deutscher Name: Ziersalbei
Andere Arten/Sorten: „Claryssa Pink", „Pink Lady"
Beschreibung: Frostharte Einjährige mit farbenprächtigen blattartigen Brakteen. Ideal für Trockensträuße. In Farbmischungen und Einzelfarben erhältlich.
Höhe x Breite: 45 x 30 cm
Blütezeit: Sommer bis Frühherbst
Boden: Gut drainiert.

Hintergrund

4-10

Botanischer Name: *Lythrum salicaria* „Feuerkerze“
Deutscher Name: Blutweiderich
Andere Arten/Sorten: „Happy“, „Robert“, „Morden Pink“, „The Beacon“
Beschreibung: Staude für feuchte Rabatten. Dünne Triebe mit pinkfarbenen Blütenähren. Schöne Herbstfärbung.
Höhe x Breite: 1,2 x 0,45 m
Blütezeit: Spätsommer
Boden: Feucht bis nass.

5-9

Botanischer Name: *Rosa* „Felicia“
Deutscher Name: Strauchrose
Andere Arten/Sorten: „Aloha“, „Cornelia“, „Constance Spry“, „Shropshire Lass“
Beschreibung: Moderne Strauchrose mit Büscheln aus duftenden Blüten in Hellrosa und Blassgelb. Lange Blütezeit. Dunkle glänzende Blätter.
Höhe x Breite: 1,5 x 2,2 m
Blütezeit: Sommer bis Frühherbst
Boden: Fruchtbar, Feuchtigkeit speichernd. Verträgt schwere Böden.

Mitte

Botanischer Name: *Cleome spinosa*
Deutscher Name: Spinnenpflanze
Andere Arten/Sorten: „Colour Fountains Mxd“, „Rose Queen“, „Cherry Queen“
Beschreibung: Bedingt frostharte Einjährige mit tropischem Aussehen. Hohe Stängel mit großen endständigen Büscheln aus leicht duftenden Blüten mit weit herausragenden Staubblättern. Schöne gefingerte Blätter. Selbst aussäend.
Höhe x Breite: 0,6 – 1,2 x 0,45 m
Blütezeit: Sommermitte bis Frühherbst
Boden: Gut drainiert.

4-10

Botanischer Name: *Centranthus* syn. *Kentranthus*
Deutscher Name: Spornblume, Spornbaldrian
Andere Arten/Sorten: Heimische Sorten von weiß bis dunkelrosa.
Beschreibung: Staude mit breiten, fleischigen graugrünen Blättern. Kompakte kegelförmige Köpfe aus winzigen Röhrenblüten. Lockt Bienen an. Selbst aussäend. Für Küstenstandorte geeignet.
Höhe x Breite: 75 – 90 x 45 cm
Blütezeit: Sommer
Boden: Gedeiht auf nährstoffarmen steinigen Böden sowie Kalkböden.

Vordergrund

Botanischer Name: *Nicotiana alata*
Deutscher Name: Ziertabak
Andere Arten/Sorten: Domino-F1-Serie, z. B. „Salmon Pink“
Beschreibung: Bedingt frostharte Einjährige oder Staude mit einer grundständigen Rosette aus breiten haarigen Blättern. Aufrechte Triebe mit nach außen gerichteten Blüten, die am frühen Abend einen zarten Duft verströmen. Selbstaussaat möglich.
Höhe x Breite: 30 – 35 x 30 cm
Blütezeit: Sommer bis Frühherbst
Boden: Mäßig fruchtbar, Feuchtigkeit speichernd.

3-10

Botanischer Name: *Physostegia virginiana* „Vivid“
Deutscher Name: Gelenkblume
Andere Arten/Sorten: „Rosy Spire“
Beschreibung: Staude mit Ähren aus leuchtend purpurrosa Röhrenblüten, die an ihren Stielen in eine andere Richtung gebogen werden können und in dieser neuen Position verharren – daher der Name Gelenkblume. Die sich ausbreitenden Wurzeln bilden eine dichte Matte aus Blättern.
Höhe x Breite: 30 – 38 x 30 cm
Blütezeit: Frühherbst
Boden: Fruchtbar, Feuchtigkeit speichernd. Trockene, unfruchtbare Böden meiden.

Hintergrund

5-8

Botanischer Name: *Lespedeza thunbergii*
Deutscher Name: Buschklee
Andere Arten/Sorten: *L. bicolor*
Beschreibung: Strauch mit ausladenden Ästen, dreifiedrigen Blättern und vielen wickenartigen purpurrosa Blüten. Wächst am schönsten auf einer Böschung. Wird normalerweise im Winter ganz zurückgeschnitten, blüht aber an neuem Holz.
Höhe x Breite: 1,8 x 1,8 m
Blütezeit: Frühherbst
Boden: Gut drainiert.

8-10

Botanischer Name: *Colletia hystix* „Rosea" syn. *C. armata* „Rosea"
Deutscher Name: Botanischer Name
Andere Arten/Sorten: Keine
Beschreibung: Graugrüner Strauch mit blasseren jüngeren Trieben. Besitzt anstelle von Blättern kräftige Dornen. In der Spätsaison erscheinen kleine röhrenförmige Blüten mit Vanilleduft.
Höhe x Breite: 2,5 x 3,5 m
Blütezeit: Spätsommer bis Herbst
Boden: Gut drainiert.

Mitte

3-9

Botanischer Name: *Phlox paniculata* (Kultivar)
Deutscher Name: Flammenblume
Andere Arten/Sorten: „Mother of Pearl", „Europe", „Elizabeth Arden"
Beschreibung: Staude mit aufrechten Trieben und weidenartigen Blättern. Kuppelförmige Blütenstände mit duftenden stieltellerförmigen Blüten im Spätsommer.
Höhe x Breite: 75 x 90 cm
Blütezeit: Sommermitte bis Spätsommer
Boden: Fruchtbar, Feuchtigkeit speichernd, humos. Schwere Lehmböden meiden.

Botanischer Name: *Zinnia elegans*
Deutscher Name: Zinnie
Andere Arten/Sorten: „Dahlienblütige Mischung", „State Fair Mixed" (Zwergzinnien)
Beschreibung: Einjährige mit steifen aufrechten Stängeln und dahlienartigen Blüten. Sorten in vielen Farben und Blütenformen erhältlich. Verträgt keine kalten nassen Sommer.
Höhe x Breite: 75 x 90 cm
Blütezeit: Sommermitte bis Herbstmitte
Boden: Gut drainiert, humos.

Vordergrund

6-8

Botanischer Name: *Sorbus reducta*
Deutscher Name: Eberesche
Andere Arten/Sorten: Keine
Beschreibung: Strauch mit einem Dickicht aus Zweigen und graugrünen gefiederten Blättern. Die weißen Blüten reifen zu rosa Beeren heran. Schöne bronzefarbene Herbstfärbung.
Höhe x Breite: 30 x 90 + cm
Blütezeit: Sommer
Boden: Mäßig kultiviert.

10

Botanischer Name: *Verbena hybrida* (Kulivar)
Deutscher Name: Eisenkraut
Andere Arten/Sorten: „Tapien Pink" syn. „Sunver", „Silver Anne", „Sissinghurst"
Beschreibung: Matten bildende Staude mit verzweigtem Wuchs. Kleine gezahnte Blätter und kuppelförmige Blütenstände. Unter trockenen Bedingungen mehltauanfällig.
Höhe x Breite: 15 – 45 x 30 – 45 cm
Blütezeit: Frühsommer bis Herbstmitte
Boden: Gut drainiert, aber Feuchtigkeit speichernd.

Hintergrund

Botanischer Name: *Passiflora* (Kultivar)
Deutscher Name: Passionsblume
Andere Arten/Sorten: *P. sanguinolenta, P. mollissima, P.* x *violacea, P.* x *alato-caerulea*
Beschreibung: Halbimmergrüne wüchsige Kletterpflanze mit gelappten Blättern und rankenden Trieben. Braucht Halt. Die großen auffälligen Blüten können zu schönen Früchten heranreifen. Kann im Frühling stark zurückgeschnitten werden.
Höhe x Breite: 3–5 + m
Blütezeit: Frühling bis Herbst
Boden: Gut drainiert.

9-10

Botanischer Name: *Hydrangea paniculata* „Unique"
Deutscher Name: Rispenhortensie
Andere Arten/Sorten: „Floribunda", „Grandiflora", „Praecox"
Beschreibung: Aufrechter Strauch mit großen Rispen aus winzigen fruchtbaren Blüten mit vielen auffälligen Brakteen. Die eindrucksvollen Blüten der Sorte „Unique" färben sich allmählich purpurrosa.
Höhe x Breite: 3 x 3 m
Blütezeit: Sommermitte bis Herbst
Boden: Fruchtbar, Feuchtigkeit speichernd. Stark alkalische Böden meiden.

3-9

Mitte

9-10

Botanischer Name: *Salvia involucrata* „Bethellii"
Deutscher Name: Ziersalbei
Andere Arten/Sorten: „Deschampsia"
Beschreibung: Buschiger, am Grund verholzter Halbstrauch mit langen spitz zulaufenden Blättern. Die Ähren aus rosa Knospen öffnen sich zu leuchtend kirschrosa Blüten. In kälteren Gegenden an eine warme Mauer pflanzen.
Höhe x Breite: 1,2 x 0,9 m
Blütezeit: Spätsommer bis Herbst
Boden: Gut drainiert.

Botanischer Name: *Rosa* „Gertrude Jekyll"
Deutscher Name: Englische Rose
Andere Arten/Sorten: „Mary Rose", „Brother Cadfael"
Beschreibung: Schnellwüchsige Strauchrose mit mittelgroßen, gefüllten dunkelrosa Blüten und schönem Duft. Schlanker Wuchs, sollte in ungeschützten Gärten besser gestützt werden.
Höhe x Breite: 1,2 x 1,1 m
Blütezeit: Frühling bis Herbstmitte
Boden: Fruchtbar, Feuchtigkeit speichernd, humos. Gedeiht gut auf Lehmboden.

5-10

Vordergrund

Botanischer Name: *Diascia* „Ruby Field"
Deutscher Name: Elfensporn
Andere Arten/Sorten: *D. cordata, D. rigescens, D. vigilis.* Auch viele neue Kultivare.
Beschreibung: Halbimmergrüne frostempfindliche Kriechstaude mit kleinen Blättern und aufrechten rosa Blütenähren.
Höhe x Breite: 8 x 15 cm
Blütezeit: Sommer bis Herbstmitte
Boden: Gut drainiert, aber im Sommer nicht trocken.

8-10

10

Botanischer Name: *Pelargonium* (Kultivar)
Deutscher Name: Efeupelargonie, Efeugeranie
Andere Arten/Sorten: „Hederinum" syn. „Balcon Rose", „Cascade Pink"
Beschreibung: Frostempfindliche Staude mit steifen rankenden Trieben, fleischigen efeuartigen Blättern und lockeren Büscheln aus sternförmigen Blüten. Die Balkonsorten bilden lange rankende Triebe.
Höhe x Breite: 15 – 30 x 30 – 60 cm
Blütezeit: Frühling bis Herbst
Boden: Gut drainiert. Verträgt nährstoffarme Böden.

Hintergrund

4-9

Botanischer Name: *Lonicera periclymenum* „Serotina"
Deutscher Name: Geißblatt
Andere Arten/Sorten: „Belgica", *L. japonica repens*
Beschreibung: Windende Kletterpflanze mit ovalen Blättern und Büscheln aus Röhrenblüten, die vor allem am Abend stark duften.
Höhe x Breite: 3,7 – 6 x 3,7 – 6 m
Blütezeit: Sommermitte bis Herbstmitte
Boden: Gut kultiviert, fruchtbar, Feuchtigkeit speichernd.

5-10

Botanischer Name: *Rosa* „Zéphirine Drouhin"
Deutscher Name: Kletterrose
Andere Arten/Sorten: „Kathleen Harrop", „Parade", „Galway Bay"
Beschreibung: Kletterrose (Bourbon) mit nahezu dornenlosen Stielen und halbimmergrünen Blättern. Große gefüllte rosarote Blüten mit sehr schönem Duft. In schlechten Jahren anfällig für Schwarzfleckenkrankheit und Mehltau.
Höhe x Breite: 3 x 1,8 m
Blütezeit: Frühling bis Herbst
Boden: Fruchtbar, Feuchtigkeit speichernd, humos. Gedeiht gut auf fruchtbaren Lehmböden.

Mitte

Botanischer Name: *Helichrysum bracteatum*
Deutscher Name: Strohblume
Andere Arten/Sorten: „Monstrosum-Serie"
Beschreibung: Bedingt frostharte Einjährige mit steifen aufrechten und schwach verzweigten Trieben. Große rundliche Blütenköpfe mit papierartigen Brakteen. Gute Trockenblume.
Höhe x Breite: 90 x 30 cm
Blütezeit: Sommermitte bis Herbstmitte
Boden: Gut drainiert.

5-9

Botanischer Name: *Rosa* „Ferdinand Pichard"
Deutscher Name: Strauchrose
Andere Arten/Sorten: *R. gallica* „Versicolor", „Tricolore de Flandre"
Beschreibung: Ausdauernde buschige Strauchrosen-Hybride mit dichten Büscheln aus duftenden gefüllten Blüten in blassrosa gestreiftem Purpurrosa und Rot.
Höhe x Breite: 1,2 x 0,9 cm
Blütezeit: Frühling bis Herbst
Boden: Fruchtbar, Feuchtigkeit speichernd, humos. Gedeiht gut auf kultivierten Lehmböden.

Vordergrund

10

Botanischer Name: *Pelargonium* „Mrs. Parker"
Deutscher Name: Zonalpelargonie (volkstüml. Geranie)
Andere Arten/Sorten: Keine
Beschreibung: Frostempfindliche Staude mit Büscheln aus dunkelrosa Blüten. Rundliche aromatische Blätter mit cremeweißem gewelltem Rand. Ableger wurzeln rasch aus.
Höhe x Breite: 30 x 23 cm
Blütezeit: Frühling bis Herbstmitte
Boden: Gut drainiert.

10

Botanischer Name: *Pelargonium* (Kultivar)
Deutscher Name: Zonalpelargonie, (volkstüml. Geranie)
Andere Arten/Sorten: Century-F1-Serie und Video-Serie. Dauerblühende Sorten.
Beschreibung: Frostempfindliche Staude mit auffälligen kugeligen Köpfen aus rosafarbenen Blüten mit runden Blütenblättern. Rundliche aromatische Blätter mit cremeweißem gewelltem Rand.
Höhe x Breite: 30 – 45 x 30 cm
Blütezeit: Frühling bis Herbstmitte
Boden: Gut drainiert.

Hintergrund

7-9

Botanischer Name: *Lagerstroemia indica*
Deutscher Name: Kreppmyrte
Andere Arten/Sorten: „Biloxi", „Comanche", „Hopi", „Neat East"
Beschreibung: Strauch oder kleiner Baum mit ovalen Blättern und kegelförmigen Büscheln aus endständigen gekräuselten Blüten. Tricbc können durch starke Kälteeinwirkung im Winter bis zum Boden absterben, aber treiben rasch wieder aus.
Höhe x Breite: 7 x 5 m
Blütezeit: Sommer
Boden: Gut drainiert.

10

Botanischer Name: *Mandevilla splendens* syn. *Dipladenia splendens*
Deutscher Name: Mandevilla
Andere Arten/Sorten: *M.* x *amoena* „Alice du Pont"
Beschreibung: Windende Kletterpflanze mit lockerer Wuchsform und glänzenden, immergrünen stark geäderten Blättern. Trompetenförmige Blüten mit weit ausgestellter Öffnung. Duftend.
Höhe x Breite: 3 – 6 x 3 – 6 m
Blütezeit: Spätfrühling bis Frühherbst
Boden: Gut drainiert, aber Feuchtigkeit speichernd. Verträgt keine stark alkalischen Böden.

Mitte

6-10

Botanischer Name: *Anemone hupehensis* „Splendens"
Deutscher Name: Japanische Herbstanemone
Andere Arten/Sorten: „Hadspen Abundance", „September Charm"
Beschreibung: Staude mit dreilappigen gezähnten Blättern und drahtartigen Trieben. Die kugelförmigen Knospen öffnen sich zu dunkel- und hellrosa getönten Blüten. Braucht Ruhe.
Höhe x Breite: 75 x 45 cm
Blütezeit: Spätsommer bis Frühherbst
Boden: Feuchtigkeit speichernd, gut drainiert bis schwer. Verträgt Kalk.

6-10

Botanischer Name: *Anemone hupehensis* var. *japonica* „Prinz Heinrich"
Deutscher Name: Japanische Herbstanemone
Andere Arten/Sorten: „Hadspen Abundance", „September Charm"
Beschreibung: Staude mit dreilappigen gezähnten Blättern und drahtartigen Blütenstielen. Die kugelförmigen Knospen öffnen sich zu tief purpurrosa Blüten. Braucht Ruhe.
Höhe x Breite: 75 x 45 cm
Blütezeit: Spätsommer bis Frühherbst
Boden: Feuchtigkeit speichernd, gut drainiert bis schwer. Verträgt Kalk.

Vordergrund

4-10

Botanischer Name: *Bergenia* „Morgenröte"
Deutscher Name: Bergenie
Andere Arten/Sorten: „Abendglocken", „Wintermärchen"
Beschreibung: Immergrüne Staude mit Büscheln aus großen, rundlichen ledrigen Blättern. Im Frühling und Sommer bilden sich Büschel aus dunkelrosa Blüten.
Höhe x Breite: 45 x 30 cm
Blütezeit: Frühling und erneut im Sommer
Boden: Jede Bodenart, aber bevorzugt mäßig fruchtbare Feuchtigkeit speichernde Lehmböden.

Botanischer Name: *Begonia semperflorens* „Pink Devil F1"
Deutscher Name: Eisbegonie
Andere Arten/Sorten: F1-Hybriden, wie Devil, Excel und Olympia
Beschreibung: Bedingt frostharte Einjährige mit Büscheln aus rundlichen fleischförmigen Blättern. Bildet ständig eine Fülle von kleinen vierblättrigen Blüten. Sorten mit bronzefarbenen oder grünen Blättern.
Höhe x Breite: 10 – 15 x 15 cm
Blütezeit: Sommer bis Herbstmitte
Boden: Humos, Feuchtigkeit speichernd, verträgt aber etwas Trockenheit.

Hintergrund

7-10

Botanischer Name: *Dierama pendulum*
Deutscher Name: Trichterschwertel
Andere Arten/Sorten: *D. pulcherimum* und Sorten
Beschreibung: Knollenstaude mit einem grundständigen Büschel aus schmalen grasartigen Blättern. An den langen gebogenen Trieben hängen purpurrosa Glockenblüten. Selbst aussäend.
Höhe x Breite: 150 x 15 – 20 cm
Blütezeit: Spätsommer
Boden: Feuchtigkeit speichernd bis feucht.

9-10

Botanischer Name: *Hibiscus rosa-sinensis* „The President"
Deutscher Name: Roseneibisch
Andere Arten/Sorten: „Flower Girl", „Mrs. George Davis"
Beschreibung: Immergrüner buschiger Strauch mit breiten, spitz zulaufenden gezähnten Blättern in glänzendem Grün. Große mittelrosa Trichterblüten mit einer herausstehenden Säule aus Narbe und Staubblättern.
Höhe x Breite: 1,5 – 3 x 1,5 – 3 m
Blütezeit: Frühling bis Herbst
Boden: Fruchtbar, gut drainiert.

Mitte

9-10

Botanischer Name: *Fuchsia* „Molesworth"
Deutscher Name: Strauchfuchsie
Andere Arten/Sorten: „Garden News", „Display" und viele andere
Beschreibung: Frostempfindlicher buschiger Strauch mit kleinen lanzettförmigen bis ovalen Blättern. Gefüllte Blüten mit kirschrosa Kelchblättern und einem weißen „Rock" aus Blütenblättern. Welke Blüten entfernen. Frostgeschützt überwintern.
Höhe x Breite: 90 x 75 cm
Blütezeit: Sommer bis Herbstmitte
Boden: Fruchtbar, humos, Feuchtigkeit speichernd. Im Sommer gut nähren.

3-9

Botanischer Name: *Phlox paniculata* „Eva Cullum"
Deutscher Name: Flammenblume
Andere Arten/Sorten: „Europa", „Elizabeth Arden"
Beschreibung: Aufrechte Staude mit schlanken lanzettförmigen Blättern und endständigen Büscheln aus runden rosafarbenen Blüten mit dunklerer Mitte. Duftend.
Höhe x Breite: 90 x 45 cm
Blütezeit: Sommermitte bis Spätsommer
Boden: Fruchtbar, Feuchtigkeit speichernd, aber gut drainiert.

Vordergrund

3-10

Botanischer Name: *Lychnis coronaria*
Deutscher Name: Kronlichtnelke
Andere Arten/Sorten: „Angel`s Blush"
Beschreibung: Staude mit einer grundständigen Rosette aus pelzigen silbergrauen Blättern und verzweigten silbrig weißen Stängeln mit runden kirschrosa Blüten. Selbst ausäend.
Höhe x Breite: 90 x 45 cm
Blütezeit: Sommer
Boden: Gut drainiert bis trocken.

3-9

Botanischer Name: *Persicaria affinis* cv. (syn. *Polygonum affine* cv.)
Deutscher Name: Knöterich
Andere Arten/Sorten: „Donald Lowndes", „Darjeeling Red", „Superba" („Dimity")
Beschreibung: Halbimmergrüne Matten bildender Bodendecker mit glänzenden lanzettförmigen Blättern mit bronzener Winterfärbung. Die roten Knospen öffnen sich zu rosafarbenen Blüten und verleihen den flauschigen Ähren einen zweifarbigen Effekt.
Höhe x Breite: 23 x 30 cm
Blütezeit: Sommer bis Herbst
Boden: Gut drainiert, aber Feuchtigkeit speichernd bis feucht.

Hintergrund

8-10

Botanischer Name: *Nerium oleander*
Deutscher Name: Oleander (sehr giftig)
Andere Arten/Sorten: „Punctatum" („Monsieur Belaguier"), „Splendens"
Beschreibung: Immergrüner Strauch mit buschigem aufrechtem Wuchs und schlanken ledrigen Blättern. Die Blüten sind in vielen Rosatönen sowie in Rot, Weiß, Gelb und Apricot erhältlich. Für Küstengebiete geeignet.
Höhe x Breite: 3,3 x 2,7 m
Blütezeit: Frühling bis Herbst
Boden: Gut drainiert.

5-9

Botanischer Name: *Rosa* „Constance Spry"
Deutscher Name: Englische Rose
Andere Arten/Sorten: „Mary Rose", „Aloha"
Beschreibung: Strauchrose, kann auch als Kletterrose für größere Flächen gezogen werden. Graugrüne Blätter und große gefüllte Blüten mit myrrhenartigem Duft.
Höhe x Breit: 1,8 x 1,5 m
Blütezeit: Sommer
Boden: Fruchtbar, gut drainiert, aber Feuchtigkeit speichernd und humos.

Mitte

6-10

Botanischer Name: *Erica terminalis,* syn. *E. stricta*
Deutscher Name: Botanischer Name
Andere Arten/Sorten: Keine
Beschreibung: Immergrüner Strauch mit stark aufrechtem Wuchs und nadelförmigen mittel- bis hellgrünen Blättern. Trauben aus winzigen rosafarbenen Glockenblüten mit schöner rötlich braungelber Winterfärbung.
Höhe x Breite: 90 x 75 cm
Blütezeit: Frühsommer bis Frühherbst
Boden: Gut drainiert. Verträgt Kalkboden.

3-9

Botanischer Name: *Chelone obliqua*
Deutscher Name: Schlangenkopf, Schildblume
Andere Arten/Sorten: Keine
Beschreibung: Staude mit steifen aufrechten Trieben und lanzettförmigen gezähnten dunkelgrünen Blättern. Endständige Ähren aus helmförmigen lilarosa Blüten.
Höhe x Breite: 90 x 45 cm
Blütezeit: Spätsommer bis Herbstmitte
Boden: Feuchtigkeit speichernd bis feucht.

Vordergrund

8-10

Botanischer Name: *Penstemon* „Hewell Pink Bedder"
Deutscher Name: Bartfaden
Andere Arten/Sorten: „Appleblossom", „Thorn", „Pink Beauty", „Pink Endurance"
Beschreibung: Immergrüne Staude mit buschigem aufrechtem Wuchs und lanzettförmigen, glänzenden mittelgrünen Blättern. Muschelrosa Röhrenblüten mit weißem Ansatz. Vermehrung durch Stecklinge.
Höhe x Breite: 45 x 45 cm
Blütezeit: Sommer
Boden: Gut drainiert.

4-10

Botanischer Name: *Sedum spectabile*
Deutscher Name: Fetthenne
Andere Arten/Sorten: „Brillant", „Meteor", „September Glut", „Autumn Joy"
Beschreibung: Staude mit fleischigen Blättern und Trieben. Rundliche graugrüne Blätter und schöne helle apfelgrüne Knospen im Sommer. Die geöffneten Blüten locken Schmetterlinge an.
Höhe x Breite: 45 x 45 cm
Blütezeit: Spätsommer bis Frühherbst
Boden: Gut drainiert bis trocken.

Hintergrund

8-10

Botanischer Name: *Phormium* „Pink Panther“
Deutscher Name: Neuseeländer Flachs
Andere Arten/Sorten: „Sundowner“, „Maori Sunrise“, „Pinkie“
Beschreibung: Immergrüne Staude mit schwertförmigen grundständigen Blättern, auf denen längs ein breiter dunkelrosa Mittelstreifen verläuft. Ältere Pflanzen besitzen hohe Blütenstängel.
Höhe x Breite: 1,5 x 2,1 m
Blütezeit: Sommermitte
Boden: Gut drainiert.

5-8

Botanischer Name: *Lilium* „Journey's End“
Deutscher Name: Lilien-Hybride
Andere Arten/Sorten: „Star Gazer“, „Pink Beauty“, „Pink Perfection Strain“
Beschreibung: Zwiebelpflanze mit langen Stängeln und schlanken weidenartigen Blättern. Die großen trompeten- bis sternförmigen Blüten haben leicht zurückgebogene dunkelrosa Blütenblätter mit weißem Rand und dunklerer Sprenkelung.
Höhe x Breite: 1,5 m
Blütezeit: Sommermitte
Boden: Gut drainiert, humos.

Mitte

8-10

otanischer Name: *Clerodendrum bungei*
Deutscher Name: Losbaum
Andere Arten/Sorten: Keine
Beschreibung: Halbstrauch, breitet sich mittels unterirdischer Ausläufer aus. Herzförmige Blätter und kuppelförmige magentarosa Blütenstände. Ein Standort in Mauer- oder Pflasternähe kann eine starke Ausbreitung verhindern.
Höhe x Breite: 0,9 x 2,4 m
Blütezeit: Spätsommer bis Herbst
Boden: Gut drainiert.

9-10

Botanischer Name: *Fuchsia* „Garden News“
Deutscher Name: Fuchsie
Andere Arten/Sorten: Bedingt frostharte Fuchsia-Hybriden
Beschreibung: Bedingt frostharter Strauch mit hohem aufrechtem Wuchs. Viele große gefüllte Blüten mit rosa Kelchblättern und einem kirschfarbenen „Rüschenrock“. Vor Frost schützen.
Höhe x Breite: 1,2+ x 0,75 m
Blütezeit: Spätfrühling bis Herbstmitte
Boden: Fruchtbar, humos, Feuchtigkeit speichernd, aber gut drainiert.

Vordergrund

4-8

Botanischer Name: *Astilbe chinensis* „Pumila“
Deutscher Name: Chinesische Prachtspiere, Astilbe
Andere Arten/Sorten: „Serenade“, *A.* „Sprite“, *A.* „Bronze Elegans“, *A.* „Denkellachs“
Beschreibung: Staude mit kriechenden Wurzeln. Guter Bodendecker für speicherfähige Böden. Dichtes, steifes farnartiges Blattwerk und malvenrosa Blütenähren zum Saisonende hin.
Höhe x Breite: 45 x 30 cm
Blütezeit: Sommer bis Frühherbst
Boden: Kühl, Feuchtigkeit speichernd bis feucht.

7-9

Botanischer Name: *Cyclamen cilicium*
Deutscher Name: Alpenveilchen
Andere Arten/Sorten: *C. hederifolium* syn. *C. neapolitanum*
Beschreibung: Mehrjährige Knollenpflanze mit herzförmigen silberfarbigen marmorierten Blättern. Die blassrosa Blüten besitzen elegante Blütenblätter und eine dunkler gefärbte Öffnung. Die Blüten entstehen kurz vor oder während der Blattbildung.
Höhe x Breite: 10 x 5 – 10 cm
Blütezeit: Frühherbst bis Herbstmitte
Boden: Gut drainiert, humos.

Hintergrund

8-10

Botanischer Name: *Fuchsia* „Mrs. Popple"
Deutscher Name: Fuchsie
Andere Arten/Sorten: „Chillerton Beauty", „Madame Cornelissen"
Beschreibung: Strauch mit kleinen, dunkelgrünen leicht purpurgetönten Blättern. Viele kleine Blüten mit kirschrosa Kelchblättern und einem „Rock" aus pflaumenvioletten Blütenblättern. Kann bis zum Boden absterben, treibt aber erneut aus.
Höhe x Breite: 1,2 x 1,5 m
Blütezeit: Spätfrühling bis Herbstmitte
Boden: Fruchtbar, gut drainiert, Feuchtigkeit speichernd und humos.

3-10

Botanischer Name: *Eupatorium purpureum*
Deutscher Name: Wasserdost, Purpurdost
Andere Arten/Sorten: *E. purpureum* subsp. *maculatum* „Atropurpureum"
Beschreibung: Staude mit unverzweigten dunkelrosa getönten Trieben und wirtelig angeordneten lanzettförmigen Blättern. Kuppelförmige Büschel aus winzigen violettrosa Blüten. Lockt Schmetterlinge an.
Höhe x Breite: 1,8 – 2,4 x 0,9 m
Blütezeit: Spätsommer bis Herbstmitte
Boden: Fruchtbar, Feuchtigkeit speichernd bis nass.

Mitte

8-9

Botanischer Name: *Dendranthema* „Grandchild"
Deutscher Name: Herbstchrysantheme
Andere Arten/Sorten: „Pink Lady", „Pink Sheffield", „Pink Champagne", „Venice"
Beschreibung: Staude mit verzweigten Stängeln und gelappten Blättern. Büschel aus gefüllten rosafarbenen Blüten mit dunklerer Mitte und zurückgebogenen Blütenblättern. Vermehrung durch Wurzelstecklinge.
Höhe x Breite: 1,2 x 0,6 – 0,75 m
Blütezeit: Spätsommer bis Herbstmitte
Boden: Fruchtbar, gut drainiert.

8-9

Botanischer Name: *Dendranthema* syn. *Chrysanthemum* (Kultivar)
Deutscher Name: Herbstchrysantheme
Andere Arten/Sorten: „Grandchild", „Pink Lady", „Pink Sheffield", „Venice"
Beschreibung: Staude mit aufrechten verzweigten Stängeln und gelappten Blättern. Büschel aus ungefüllten, halb gefüllten oder gefüllten Blüten. Vermehrung durch Wurzelstecklinge.
Höhe x Breite: 1,2 x 0,6 – 0,75 m
Blütezeit: Spätsommer bis Herbstmitte
Boden: Fruchtbar, gut drainiert.

Vordergrund

4-10

Botanischer Name: *Aster amellus* „Jacqueline Genebrier"
Deutscher Name: Bergaster, Kalkaster
Andere Arten/Sorten: „Sonia", „Lady Hindlip", „Nocturn", „Pink Zenith"
Beschreibung: Staude mit kleinen lanzettförmigen Blättern und einer Fülle von kräftig malvenfarbenen Korbblüten mit gelber Mitte. Abstützen, damit die Stängel dem Gewicht der Blüten standhalten.
Höhe x Breite: 30 x 45 cm
Blütezeit: Spätsommer bis Frühherbst
Boden: Mäßig fruchtbar, drainiert.

4-9

Botanischer Name: *Aster novi-belgii* „Jenny"
Deutscher Name: Glattblattaster
Andere Arten/Sorten: „Little Pink Beauty", „Chatterbox", „Pink Lace"
Beschreibung: Kleinwüchsige Staude mit gefüllten kirschrosa Blüten mit auffälliger gelber Mitte. Kompakter Wuchs, muss daher nicht gestützt werden. Alle zwei bis drei Jahre aus der Erde nehmen und teilen.
Höhe x Breite: 30 x 30 – 45 cm
Blütezeit: Spätsommer bis Frühherbst
Boden: Mäßig fruchtbar, drainiert.

Hintergrund

6-9

Botanischer Name: *Hydrangea macrophylla* „Lilacina"
Deutscher Name: Gartenhortensie
Andere Arten/Sorten: „Teller Rosa", „Beauté Vendômoise"
Beschreibung: Strauch mit großen, ovalen spitz zulaufenden Blättern und abgeflachten Köpfen aus winzigen fruchtbaren Blüten (blaupurpur), die von größeren unfruchtbaren Randblüten (auf alkalischen Böden malvenrosa) umgeben sind.
Höhe x Breite: 1,8 – 2,4 x 3 m
Blütezeit: Sommer bis Frühherbst
Boden: Fruchtbar, humos und feucht. Saurer Boden ruft einen bläulicheren Blütenton hervor.

6-9

Botanischer Name: *Hydrangea macrophylla* (Kultivar)
Deutscher Name: Gartenhortensie
Andere Arten/Sorten: „Blauer Prinz", „Holstein", „King George", „Niedersachsen"
Beschreibung: Strauch mit breiten spitz zulaufenden Blättern und kugelförmigen Köpfen, die hauptsächlich aus großen, unfruchtbaren blassrosa Blüten bestehen. Auf alkalischen Böden geht die Blütenfarbe ins Rosa über und auf sauren Böden in einen Blau- oder Violettton.
Höhe x Breite: 1,8 x 3 m
Blütezeit: Sommermitte bis Spätherbst
Boden: Alkalisch, fruchtbar, humos, Feuchtigkeit speichernd.

Mitte

8-9

Botanischer Name: *Dendranthema* „Yvonne Arnaud"
Deutscher Name: Herbstchrysantheme
Andere Arten/Sorten: „Pink Lady", „Pink Sheffield", „Pink Champagne", „Venice"
Beschreibung: Staude mit verzweigten Stängeln und gelappten Blättern. Große gefüllte Blüten in dunklem Malvenrosa. Vermehrung durch Wurzelstecklinge im Frühling.
Höhe x Breite: 1,2 x 0,75 m
Blütezeit: Frühherbst
Boden: Fruchtbar, drainiert.

8-9

Botanischer Name: *Dendranthema* „Pennine Oriel"
Deutscher Name: Herbstchrysantheme
Andere Arten/Sorten: Anemonenblütige Chrysanthemen-Kultivare
Beschreibung: Staude mit verzweigtem Wuchs und gelappten Blättern. Anemonenblütige Form mit kuppelförmiger gelber Mitte und einem Kranz aus blassrosa Blütenblättern.
Höhe x Breite: 1,2 x 0,6 – 0,75 m
Blütezeit: Frühherbst
Boden: Fruchtbar, drainiert.

Vordergrund

8-10

Botanischer Name: *Amaryllis belladonna*
Deutscher Name: Amaryllis, Belladonnalilie
Andere Arten/Sorten: „Johannesburg"
Beschreibung: Zwiebelpflanze mit purpur getönten Stängeln und Büscheln aus trompetenförmigen Blüten. Braucht im Frühsommer viel Feuchtigkeit. Nach den Blüten erscheinen bandförmige Blätter. Geschützter Standort.
Höhe x Breite: 60 x 30 cm
Blütezeit: Spätsommer bis Frühherbst
Boden: Tiefgründig, fruchtbar, humos.

6-10

Botanischer Name: *Schizostylis coccinea* „Sunrise"
Deutscher Name: Spaltgriffel
Andere Arten/Sorten: „Fenland Daybreak"
Beschreibung: Staude, bildet eine Matte aus fleischigen Rhizomen. Grasartiges Blattwerk und schlanke Ähren mit becherförmigen lachsrosa Blüten. Im Winter mit Mulch abdecken.
Höhe x Breite: 60 x 23 – 30 cm
Blütezeit: Herbstmitte bis Winterbeginn
Boden: Fruchtbar, humos, Feuchtigkeit speichernd.

Hintergrund

6-9

Botanischer Name: *Hydrangea macrophylla* (Kultivar)
Deutscher Name: Gartenhortensie
Andere Arten/Sorten: „Hamburg", „Europa", „Heinrich Seidel"
Beschreibung: Strauch mit breiten, ovalen spitz zulaufenden Blättern mit schöner rotvioletter oder bronzener Herbstfärbung. Kugelförmige Blütenstände mit unfruchtbaren dunkelrosa Blüten, die im Herbst und Winter ins Beige verblassen.
Höhe x Breite: 1,8 – 3 x 1,8 – 3 m
Blütezeit: Sommermitte bis Spätherbst
Boden: Alkalisch, fruchtbar, humos, Feuchtigkeit speichernd.

6-9

Botanischer Name: *Hydrangea serrata* „Grayswood"
Deutscher Name: Gartenhortensie
Andere Arten/Sorten: *H. macrophylla* „Teller Rosa", *H. m.* „Lilacina"
Beschreibung: Strauch mit lanzettförmigen gesägten Blättern und violettroter Herbsttönung. Flache Blütenstände mit blauen Mittelblüten, umgeben von blassrosa Brakteen, die im Herbst bis ins Purpur nachdunkeln.
Höhe x Breite: 1,2 – 1,5 x 1,8 m
Blütezeit: Frühsommer bis Herbstmitte
Boden: Sauer, fruchtbar, humos, Feuchtigkeit speichernd.

Mitte

3-10

Botanischer Name: *Aster ericoides* „Esther"
Deutscher Name: Myrtenaster, Septemberkraut
Andere Arten/Sorten: „Pink Cloud", „Pink Star"
Beschreibung: Stark verzweigte Staude mit dünnen, drahtartigen Stielen und schuppenförmigen dunkelgrünen Blättern. Die winzigen blassrosa Margeritenblüten behalten auch nach der Blüte ihre schöne Form.
Höhe x Breite: 75 x 50 cm
Blütezeit: Herbst
Boden: Fruchtbar, gut drainiert.

5-9

Botanischer Name: *Dendranthema* „Princess"
Deutscher Name: Herbstchrysantheme (Koreanum-Hybride)
Andere Arten/Sorten: „Anne", „Columbine" und andere rosa blühende Sorten
Beschreibung: Staude mit gefüllten kuppelförmigen lachsrosa Blüten und gelappten Blättern. Die Koreanum-Hybriden sind frosthärter als andere Sorten und überstehen den Winter mit einer dicken Mulchschicht.
Höhe x Breite: 60 x 45 cm
Blütezeit: Frühherbst
Boden: Fruchtbar, gut drainiert.

Vordergrund

6-10

Botanischer Name: *Schizostylis coccinea* „Hilary Gould"
Deutscher Name: Spaltgriffel
Andere Arten/Sorten: „Professor Barnard"
Beschreibung: Staude, bildet eine Matte aus fleischigen Rhizomen. Grasartiges Blattwerk und schlanke Ähren mit becherförmigen rosa Blüten. Braucht im Sommer viel Feuchtigkeit. In kälteren Regionen im Winter mit Mulch abdecken.
Höhe x Breite: 60 x 23 – 30 cm
Blütezeit: Frühherbst bis Herbstmitte
Boden: Fruchtbar, humos, Feuchtigkeit speichernd bis feucht.

6-10

Botanischer Name: *Schizostylis coccinea* „Mrs. Hegarty"
Deutscher Name: Spaltgriffel
Andere Arten/Sorten: „Jennifer", „Viscountess Byng"
Beschreibung: Staude mit einer Matte aus fleischigen Rhizomen. Grasartiges Blattwerk und schlanke Ähren aus becherförmigen blassrosa Blüten. Braucht im Sommer viel Feuchtigkeit. In kälteren Regionen im Winter mit Mulch abdecken.
Höhe x Breite: 60 x 23 – 30 cm
Blütezeit: Frühherbst bis Herbstmitte
Boden: Fruchtbar, humos, Feuchtigkeit speichernd bis feucht.

Hintergrund

5-8

Botanischer Name: *Viburnum* x *bodnantense* „Dawn“
Deutscher Name: Winterschneeball
Andere Arten/Sorten: „Deben“, „Charles Lamont“
Beschreibung: Strauch mit sehr aufrechtem Wuchs. Ovale, spitz auslaufende dunkelgrüne Blätter mit roten Blattstielen und starker Äderung, die beim Zerreiben nach Gemüsepaprika riechen. Die kugelförmigen Blütenstände verströmen einen Honigduft.
Höhe x Breite: 3,5 x 4 m
Blütezeit: Herbst bis Vorfrühling
Boden: Gut drainiert.

5-9

Botanischer Name: *Rosa* „Compassion“
Deutscher Name: Kletterrose
Andere Arten/Sorten: „New Dawn“, „Aloha“, „Pink Perpétué“
Beschreibung: Kletterrose mit aufrechtem Wuchs und großen dunkelgrünen Blättern. Die unteren Triebe sind stark belaubt. Große, gefüllte rosa Blüten mit aprikosenfarbenem Schimmer. Duftend.
Höhe x Breite: 3 x 2,5
Blütezeit: Sommer bis Frühherbst (in milden Regionen ab Frühling)
Boden: Fruchtbar, gut drainert, aber Feuchtigkeit speichernd. Gedeiht gut auf Lehmboden.

Mitte

9-10

Botanischer Name: *Dahlia* „Roberta“
Deutscher Name: Dahlie
Andere Arten/Sorten: „Pink Lady“, „Pink Ball“, „Noreen“
Beschreibung: Frostempfindliche Staude mit Wurzelknollen, die in kälteren Regionen frostfrei überwintert werden müssen. Große gefiederte Blätter und aufrechte Stängel mit großen kugelförmigen rosa Blüten.
Höhe x Breite: 0,9 – 1,2 x 0,9 – 1,2 m
Blütezeit: Sommer bis Herbst
Boden: Fruchtbar, gut drainiert, Feuchtigkeit speichernd, humos.

9-10

Botanischer Name: *Dahlia* „Armour Pink“
Deutscher Name: Dahlie
Andere Arten/Sorten: „Gilt Edge“, „Gay Princess“, „Jocondo“
Beschreibung: Frostempfindliche Staude mit unterirdischen Knollen, die in kälteren Regionen frostfrei überwintert werden müssen. Große gefiederte Blätter und aufrechte Stängel mit kompakten runden Blüten.
Höhe x Breite: 0,9 – 1,2 x 0,9 – 1,2 m
Blütezeit: Sommer bis Herbst
Boden: Fruchtbar, gut drainiert, Feuchtigkeit speichernd, humos.

Vordergrund

4-7

Botanischer Name: *Calluna vulgaris* „Silver Rose“
Deutscher Name: Besenheide
Andere Arten/Sorten: „H. E. Beale“, „Peter Sparkes“, „Elsie Purnell“
Beschreibung: Immergrüner Strauch, bildet einen dichten Teppich aus schuppenförmigen Blättern und einer Fülle von schlanken aufrechten Stängeln. Winzige mittelrosa Glockenblüten.
Höhe x Breite: 40 x 90 cm
Blütezeit: Sommermitte bis Frühherbst
Boden: Sauer, humos, gut drainiert.

5-7

Botanischer Name: *Cyclamen hederifolium* syn. *C. neapolitanum*
Deutscher Name: Herbstblühendes Alpenveilchen
Andere Arten/Sorten: *C. cilicium, C. mirabile*
Beschreibung: Knollenpflanze, bildet nickende Blüten mit zurückgeschlagenen Blütenblättern. Kurz nach der Blüte entstehen die herzförmigen gemusterten Blätter.
Höhe x Breite: 10 x 10 – 15 cm
Blütezeit: Herbst
Boden: Gut drainiert, humos.

Hintergrund

5-9

Botanischer Name: *Rosa* „Queen Elizabeth"
Deutscher Name: Beetrose (Floribunda-Rose)
Andere Arten/Sorten: „Congratulations", „Mary Rose", „Queen of Denmark"
Beschreibung: Schnellwüchsiger aufrechter Strauch mit großen dunkelgrünen Blättern und Büscheln aus schön geformten zartrosa Blüten.
Höhe x Breite: 3 x 0,8 m
Blütezeit: Sommer bis Frühherbst (in milden Regionen ab Frühling)
Boden: Fruchtbar, gut drainiert, aber Feuchtigkeit speichernd. Gedeiht gut auf Lehmboden.

5-9

Botanischer Name: *Rosa* „Handel"
Deutscher Name: Kletterrose
Andere Arten/Sorten: „Pink Perpetué", „Coral Dawn", „Compassion"
Beschreibung: Aufrechte Kletterrose mit dunklen Blättern. Die purpurnen Knospen öffnen sich zu großen gefüllten Blüten mit erdbeerrosa umrandeten cremeweißen Blütenblättern.
Höhe x Breite: 3 x 2,2 m
Blütezeit: Sommer bis Frühherbst (in milden Regionen ab Frühling)
Boden: Fruchtbar, gut drainiert, aber Feuchtigkeit speichernd. Gedeiht gut auf Lehmboden.

Mitte

9-10

Botanischer Name: *Dahlia* „Hamari Rose"
Deutscher Name: Dahlie
Andere Arten/Sorten: „Noreen", „Hallmark"
Beschreibung: Frostempfindliche Staude mit unterirdischen Wurzelknollen, die in kälteren Regionen frostfrei überwintert werden müssen. Große gefiederte Blätter und aufrechte Stiele mit pomponförmigen Blüten.
Höhe x Breite: 0,9 – 1,2 x 0,9 – 1,2 m
Blütezeit: Sommer bis Herbst
Boden: Fruchtbar, gut drainiert, Feuchtigkeit speichernd und humos.

6-9

Botanischer Name: *Gaultheria mucronata* „Lilacina" syn. *Pernettya m.* „Lilacina"
Deutscher Name: Scheinbeere
Andere Arten/Sorten: „Bell's Seedling", „Pink Pearl", „Sea Shell"
Beschreibung: Immergrüner Strauch mit buschigem breitem Wuchs. Die aufrechten Zweige sind mit kleinen, dunkelgrünen glänzenden Blättern bedeckt. Die weiblichen Pflanzen bringen nach den winzigen weißen Blüten kräftig rosafarbene Beeren hervor.
Höhe x Breite: 0,75 x 1,2 m
Blütezeit: Frühsommer
Boden: Sauer, Feuchtigkeit speichernd, humos.

Vordergrund

4-7

Botanischer Name: *Colchicum autumnale*
Deutscher Name: Herbstzeitlose (giftig)
Andere Arten/Sorten: *C. a.* „Pleniflorum", *C. speciosum,* „Pink Goblet"
Beschreibung: Knollenpflanze mit kelchförmigen blassrosa Blüten auf langen Stielen. Nach Abwelken der Blüten kommen im Frühling die länglichen festen Blätter zum Vorschein. Lässt sich in Gruppen gut zwischen Laub abwerfende Sträucher pflanzen.
Höhe x Breite: 10 – 15 x 10 – 15 cm
Blütezeit: Herbst
Boden: Gut kultiviert, humos und Feuchtigkeit speichernd.

5-7

Botanischer Name: *Colchicum speciosum* „Atrorubens"
Deutscher Name: Herbstzeitlose (giftig)
Andere Arten/Sorten: *C. autumnale*
Beschreibung: Knollenpflanze mit stabilen Stängeln und becherförmigen, relativ wasserresistenten, kräftig pinkfarbenen Blüten. Im Spätwinter oder Vorfrühling kommen die großen grundständigen Blätter zum Vorschein.
Höhe x Breite: 15 – 20 x 15 – 20 cm
Blütezeit: Herbst
Boden: Gut kultiviert, humos und Feuchtigkeit speichernd.

ORANGE

Das orange Farbspektrum, das sich von blassem Gelbbraun bis hin zu Rostrot erstreckt, umfasst nicht nur zarte Töne, wie Pfirsich, Aprikose oder Bernstein, sondern auch reines Orangerot sowie intensive, nahezu grelle Orangetöne, wie die der Studentenblume. Sanftes Herbstlicht bringt das Orange von Blättern, Beeren oder Blüten zum Leuchten. Blaue und violette Blüten verleihen diesem Farbspiel eine besondere Wirkung, die im hellen Sommerlicht nicht annähernd erreicht wird.

Das Grün der Blätter bildet einen natürlichen Kontrast zu allen Orangetönen. Die starke Farbintensität orangefarbener Arrangements lässt sich im Sommer durch viel Blattwerk besänftigen. Mit hellen Blau- und Grüntönen können Sie dieselbe Wirkung erzielen. Reines Orange harmoniert hervorragend mit bronzefarbenem und purpurgrünem Blattwerk. Violettschwarze Blattfarben bilden jedoch oftmals einen zu starken Kontrast, und auch die verbreitete Kombination mit leuchtenden Silbertönen ist nicht immer vorteilhaft. Blaugraues oder blaugrünes Blattwerk ist hier meist besser geeignet.

Orangefarbene Arrangements mit einem Hauch Scharlach und Gold vermitteln einen Eindruck von trockener, staubiger Hitze und harmonieren gut mit Pflanzgefäßen und Figuren aus Terrakotta sowie mit rotem Backstein. Eine besonders interessante Wirkung ergibt sich aus der Kombination von lebendigen hellen und dunklen Orangetönen mit violettblauen und blaugrauen Blattfarben sowie dunklen samtvioletten und königsblauen Blütenakzenten. Es gibt eine Vielzahl von unkomplizierten einjährigen Pflanzen, mit denen Sie zunächst den Facettenreichtum und die Kombinationsmöglichkeiten von Orangetönen ausprobieren können, ehe Sie zu einer dauerhaften Pflanzung übergehen.

Links: Orangefarbene Studentenblumen und Sonnenhut bilden eine sonnige Mischung.

Hintergrund

Botanischer Name: *Thunbergia gregorii*, syn. *T. gibsonii*
Deutscher Name: Thunbergie
Andere Arten/Sorten: *T. alata*
Beschreibung: Frostempfindliche verholzende Kletterpflanze mit immergrünem Blattwerk und orangefarbenen Blüten. Vermehrung durch Samen. Die rankenden Triebe brauchen Halt.
Höhe x Breite: 3 m
Blütezeit: Sommer
Boden: Fruchtbar, gut drainiert.

Botanischer Name: *Thunbergia alata*
Deutscher Name: Schwarzäugige Susanne
Andere Arten/Sorten: *T. gregorii*
Beschreibung: Kletterpflanze mit rankenden Trieben, die gestützt werden müssen. Die auffälligen orangefarbene Blüten besitzen eine dunkelbraune Mitte, die der Pflanze ihren Namen gegeben hat. Wird im Frühling aus Samen gezogen.
Höhe x Breite: 3 m
Blütezeit: Frühsommer bis Frühherbst
Boden: Fruchtbar, gut drainiert.

Mitte

Botanischer Name: *Fritillaria imperialis*
Deutscher Name: Kaiserkrone
Andere Arten/Sorten: „Orange Brillant"
Beschreibung: Zwiebelpflanze mit aufrechten Stängeln und Wirteln aus glänzend hellgrünen lanzettförmigen Blättern. Endständige Büschel aus großen hängenden Glockenblüten mit hervorstehenden Staubblättern und einem krönenden Blattschopf.
Höhe x Breite: 0,9 – 1,5 x 0,45 m
Blütezeit: Frühling
Boden: Fruchtbar, humos, gut drainiert.

Botanischer Name: *Lilium* „Rosefire"
Deutscher Name: Lilien-Hybride
Andere Arten/Sorten: „Enchantment"
Beschreibung: Zwiebelpflanze mit lanzettförmigen Blättern und endständigen aufwärts gerichteten Sternblüten in Orangerot mit gelbem Schlund. Etwa 20 Blüten pro Stängel.
Höhe x Breite: 90 cm
Blütezeit: Frühsommer
Boden: Fruchtbar, gut drainiert, humos.

Vordergrund

Botanischer Name: *Hippeastrum* „Pamela", syn. *Amaryllis* „Pamela"
Deutscher Name: Amaryllis, Ritterstern
Andere Arten/Sorten: „Orange Sovereign"
Beschreibung: Zwiebelpflanze mit kräftigen Stängeln und sehr großen, nach außen gerichteten Trompetenblüten in dunklem Orangerot. Bandförmige Blätter. Zwiebel nach Absterben der Blätter aus der Erde nehmen, trocknen lassen und im Herbst erneut auspflanzen.
Höhe x Breite: 30 – 50 x 30 cm
Blütezeit: Spätwinter bis Frühling
Boden: Gut drainiert.

Botanischer Name: *Dimorphotheca aurantiaca* syn. *D. sinuata*
Deutscher Name: Kapringelblume
Andere Arten/Sorten: „Hybrid-Mixture", „Salmon Queen", „Giant Orange"
Beschreibung: Frostharte Einjährige mit einer Fülle von großen Korbblüten in cremigen Schattierungen von blassen Pfirsichtönen bis hin zu leuchtendem Orange und einer schwarz umringten Mitte. Bei trübem Wetter bleiben die Blüten geschlossen.
Höhe x Breite: 15 – 38 x 30 cm
Blütezeit: Frühsommer bis Frühherbst
Boden: Gut drainiert. Verträgt magere, nährstoffarme Böden.

Hintergrund

9-10

Botanischer Name: *Abutilon pictum* „Thomsonii", syn. *A. striatum*
Deutscher Name: Abutilon, Schönmalve
Andere Arten/Sorten: *A.* „Kentish Belle", Giant-Hybriden
Beschreibung: Immergrüner Strauch mit aufrechtem Wuchs und großen 3- bis 5-lappigen Blättern mit deutlicher gelber Sprenkelung. Hängende orangefarbene Glockenblüten mit roter Äderung. Die auffällige Pflanze belebt Ihre Rabatten und verleiht ihnen ein subtropisches Flair.
Höhe x Breite: 2,2 x 1,8 m
Blütezeit: Sommer bis Herbst
Boden: Fruchtbar, gut drainiert.

5-7

Botanischer Name: *Lonicera* x *tellmanniana*
Deutscher Name: Geißblatt
Andere Arten/Sorten: *L.* x *brownii* (Sorten), *L.* x *heckrotii* „Goldflame"
Beschreibung: Rankende Kletterpflanze mit graugrünen Blättern. Die roten Knospen öffnen sich zu Büscheln aus kupfergelben Röhrenblüten mit hervorstehenden Staubblättern. Mehltauanfällig.
Höhe x Breite: 4,6 x 4,6 m
Blütezeit: Frühsommer bis Sommermitte
Boden: Fruchtbar, humos, Feuchtigkeit speichernd. Wurzeln mit einer Mulchschicht kühl halten.

Mitte

5-9

Botanischer Name: *Euphorbia griffithii*
Deutscher Name: Wolfsmilch
Andere Arten/Sorten: „Fireglow", „Dixter"
Beschreibung: Staude mit aufrechten Stängeln und Büscheln aus winzigen Blüten mit orangeroten Brakteen. Lanzettförmige Blätter mit roter Mittelrippe. Manche Sorten besitzen rot getöntes Blattwerk. Hautreizender Milchsaft.
Höhe x Breite: 90 x 50 cm
Blütezeit: Frühsommer
Boden: Fruchtbar, Feuchtigkeit speichernd.

3-10

Botanischer Name: *Trollius* x *cultorum* „Orange Princess"
Deutscher Name: Trollblume
Andere Arten/Sorten: „Prichard's Giant", *T. chinensis*, *T. c.* „Imperial Orange"
Beschreibung: Staude mit tief zerteilten Blättern und schlanken verzweigten Stängeln. Kugelförmige halb gefüllte Blüten.
Höhe x Breite: 90 x 45 cm
Blütezeit: Frühling
Boden: Feuchtigkeit speichernd bis feucht.

Vordergrund

5-10

Botanischer Name: *Helianthemum nummularium* (Kultivar)
Deutscher Name: Sonnenröschen
Andere Arten/Sorten: „Fire Dragon", „Ben Nevis", „Ben More"
Beschreibung: Immergrüner Strauch mit niedrigem kuppelförmigem bis breitem Wuchs und graugrünen Blättern. Die Knospenbüschel öffnen sich zu kräftig orangeroten Blüten. Nach der Blüte leicht beschneiden.
Höhe x Breite: 23 – 30 x 45 cm
Blütezeit: Spätfrühling bis Sommermitte
Boden: Gut drainiert.

Botanischer Name: *Calendula officinalis* „Touch of Red"
Deutscher Name: Ringelblume
Andere Arten/Sorten: „Gypsy Festival", „Art Shades", „Fiesta Gitana", „Radio"
Beschreibung: Frostharte Einjährige mit länglich ovalen Blättern. Auf den steifen Stängeln sitzen halb gefüllte Korbblüten in Orange, Zitronengelb und Creme mit roter bis dunkelbrauner Mitte.
Höhe x Breite: 40 x 30 cm
Blütezeit: Frühsommer bis Frühherbst (oder länger)
Boden: Gut drainiert. Unter sehr heißen und trockenen Bedingungen mehltauanfällig.

Hintergrund

7-9

Botanischer Name: *Buddleja globosa* syn. *Buddleia globosa*
Deutscher Name: Sommerflieder, Schmetterlingsstrauch
Andere Arten/Sorten: *B.* x *weyeriana, B.* x *w.* „Sungold" und „Golden Glow"
Beschreibung: Halbimmergrüner großer Strauch mit dunkelgrünen spitzen Blättern und Büscheln kugeliger Blütenköpfe. Duftend. Rückschnitt nach der Blüte (*B.* x *weyeriana* im Frühling) fördert die Blühkraft.
Höhe x Breite: 3 x 3 m
Blütezeit: Frühsommer
Boden: Gut drainiert.

5-10

Botanischer Name: *Lonicera* x *brownii*
Deutscher Name: Trompetengeißblatt
Andere Arten/Sorten: „Fuchsioides"
Beschreibung: Rankende Kletterpflanze mit ovalen paarigen Blättern und Büscheln aus orangeroten Röhrenblüten. Leicht duftend. Anfällig für Blattläuse und Mehltau.
Höhe x Breite: 4,3 x 4,3 m
Blütezeit: Frühsommer bis Frühherbst
Boden: Gut drainiert.

Mitte

5-10

Botanischer Name: *Geum* „Fire Opal"
Deutscher Name: Nelkenwurz
Andere Arten/Sorten: „Princess Juliana", „Dolly North"
Beschreibung: Staude mit Büscheln aus gelappten Blättern, langen verzweigten Stängeln und gefüllten Blüten. Regelmäßiges Teilen erhält die Pflanzen jung und regt die Blütenbildung an.
Höhe x Breite: 80 x 45 cm
Blütezeit: Frühsommer (unter günstigen Bedingungen bis Herbst)
Boden: Fruchtbar, Feuchtigkeit speichernd, aber gut drainiert.

Botanischer Name: *Coreopsis tinctoria*
Deutscher Name: Mädchenauge, Schönauge
Andere Arten/Sorten: Keine
Beschreibung: Frostharte Einjährige mit schmalen spitz zulaufenden Blättern und fein verzweigten Stängeln. Bildet eine Fülle von tellerförmigen Blüten mit erhabener Mitte. Auch kleinwüchsige Sorten erhältlich.
Höhe x Breite: 60 – 90 x 45 cm
Blütezeit: Spätfrühling bis Frühherbst
Boden: Gut drainiert. Stark lehmhaltige Böden meiden.

Vordergrund

9-10

Botanischer Name: *Verbena hybrida* „Peaches and Cream"
Deutscher Name: Eisenkraut
Andere Arten/Sorten: Keine
Beschreibung: Frostempfindliche Staude, wird aus Samen gezogen. Kleine gezähnte Blätter und kuppelförmige Büschel aus kleinen blassrosa-orange und cremefarbenen Blüten. Mehltauanfällig.
Höhe x Breite: 20 x 30 cm
Blütezeit: Frühsommer bis Herbstmitte
Boden: Fruchtbar, Feuchtigkeit speichernd.

10

Botanischer Name: *Begonia* Tuberhybrida
Deutscher Name: Knollenbegonie
Andere Arten/Sorten: Non-stop F1
Beschreibung: Frostempfindliche Staude mit fleischigen Stängeln und breiten spitz zulaufenden Blättern mit gesägtem Rand. Große gefüllte männliche Blüten mit zarten Blütenblättern. Angrenzende weibliche Blütenknospen sollten besser entfernt werden.
Höhe x Breite: 22 – 45 x 30 cm
Blütezeit: Frühsommer bis Frühherbst
Boden: Fruchtbar, Feuchtigkeit speichernd.

Hintergrund

6-9

Botanischer Name: *Eremurus stenophyllus*
Deutscher Name: Steppenkerze
Andere Arten/Sorten: *E. stenophyllus* subsp. *stenophyllus*, Shelford-Hybriden
Beschreibung: Zwiebelpflanze mit auffälligen spitz zulaufenden Ähren aus winzigen orangegelben Blüten, die allmählich in einen feurigen Orangeton übergehen. Die grundständige Blattrosette stirbt vor der Blütenbildung ab.
Höhe x Breite: 1,5 x 0,6 m
Blütezeit: Sommer
Boden: Ein gut drainierter Boden erhöht vor allem im Winter die Überlebenschancen.

7-10

Botanischer Name: *Campsis grandiflora*
Deutscher Name: Klettertrompete, Trompetenblume
Andere Arten/Sorten: *C. radicans*, *C.* x *tagliabuana* „Madame Galen"
Beschreibung: Rankende Kletterpflanze mit zerteilten Blättern und Büscheln aus orangeroten Trompetenblüten. Für eine volle Blüte in kalten Klimaten an eine sonnige Mauer pflanzen.
Höhe x Breite: 5 – 9 x 5 – 9 m
Blütezeit: Spätsommer bis Frühherbst
Boden: Fruchtbarer, tiefgründiger und gut kultivierter Lehmboden.

Mitte

5-9

Botanischer Name: *Rosa* „Southampton"
Deutscher Name: Beetrose (Floribunda-Rose)
Andere Arten/Sorten: „Glenfiddich", „Elizabeth of Glamis", „Fragrant Delight"
Beschreibung: Beetrose mit aprikosenfarbenen rot schimmernden Blüten und glänzenden Blättern. Schöner Duft. Abgeblühte Triebe wie bei allen mehrfach blühenden Rosen zurückschneiden, um eine erneute Blütenbildung anzuregen.
Höhe x Breite: 1 x 0,75 m
Blütezeit: Frühling bis Herbstmitte
Boden: Fruchtbar, Feuchtigkeit speichernd. Leichte Böden mit organischem Material mulchen.

5-9

Botanischer Name: *Rosa* „L'Oreal Trophy"
Deutscher Name: Beetrose (Teehybride)
Andere Arten/Sorten: „Just Joey", „Alpine Sunset"
Beschreibung: Beetrose mit aufrechtem Wuchs, glänzenden Blättern und schönen, großen gefüllten Blüten. Leicht duftend. Zur Anregung der weiteren Blütenbildung welke Blüten regelmäßig abschneiden.
Höhe x Breite: 1,2 x 0,75 m
Blütezeit: Frühling bis Herbstmitte
Boden: Fruchtbar, Feuchtigkeit speichernd. Leichte Böden mit organischem Material mulchen.

Vordergrund

Botanischer Name: *Tagetes errecta* (Sorten)
Deutscher Name: Studentenblume
Andere Arten/Sorten: F1-Hybrid-Serien z. B. Marvel, Perfection, Inca, Zenith
Beschreibung: Bedingt frostharte Einjährige mit steifem aufrechtem Wuchs, großen, tief zerteilten dunkelgrünen Blättern und runden Blütenköpfen. Auch bei unfruchtbaren Sorten sollten die welken Blüten besser entfernt werden.
Höhe x Breite: 45 – 90 x 45 cm
Blütezeit: Sommer
Boden: Gut drainiert.

Botanischer Name: *Tropaeolum majus* „Alaska Mixed"
Deutscher Name: Kapuzinerkresse
Andere Arten/Sorten: Keine
Beschreibung: Frostharte Einjährige mit fast kreisrunden weiß marmorierten Blättern und großen lang gespornten Trompetenblüten in verschiedenen Orange- und Gelbtönen. Anfällig für Raupen.
Höhe x Breite: 30 x 30 cm
Blütezeit: Sommer bis Frühherbst
Boden: Gut drainiert. Übermäßig fruchtbarer Boden kann die Blühkraft hemmen.

Hintergrund

9-10

Botanischer Name: *Tecoma capensis* syn. *Tecomaria capensis, Bignonia capensis*
Deutscher Name: Trompetenwinde
Andere Arten/Sorten: *Bignonia capreolata*
Beschreibung: Frostempfindliche immergrüne Kletterpflanze mit runden, gesägten dunkelgrünen Blättern. Auffällige orangerote Röhrenblüten mit ausgestellter Öffnung.
Höhe x Breite: 1,8 x 3 m
Blütezeit: Frühling bis Sommer
Boden: Fruchtbar, gut drainiert.

5-7

Botanischer Name: *Colutea* x *media*
Deutscher Name: Blasenstrauch
Andere Arten/Sorten: „Copper Beauty"
Beschreibung: Offener Strauch mit gefiederten Blättern und wickenartigen, kupferorange schattierten gelben Blüten. Nach den Blüten entstehen blasenartige rötliche Samenhülsen.
Höhe x Breite: 3 x 3 m
Blütezeit: Sommer
Boden: Gut drainiert.

Mitte

5-9

Botanischer Name: *Lilium* „Melon Time"
Deutscher Name: Lilien-Hybride
Andere Arten/Sorten: Lilien-Hybriden, z. B. Bellingham-Hybriden, Mid-Century-Hybriden
Beschreibung: Zwiebelpflanze mit hohen unverzweigten Stängeln, lanzettförmigen Blättern und sternförmigen orangefarbenen Blüten. In kälteren Gebieten bereits im Herbst mulchen.
Höhe x Breite: 1,2 x 0,3 m
Blütezeit: Sommer
Boden: Fruchtbar, humos, gut drainiert.

5-9

Botanischer Name: *Lilium* „Staccato"
Deutscher Name: Lilien-Hybride
Andere Arten/Sorten: „Enchantment"
Beschreibung: Zeitig blühende Zwiebelpflanze mit aufwärts gerichteten dunkelorangen Sternblüten, die einzeln oder in Büscheln wachsen. Die Stängel sind mit lanzettförmigen Blättern bedeckt.
Höhe x Breite: 0,9 – 1,2 x 0,3 m
Blütezeit: Sommer
Boden: Fruchtbar, humos, gut drainiert.

Vordergrund

Botanischer Name: *Dorotheanthus bellidiformis,* syn. *Mesembryanthemum*
Deutscher Name: Mittagsblume
Andere Arten/Sorten: Einfarbige Sorten, Magic-Carpet-Hybriden
Beschreibung: Bedingt frostharte Einjährige mit flach ausbreitendem Wuchs, fleischigen Stängeln und Blättern. An heißen und trockenen Standorten entsteht eine Fülle von großen margeritenartigen Blüten mit feinen Blütenblättern.
Höhe x Breite: 10 – 15 x 20 cm
Blütezeit: Frühsommer bis Frühherbst
Boden: Leicht, gut drainiert, aber nicht zu fruchtbar.

8-10

Botanischer Name: *Gerbera jamesonii* (Hybriden)
Deutscher Name: Gerbera
Andere Arten/Sorten: Duplex-Hybriden, Festival-Hybriden
Beschreibung: Bedingt frostharte Staude mit einer Rosette aus zerteilten Blättern. Die langen unverzweigten Stängel tragen große feste margeritenartige Blüten.
Höhe x Breite: 60 x 60 cm
Blütezeit: Frühling bis Sommer
Boden: Leicht, gut drainiert.

Hintergrund

9-10

Botanischer Name: *Eccremocarpus scaber* „Tresco-Hybriden"
Deutscher Name: Schönranke
Andere Arten/Sorten: *E. scaber*
Beschreibung: Frostempfindliche halbimmergrüne Kletterpflanze, in kälteren Regionen als rankende Einjährige kultiviert. Gefiederte Blätter und Büschel aus orangeroten Röhrenblüten. Kann an großen Sträuchern hochgezogen werden.
Höhe x Breite: 1,8 – 3 x 1,8 – 3 m
Blütezeit: Sommer bis Frühherbst
Boden: Fruchtbar, gut drainiert, humos.

8-10

Botanischer Name: *Ipomea lobata* syn. *I. versicolor*, syn. *Mina lobata*
Deutscher Name: Sternwinde
Andere Arten/Sorten: Keine
Beschreibung: Immergrüne rankende Kletterpflanze, gewöhnlich als Einjährige kultiviert. Große dreifiedrige Blätter und einseitige Ähren mit roten Blüten, die beim Heranreifen zu einem Cremeton verblassen.
Höhe x Breite: 4,5 m
Blütezeit: Sommer
Boden: Fruchtbar, humos und Feuchtigkeit speichernd.

Mitte

5-9

Botanischer Name: *Lilium* (Kultivar)
Deutscher Name: Lilien-Hybride
Andere Arten/Sorten: Lilien-Hybriden, z. B. Mid-Century-Hybriden, Bellingham-Hybriden
Beschreibung: Zwiebelpflanze mit aufrechten sternförmigen Blüten in einem zartcremigen Orangeton mit dunkler Sprenkelung. Die Stängel sind in lanzettförmige Blätter gehüllt.
Höhe x Breite: 0,9 – 1,2 x 0,3 m
Blütezeit: Sommer
Boden: Fruchtbar, humos, gut drainiert.

5-9

Botanischer Name: *Lilium* „Enchantment"
Deutscher Name: Lilien-Hybride
Andere Arten/Sorten: Lilien-Hybriden, z. B. Mid-Century-Hybriden, Bellingham-Hybriden
Beschreibung: Zwiebelpflanze mit aufrechten Stängeln und lanzettförmigen Blättern. Die großen sternförmigen orangen Blüten besitzen zurückgebogene Blütenblätter, eine dunklere Sprenkelung und auffällige Staubbeutel.
Höhe x Breite: 60 – 90 x 30 cm
Blütezeit: Sommer
Boden: Fruchtbar, humos, gut drainiert.

Vordergrund

10

Botanischer Name: *Clivia miniata*
Deutscher Name: Klivie, Riemenblatt
Andere Arten/Sorten: „Flame", „French Hybrid"
Beschreibung: Frostempfindliche Rhizomstaude mit immergrünen bandförmigen Blättern und kräftigen Stängeln mit 10 – 20 Trompetenblüten. Im Sommer und Herbst gut wässern, sonst weniger.
Höhe x Breite: 40 x 30 – 60 cm
Blütezeit: Frühling bis Sommer
Boden: Gut drainiert.

Botanischer Name: *Mimulus* x *hybridus* „Malibu Orange"
Deutscher Name: Gauklerblume, Affenblume
Andere Arten/Sorten: F1-Hybriden, Calypso-Hybriden, „Mandarin"
Beschreibung: Bedingt frostharte Einjährige. Paarige Blätter mit gesägtem Rand und samtig orangefarbene Blüten mit dunklem gesprenkeltem Schlund.
Höhe x Breite: 15 – 30 x 23 cm
Blütezeit: Frühsommer bis Herbstmitte
Boden: Fruchtbar, humos, Feuchtigkeit speichernd.

Hintergrund

7-10

Botanischer Name: *Stipa gigantea*
Deutscher Name: Riesenfedergras
Andere Arten/Sorten: *Deschampsia caespitosa* „Golden Veil"
Beschreibung: Immergrünes Ziergras mit einem festen Büschel aus schmalen gebogenen graugrünen Blättern und langen eleganten Halmen mit Rispen aus haferähnlichen Blüten.
Höhe x Breite: 1,8 x 0,9 m
Blütezeit: Sommer
Boden: Gut drainiert.

9-10

Botanischer Name: *Hibiscus rosa-sinensis* „Loe Orange"
Deutscher Name: Chinesischer Roseneibisch
Andere Arten/Sorten: „Celia", „Orange Pride"
Beschreibung: Immergrüner Strauch oder kleiner Baum mit auffälligen orangeroten Trichterblüten. Glänzende, ovale dunkelgrüne Blätter mit gezähntem Rand.
Höhe x Breite: 1,5 – 3 x 1,5 – 3 m
Blütezeit: Frühling bis Herbst
Boden: Fruchtbar, gut drainiert.

Mitte

5-9

Botanischer Name: *Rosa* „Whisky Mac", syn. *Rosa* „Whisky"
Deutscher Name: Beetrose (Teehybride)
Andere Arten/Sorten: „Just Joey", „Fragrant Delight"
Beschreibung: Beetrose mit großen gefüllten bernsteingelben Blüten, die einen schönen Kontrast zu den dunkelrot getönten jungen Blättern und Trieben bilden.
Höhe x Breite: 90 x 60 cm
Blütezeit: Sommer bis Herbst (in milden Regionen ab Frühling)
Boden: Fruchtbar, gut drainiert, humos, Feuchtigkeit speichernd.

5-9

Botanischer Name: *Rosa* „Julia's Rose"
Deutscher Name: Beetrose (Teehybride)
Andere Arten/Sorten: „Buffy Beauty"
Beschreibung: Beetrose mit großen gefüllten Blüten in einem ungewöhnlichen bräunlich überzogenen Rosaton. Leicht duftend. Mäßig starker Wuchs und schwach verzweigte lockere Form.
Höhe x Breite: 75 x 60 cm
Blütezeit: Sommer bis Herbst (in milden Regionen ab Frühling)
Boden: Fruchtbar, gut drainiert, humos, Feuchtigkeit speichernd. Gedeiht gut auf Lehmböden.

Vordergrund

5-9

Botanischer Name: *Rosa* „Shine On"
Deutscher Name: Patiorose
Andere Arten/Sorten: „Rainbow's End", „Orange Honey", „Darling Flame"
Beschreibung: Rose mit geringer Größe und kleinen gefüllten Blüten in kräftigem Orange. Zur Vordergrundbepflanzung auf Rabatten oder für Flachbeete und Kübel geeignet.
Höhe x Breite: 30 x 30 cm
Blütezeit: Sommer bis Herbst (in milden Regionen ab Frühling)
Boden: Fruchtbar, gut drainiert, humos, Feuchtigkeit speichernd.

3-10

Botanischer Name: *Gaillardia* „Kobold"
Deutscher Name: Kokardenblume
Andere Arten/Sorten: „Mandarin", „Dazzler"
Beschreibung: Kurzlebige Staude mit kreisrunden gelb umrandeten Blüten in dunklem Orangerot und graugrünen lanzettförmigen Blättern. Muss alle drei Jahre geteilt werden.
Höhe x Breite: 23 x 30 cm
Blütezeit: Frühling bis Herbstmitte
Boden: Leicht, gut drainiert.

Hintergrund

5-9

Botanischer Name: *Rosa* „Schoolgirl"
Deutscher Name: Kletterrose
Andere Arten/Sorten: „Breath of Life", „Compassion", „Joseph's Coat"
Beschreibung: Kletterrose mit steifen aufrechten Trieben, großen Blättern und großen gefüllten Blüten in einem schönen Aprikosenton. Duftend. Triebe am Klettergestell festbinden und welke Blüten abschneiden.
Höhe x Breite: 3 x 2,5 m
Blütezeit: Sommer bis Herbst (in milden Regionen ab Frühling)
Boden: Fruchtbar, gut drainiert, humos und Feuchtigkeit speichernd.

5-9

Botanischer Name: *Rosa* „Golden Celebration"
Deutscher Name: Strauchrose (Englische Rose)
Andere Arten/Sorten: „Graham Thomas"
Beschreibung: Buschige Strauchrose mit großen, gefüllten bernsteingelben Blüten. Bildet einen schönen Kontrast zu blau und lila blühenden Stauden und Einjährigen.
Höhe x Breite: 2 x 1,2 m
Blütezeit: Sommer (in milden Regionen ab Frühling)
Boden: Fruchtbar, gut drainiert, humos, Feuchtigkeit speichernd.

5-9

Botanischer Name: *Rosa* „Just Joey"
Deutscher Name: Beetrose (Teehybride)
Andere Arten/Sorten: „Fragrant Delight"
Beschreibung: Beetrose mit kräftigem aufrechtem Wuchs und großen gefüllten Blüten in sanftem Orange mit rosa Schimmer. Duftend. Spärliches glänzend dunkelgrünes Blattwerk.
Höhe x Breite: 75 x 60 cm
Blütezeit: Sommer bis Herbst (in milden Regionen ab Frühling)
Boden: Fruchtbar, gut drainiert, humos, Feuchtigkeit speichernd.

Mitte

4-10

Botanischer Name: *Digitalis ferruginea*
Deutscher Name: Rostroter Fingerhut
Andere Arten/Sorten: *D. purpurea* „Foxy", *D.* x *mertonensis, D. parviflora*
Beschreibung: Kurzlebige Staude, meist als Zweijährige kultiviert. Aufrechte Ähren aus Röhrenblüten in Orangebraun und Gelb. Die derben ovalen Blätter bilden eine grundständige Rosette.
Höhe x Breite: 0,9 – 1,2 x 0,3 m
Blütezeit: Sommermitte
Boden: Gut drainiert, aber humos und feucht.

Vordergrund

Botanischer Name: *Rudbeckia* „Marmalade"
Deutscher Name: Sonnenhut
Andere Arten/Sorten: „Rustic Dwarfs", „Goldilocks", „Becky", „Toto"
Beschreibung: Bedingt frostharte Einjährige mit lanzettförmigen Blättern, drahtartigen aufrechten Stängeln und orangen Margeritenblüten mit kegelförmiger dunkler Mitte. Im Spätsommer als leuchtender Lückenfüller für neu angelegte Rabatten geeignet.
Höhe x Breite: 35 – 45 x 60 cm
Blütezeit: Sommer bis Herbstmitte
Boden: Fruchtbar, aber Feuchtigkeit speichernd.

Botanischer Name: *Zinnia* „Peter-Pan-Serie"
Deutscher Name: Zinnie
Andere Arten/Sorten: „Star-Serie", „Hobgoblin"
Beschreibung: Zwergwüchsige Zinnie mit gefüllten kräftig orangefarbenen Blüten, steifen aufrechten Stängeln und ovalen bis lanzettförmigen Blättern. Mehltauanfällig.
Höhe x Breite: 25 x 15 cm
Blütezeit: Sommermitte bis Herbstmitte
Boden: Gut drainiert, aber humos.

Hintergrund

6-10

Botanischer Name: *Phygelius capensis* „Coccineus"
Deutscher Name: Kapfuchsie
Andere Arten/Sorten: *P. capensis* „Winchester Fanfare"
Beschreibung: Immergrüne oder halbimmergrüne Staude mit dreieckigen dunkelgrünen Blättern und langen Trieben. Orangerote Röhrenblüten mit gelbem Schlund. Kann als Mauerbewuchs eine größere Höhe erreichen.
Höhe x Breite: 1,2 – 1,5 x 1,8 m
Blütezeit: Sommermitte bis Frühherbst
Boden: Gut drainiert.

9-10

Botanischer Name: *Anigozanthos flavidus*
Deutscher Name: Känguruhblume, Känguruhpfote
Andere Arten/Sorten: *Anigozanthos*-Hybriden
Beschreibung: Staude mit einem grundständigen Büschel aus langen schmalen Blättern. An den verzweigten Stängeln entsteht eine Fülle von flaumigen Röhrenblüten. Zur Anregung erneuter Blütenbildung welke Blüten abschneiden.
Höhe x Breite: 1,2 x 0,45 m
Blütezeit: Frühling und Sommer
Boden: Gut drainiert, aber Feuchtigkeit speichernd.

Mitte

5-9

Botanischer Name: *Rosa* „Troika", syn. „Royal Dane"
Deutscher Name: Beetrose (Teehybride)
Andere Arten/Sorten: „Alpine Sunset", „Apricot Silk", „Sheila's Perfume"
Beschreibung: Beetrose mit kräftigem buschigem Wuchs und glänzendem Blattwerk. Die großen gefüllten Einzelblüten sind orangerot mit rosafarbener und gelber Schattierung und bleichen im Alter aus. Schöner Duft.
Höhe x Breite: 90 x 75 cm
Blütezeit: Spätfrühling bis Herbstmitte
Boden: Fruchtbar, Feuchtigkeit speichernd und humos. Gedeiht gut auf Lehmboden.

7-10

Botanischer Name: *Alstroemeria aurea*, syn. *A. aurantiaca*
Deutscher Name: Inkalilie
Andere Arten/Sorten: „Dover Orange", „Orange King", Princess-Hybriden-Serie
Beschreibung: Staude mit drahtartigen Stängeln und schmalen Blättern. Lilienartige Blüten in kräftigem Orange mit gesprenkeltem Schlund. Wurzelstock kann sich stark ausbreiten. Ausgezeichnete Hybriden in vielen Farbtönen erhältlich.
Höhe x Breite: 90 x 30 cm
Blütezeit: Sommer
Boden: Gut drainiert.

Vordergrund

9-10

Botanischer Name: *Arctotis* x *hybrida* „Apricot"
Deutscher Name: Bärenohr
Andere Arten/Sorten: „Harlequin Mixed", „Großblütige Hybriden"
Beschreibung: Frostempfindliche Staude mit Rosetten aus silbergrünen zerteilten Blättern. Aprikosenfarbene Korbblüten mit dunklerer orangefarbener Mitte. Vermehrung durch Stecklinge.
Höhe x Breite: 30 – 45 x 23 – 45 cm
Blütezeit: Sommer
Boden: Gut drainiert.

9-10

Botanischer Name: *Arctotis* x *hybrida* „Flame"
Deutscher Name: Bärenohr
Andere Arten/Sorten: „Harlequin Mixed", „Großblütige Hybriden"
Beschreibung: Frostempfindliche Staude mit Rosetten aus silbergrünen zerteilten Blättern. Korbblüten in einem schönen Mandarinenton mit grauer Mitte. Vermehrung durch Stecklinge.
Höhe x Breite: 30 – 45 x 23 – 45 cm
Blütezeit: Sommer
Boden: Gut drainiert.

Hintergrund

4-10

Botanischer Name: *Macleaya microcarpa*
Deutscher Name: Federmohn
Andere Arten/Sorten: „Coral Plume"
Beschreibung: Gruppen bildende Staude mit fedrigen Rispen aus kleinen beigefarbenen oder orangerosa Blüten. Große, runde zerteilte Blätter in Graugrün mit grauweißer Unterseite.
Höhe x Breite: 2 x 1 m
Blütezeit: Sommer
Boden: Gut drainiert.

8-10

Botanischer Name: *Desfontainia spinosa* „Harold Comber"
Deutscher Name: Botanischer Name
Andere Arten/Sorten: *D. spinosa*
Beschreibung: Immergrüner Stauch mit aufrechtem Wuchs, dunkelgrünen stechpalmenartigen Blättern und scharlachroten Röhrenblüten mit orangegelber Spitze. Wächst langsam und braucht mehrere Jahre bis zur Erreichung der angegebenen Wuchshöhe.
Höhe x Breite: 1,6 x 1,2 m
Blütezeit: Sommermitte
Boden: Sauer, gut drainiert, humos.

Mitte

5-8

Botanischer Name: *Lilium* „Gran Paradiso"
Deutscher Name: Lilien-Hybride
Andere Arten/Sorten: Hybriden-Kultivare, z. B. Bellingham-Hybriden
Beschreibung: Zwiebelpflanze mit großen, sternförmigen kräftig orangeroten Blüten, die einzeln oder in Dolden wachsen. Die aufrechten Stängel sind mit grünen lanzettförmigen Blättern bedeckt.
Höhe x Breite: 90 x 30 cm
Blütezeit: Sommer
Boden: Fruchtbar, gut drainiert, humos.

3-10

Botanischer Name: *Hemerocallis* „Penelope Vestey"
Deutscher Name: Taglilie
Andere Arten/Sorten: „Stoke Pages", „Varsity", „Luxury Lace", „Doll House"
Beschreibung: Staude mit einem Büschel aus langen gebogenen Blättern. An den verzweigten schlanken Stängeln wachsen trompetenförmige Blüten in einem blassen Pfirsichton mit breiten gekräuselten Blütenblättern. Ausgezeichnetes Frühlingsblattwerk.
Höhe x Breite: 90 x 60 cm
Blütezeit: Sommermitte bis Spätsommer
Boden: Fruchtbar, Feuchtigkeit speichernd bis feucht.

Vordergrund

9-10

Botanischer Name: *Calceolaria* „Kentish Hero"
Deutscher Name: Pantoffelblume
Andere Arten/Sorten: „Camden Hero", „John Innes"
Beschreibung: Frostempfindliche Staude mit einem Büschel aus immergrünen breit ovalen Blättern. Drahtartige Stängel mit kleinen „beutelförmigen" leuchtend orangefarbenen Blüten, die im Alter nachdunkeln.
Höhe x Breite: 15 – 20 x 25 – 30 cm
Blütezeit: Sommer
Boden: Gut drainiert, humos.

Botanischer Name: *Eschscholzia californica*
Deutscher Name: Schlafmützchen, Kalifornischer Goldmohn
Andere Arten/Sorten: „Dali", „Apricot Blush", „Apricot Chiffon", „Mikado"
Beschreibung: Frostharte Einjährige mit Büscheln aus farnartigen graugrünen Blättern und schlanken Stängeln. Becherförmige vierblättrige Blüten. Selbst aussäend. Wurzeln brauchen Ruhe. Zur Anregung der weiteren Blütenbildung welke Blüten entfernen.
Höhe x Breite: 15 – 30 x 15 cm
Blütezeit: Frühsommer bis Frühherbst
Boden: Gut drainiert. Beste Blüte auf relativ nährstoffarmen Böden.

ORANGE

Hintergrund

4-9

Botanischer Name: *Lilium lancifolium* var. Splendens, syn. *L. tigrinum* „Splendens“
Deutscher Name: Tigerlilie
Andere Arten/Sorten: *L. lancifolium, L. superbum*
Beschreibung: Zwiebelpflanze mit hohen unverzweigten Stängeln und schlanken Blättern. Viele Blüten pro Stamm. Die Blütenblätter sind gepunktet und stark zurückgebogen.
Höhe x Breite: 60 x 1,50 cm
Blütezeit: Spätsommer bis Frühherbst
Boden: Fruchtbar, möglichst sauer. Verträgt aber auch Kalk.

Botanischer Name: *Helianthus annus* „Velvet Queen“
Deutscher Name: Sonnenblume
Andere Arten/Sorten: „Autumn Beauty“
Beschreibung: Bedingt frostharte Einjährige mit hohen kräftigen Stängeln, großen groben Blättern und großen Korbblüten. Interessante Abwechslung zu den üblichen gelben Sorten.
Höhe x Breite: 150 x 45 – 60 cm
Blütezeit: Sommer bis Frühherbst
Boden: Gut drainiert.

Mitte

3-10

Botanischer Name: *Hemerocallis* „Stoke Poges“
Deutscher Name: Taglilie
Andere Arten/Sorten: „May Colven“, „Orange Bright“, „Orange Tex“
Beschreibung: Gruppen bildende Staude mit Büscheln aus langen schmalen gebogenen Blättern. Die schlanken Stängel tragen lockere Büschel aus ausgestellten Trompetenblüten, die jeweils nur einen Tag lang halten.
Höhe x Breite: 75 x 60 cm
Blütezeit: Sommer
Boden: Fruchtbar, Feuchtigkeit speichernd.

3-10

Botanischer Name: *Hemerocallis* (Kultivar)
Deutscher Name: Taglilie
Andere Arten/Sorten: „May Colven“, „Penelope Vesty“, „Orange Velvet“
Beschreibung: Gruppen bildende Staude mit Büscheln aus langen schmalen gebogenen Blättern, die besonders im Frühling einen schönen Anblick bieten. Nach und nach öffnen sich die Blüten, die jeweils nur einen Tag lang halten.
Höhe x Breite: 90 – 150 x 60 – 90 cm
Blütezeit: Sommer
Boden: Fruchtbar, Feuchtigkeit speichernd.

Vordergrund

Botanischer Name: *Eschscholzia californica* „Red Chief“
Deutscher Name: Schlafmützchen, Kalifornischer Goldmohn
Andere Arten/Sorten: „Dali“, „Mikado“, „Apricot Chiffon“, „Orange King“
Beschreibung: Frostharte Einjährige, bildet lockere Matten aus feinen, farnartigen graugrünen Blättern und vielen mohnartigen Blüten. Selbst aussäend, breitet sich in Pflasterritzen aus.
Höhe x Breite: 15 – 30 x 30 cm
Blütezeit: Frühsommer bis Frühherbst
Boden: Gut drainiert bis trocken. Nährstoffreiche Böden meiden.

Botanischer Name: *Zinnia angustifolia* „Star Orange“
Deutscher Name: Zinnie
Andere Arten/Sorten: Star-Serie
Beschreibung: Bedingt frostharte Einjährige. Breitet sich im Gegensatz zu anderen großblütigen Sorten kuppelförmig aus und ist daher als Bodendecker geeignet. Vorsichtig auspflanzen, da die Wurzeln keine Störung vertragen.
Höhe x Breite: 30 – 40 x 30 cm
Blütezeit: Sommermitte bis Herbstmitte
Boden: Gut drainiert.

Hintergrund

3-10

Botanischer Name: *Helenium autumnale* (Kultivar)
Deutscher Name: Herbstsonnenbraut
Andere Arten/Sorten: „Septemberfuchs", „Zimbelstern", „Moerheim Beauty"
Beschreibung: Staude mit hohen, meist stützbedürftigen Stängeln. Viele Korbblüten mit erhabener dunkelbrauner Mitte. Muss häufig geteilt werden.
Höhe x Breite: 90 – 150 x 45 cm
Blütezeit: Spätsommer bis Frühherbst
Boden: Mäßig fruchtbar. Sumpfige Böden meiden.

4-9

Botanischer Name: *Pyracantha* „Orange Charmer"
Deutscher Name: Feuerdorn
Andere Arten/Sorten: „Golden Charmer", „Orange Glow"
Beschreibung: Immergrüner Strauch mit kleinen glänzenden Blättern und stark bedornten Zweigen. Die cremeweißen Blüten im Frühsommer reifen im Frühherbst zu Trauben aus kleinen leuchtenden Beeren heran. Als Mauerbewuchs geeignet.
Höhe x Breite: 3,5 x 2 m
Blütezeit: Frühsommer. Beeren ab Frühherbst.
Boden: Verträgt viele Bedingungen, aber bevorzugt Feuchtigkeit speichernden Boden, vor allem Lehmboden.

Mitte

Botanischer Name: *Tithonia rotundifolia*
Deutscher Name: Mexikanische Sonnenblume
Andere Arten/Sorten: „Torch", „Goldfinger"
Beschreibung: Bedingt frostharte Einjährige mit großen ovalen Blättern und dahlienartigen leicht duftenden Blüten. Blickfang zwischen niedrigen Beetpflanzen. Hohe Pflanzen abstützen.
Höhe x Breite: 75 – 150 x 45 – 90 cm
Blütezeit: Sommermitte bis Herbstmitte
Boden: Gut drainiert.

Botanischer Name: *Helichrysum bracteatum*
Deutscher Name: Strohblume
Andere Arten/Sorten: Monstrosum-Serie
Beschreibung: Frostharte Einjährige mit steifen schwach verzweigten Stängeln und vielen papierartigen Blüten mit farbenprächtigen trocknen Brakteen. Sehr gute Schnitt- und Trockenblume.
Höhe x Breite: 30 – 90 x 30 cm
Blütezeit: Frühling bis Herbst
Boden: Gut drainiert.

Vordergrund

6-10

Botanischer Name: *Crocosmia* (Hybriden)
Deutscher Name: Montbretie
Andere Arten/Sorten: „Severn Sunrise", „Emily McKenzie", „Jackanapes"
Beschreibung: Zwiebelpflanze mit großen Büscheln aus grasartigen breiten Blättern. Die gebogenen Stängel tragen Ähren aus Röhrenblüten mit weit ausgestellter Öffnung. Muss häufig geteilt werden.
Höhe x Breite: 60 x 23 + cm
Blütezeit: Sommer bis Spätherbst, je nach Sorte
Boden: Feuchtigkeit speichernd. Stark lehmhaltige Böden meiden.

9-10

Botanischer Name: *Cuphea cyanaea*
Deutscher Name: Zigarettenblümchen
Andere Arten/Sorten: *Cuphea ignea, C. caeciliae*
Beschreibung: Frostempfindlicher immergrüner Halbstrauch mit rundem buschigem Wuchs, kleinen Blättern und einer Fülle von orangeroten Röhrenblüten mit gelber Spitze. Beetpflanze mit langer Blühdauer.
Höhe x Breite: 60 x 60 cm
Blütezeit: Sommer bis Herbstmitte
Boden: Fruchtbar, gut drainiert.

Hintergrund

3-10

Botanischer Name: *Helenium* „Waltraut"
Deutscher Name: Sonnenbraut
Andere Arten/Sorten: „Zimbelstern", „Chipperfield Orange"
Beschreibung: Gruppen bildende Staude mit hohen Stängeln und gelbgoldenen Korbblüten mit erhabener brauner Mitte. Muss häufig geteilt werden.
Höhe x Breite: 90 – 1,20 x 45 – 60 cm
Blütezeit: Sommermitte bis Spätsommer
Boden: Gut drainiert. Böden mit Winterstaunässe meiden.

8-10

Botanischer Name: *Canna* (Hybride)
Deutscher Name: Canna, Indisches Blumenrohr
Andere Arten/Sorten: „General Eisenhower", „La Gloire", „Semaphore", „Wyoming"
Beschreibung: Frostempfindliche Staude mit aufrechten unverzweigten Stängeln und großen bananenartigen grünen Blättern mit purpurbronzenem Schimmer. Exotische dunkelorange Blüten in der Spätsaison. In Regionen mit kalten Wintern Wurzeln aus der Erde nehmen und einlagern.
Höhe x Breite: 90 – 120 x 45 – 60 cm
Blütezeit: Sommermitte bis Herbst
Boden: Fruchtbar, humos und Feuchtigkeit speichernd.

Mitte

9-10

Botanischer Name: *Dahlia* „Bednall Beauty"
Deutscher Name: Beetdahlie
Andere Arten/Sorten: „Hamari Sunset"
Beschreibung: Frostempfindliche Knollenstaude mit runden blassorangen Blüten und zerteilten bronzevioletten Blättern. Welke Blüten regelmäßig entfernen und nach dem ersten Frost aus der Erde nehmen.
Höhe x Breite: 60 – 90 x 45 – 60 cm
Blütezeit: Sommermitte bis Herbst
Boden: Fruchtbar, gut drainiert und Feuchtigkeit speichernd.

9-10

Botanischer Name: *Dahlia* (Kultivar)
Deutscher Name: Halskrausendahlie
Andere Arten/Sorten: „Chimborazo", „Dandy Mixed"
Beschreibung: Frostempfindliche Knollenstaude mit zerteilten Blättern. Die Blüten besitzen außen breite rotorange Blütenblätter und einen inneren Ring aus fedrigen gelben Blütenblättern.
Höhe x Breite: 60 – 90 x 60 – 90 cm
Blütezeit: Sommermitte bis Herbst
Boden: Fruchtbar, gut drainiert, humos und Feuchtigkeit speichernd.

Vordergrund

9-10

Botanischer Name: *Dahlia* „David Howard"
Deutscher Name: Dekorativdahlie (Zwergform)
Andere Arten/Sorten: „Redskin Mixed", „Diablo Mixed"
Beschreibung: Knollen bildende Staude mit aufrechten Stängeln und zerteilten bronzepurpurnen Blättern. Orangefarbene kugelförmige Blüten mit runden Blütenblättern. In kälteren Regionen Knollen nach dem ersten Frost aus der Erde nehmen und einlagern.
Höhe x Breite: 80 x 80 cm
Blütezeit: Sommermitte bis Herbst
Boden: Fruchtbar, gut drainiert, humos und Feuchtigkeit speichernd.

9-10

Botanischer Name: *Dahlia* (Kultivar)
Deutscher Name: Dekorativdahlie (Zwergform)
Andere Arten/Sorten: „Rigoletto Mixed", „Figaro Mixed"
Beschreibung: Knollen bildende Staude mit aufrechten Stängeln und großen grünen Blättern. Gefüllte Blüten mit runden Blütenblättern in sanftem Orange. Welke Blüten regelmäßig entfernen und Wurzelknollen nach dem ersten Frost aus der Erde nehmen.
Höhe x Breite: 75 x 75 cm
Blütezeit: Sommermitte bis Herbst
Boden: Fruchtbar, gut drainiert, humos und Feuchtigkeit speichernd.

Hintergrund

9-10

Botanischer Name: *Dahlia* (Kultivar)
Deutscher Name: Kaktus- oder Halbkaktusdahlie
Andere Arten/Sorten: „Biddenham Sunset", „Highgate Torch", „Melissa"
Beschreibung: Frostempfindliche Knollenstaude mit ovalen Fiederblättern und hohen verzweigten Stängeln. Gefüllte Blüten mit langen spitz zulaufenden Blütenblättern. In kalten Regionen Wurzelknollen nach dem ersten Frost aus der Erde nehmen und über Winter einlagern.
Höhe x Breite: 90 – 120 x 90 – 120 cm
Blütezeit: Sommermitte bis Herbst
Boden: Fruchtbar, gut drainiert, humos und Feuchtigkeit speichernd.

9-10

Botanischer Name: *Dahlia* „Sweet Content"
Deutscher Name: Dekorativ-Dahlie
Andere Arten/Sorten: „Frank Hornsey", „East Anglian"
Beschreibung: Frostempfindliche Knollenstaude mit ovalen Fiederblättern und hohen Stängeln. Kleine, kugelförmige blassgelbe Blüten mit roter Mitte und roten Blütenblattspitzen. In kalten Regionen nach dem ersten Frost aus der Erde nehmen.
Höhe x Breite: 90 – 120 x 90 – 120 cm
Blütezeit: Sommermitte bis Herbst
Boden: Fruchtbar, gut drainiert, humos und Feuchtigkeit speichernd.

Mitte

6-9

Botanischer Name: *Stipa calamagrostis*, syn. *Achnatherum calamagrostis*
Deutscher Name: Silberhaariges Rauhgras
Andere Arten/Sorten: *Deschampsia caespitosa* „Goldgehänge", *D. c.* „Bronzeschleier"
Beschreibung: Immergrünes Ziergras mit einem Büschel aus bläulich grünen Blättern und gebogenen bernsteinbraunen Rispen. Zur Vordergrundbepflanzung von Rabatten geeignet.
Höhe x Breite: 75 – 90 x 120 cm
Blütezeit: Sommer bis Herbst/Winter
Boden: Gut drainiert.

7-10

Botanischer Name: *Dendranthema* „Chestnut Talbot Parade"
Deutscher Name: Herbstchrysantheme
Andere Arten/Sorten: „Bronze Fairy", „Salmon Fairy", „Tangerine"
Beschreibung: Staude mit aufrechten verzweigten Stängeln und gelappten Blättern. Viele kleine Blüten mit stark zurückgebogenen Blütenblättern in kräftigem Orange.
Höhe x Breite: 90 x 60 cm
Blütezeit: Spätsommer bis Herbst
Boden: Fruchtbar, gut drainiert.

Vordergrund

6-10

otanischer Name: *Dendranthema* „Aline"
eutscher Name: Herbstchrysantheme
Andere Arten/Sorten: „Bronze Elite", „Copper Nob", „Debbie", „Louise", „Sheila"
eschreibung: Staude, frosthärter als andere Freiland-Chrysanthemen. Die verzweigen Stängel tragen gelappte Blätter und ungefüllte Blüten mit löffelförmigen Blütenlättern.
öhe x Breite: 60 x 60 cm
lütezeit: Spätsommer bis Frühherbst
oden: Fruchtbar, gut drainiert.

6-10

Botanischer Name: *Dendranthema* „Ruby Enbee Wedding"
Deutscher Name: Herbstchrysantheme
Andere Arten/Sorten: *Dendranthema rubellum* „Apricot"
Beschreibung: Staude mit aufrechten verzweigten Stängeln, gelappten Blättern und vielen halb gefüllten Blüten in dunklem Orangerot mit grünlich gelber Mitte.
Höhe x Breite: 60 – 90 x 60 cm
Blütezeit: Spätsommer bis Frühherbst
Boden: Fruchtbar, gut drainiert.

Hintergrund

9-10

Botanischer Name: *Dahlia* „Parade"
Deutscher Name: Dahlie
Andere Arten/Sorten: „Daleko Jupiter", „Breitner"
Beschreibung: Frostempfindliche Knollenstaude mit hohen, aufrechten verzweigten Stängeln und ovalen Fiederblättern. Runde halb gefüllte Blüten in sanftem Orange.
Höhe x Breite: 1,2 x 1,2 m
Blütezeit: Sommermitte bis Herbst
Boden: Fruchtbar, humos, gut drainiert, Feuchtigkeit speichernd.

9-10

Botanischer Name: *Dahlia* (Kultivar)
Deutscher Name: Halbkaktusdahlie/Dekorativdahlie
Andere Arten/Sorten: „Jaldec Jolly", „Gay Triumph"
Beschreibung: Frostempfindliche Knollen bildende Staude mit verzweigten Stängeln und ovalen Fiederblättern. Orangefarbene Blüten mit spitz zulaufenden Blütenblättern und weißen Spitzen. In kalten Regionen Wurzelknollen aus der Erde nehmen und drinnen überwintern.
Höhe x Breite: 1,2 x 1,2 m
Blütezeit: Spätsommer bis Herbst
Boden: Fruchtbar, humos, gut drainiert, Feuchtigkeit speichernd.

Mitte

7-10

Botanischer Name: *Kniphofia caulescens*
Deutscher Name: Fackellilie
Andere Arten/Sorten: „Samuel's Sensation", „Pink Igor", „Royal Standard"
Beschreibung: Immergrüne Staude mit Büscheln aus steifen, schmalen blaugrünen Blättern. Aufrechte Stängel mit konischen Blütenständen. Die rot-orangen Knospen öffnen sich von unten nach oben zu gelben Blüten.
Höhe x Breite: 1,2 x 0,6 m
Blütezeit: Spätsommer bis Frühherbst
Boden: Gut drainiert und Feuchtigkeit speichernd für gutes Blattwachstum im Sommer.

8-10

Botanischer Name: *Kniphofia rooperi*
Deutscher Name: Fackellilie
Andere Arten/Sorten: Keine
Beschreibung: Halbimmergrüne Staude mit gebogenen, breiten grasartigen Blättern. Aufrechte Stängel mit ovalen orangeroten Köpfen, die von unten nach oben gelb erblühen. In kälteren Regionen mulchen.
Höhe x Breite: 1,2 x 0,6 m
Blütezeit: Frühherbst bis Herbstmitte
Boden: Gut drainiert und Feuchtigkeit speichernd für gutes Blattwachstum im Sommer.

Vordergrund

7-10

Botanischer Name: *Iris foetidissima*
Deutscher Name: Übelriechende Schwertlilie
Andere Arten/Sorten: *I. f.* var. *citrina*
Beschreibung: Immergrüne Staude mit breiten Büscheln aus schmalen gebogenen Blättern in glänzendem Dunkelgrün. An den Stängeln entstehen kleine, violettbraune geäderte Blüten, gefolgt von großen Hülsen mit leuchtend orangefarbenen Beeren.
Höhe x Breite: 45 x 60 cm
Blütezeit: Frühsommer
Boden: Für extreme Standorte von trocken bis feucht geeignet.

6-10

Botanischer Name: *Dendranthema* „Starlet"
Deutscher Name: Herbstchrysantheme (Koreanum-Hybride)
Andere Arten/Sorten: „Aline", „Louise", „Sheila"
Beschreibung: Staude mit verzweigten Stängeln und gelappten Blättern. Viele blassorange Blüten mit löffelförmigen Blütenblättern und gelber Mitte. Frosthärter als Zuchtsorten.
Höhe x Breite: 45 x 45 cm
Blütezeit: Frühherbst bis Herbstmitte
Boden: Fruchtbar, gut drainiert.

Hintergrund

4-8

Botanischer Name: *Fothergilla major*
Deutscher Name: Federbuschstrauch
Andere Arten/Sorten: Monticola-Gruppe
Beschreibung: Strauch mit langsamem bis mittelstarkem Wuchs. Breite ovale Blätter mit graugrüner Färbung und lang andauernder kräftiger Herbstfärbung. Im Frühling entstehen duftende Blüten mit weißen Staubblättern.
Höhe x Breite: 2,5 – 4 x 2,5 – 4 m
Blütezeit: Vorfrühling bis Frühlingsmitte
Boden: Sauer, humos, gut drainiert, aber Feuchtigkeit speichernd.

3-7

Botanischer Name: *Hippophae rhamnoides*
Deutscher Name: Sanddorn
Andere Arten/Sorten: Keine
Beschreibung: Strauch mit aufrechtem bis ausladendem Wuchs. Kann sich stark ausbreiten. Weibliche Pflanzen bilden Trauben aus orangeroten Beeren. Für guten Fruchtansatz in Gruppen pflanzen.
Höhe x Breite: 4 x 4 m
Blütezeit: Unbedeutend
Boden: Gut drainiert. Gedeiht gut auf leichten Sandböden und in Küstennähe.

Mitte

7-10

Botanischer Name: *Dendranthema* „Fairway"
Deutscher Name: Herbstchrysantheme
Andere Arten/Sorten: „Oracle", „Bronze Yvonne Arnaud", „Flame Symbol"
Beschreibung: Staude mit aufrechten verzweigten Stängeln und gelappten Blättern. Große, kugelförmige kräftig orangefarbene Blüten mit einem helleren Farbton in der Mitte und an den Spitzen.
Höhe x Breite: 120 x 60 – 75 cm
Blütezeit: Herbstmitte
Boden: Fruchtbar, gut drainiert.

10

Botanischer Name: *Strelitzia reginae*
Deutscher Name: Strelitzie, Paradiesvogelblume
Andere Arten/Sorten: Keine
Beschreibung: Frostempfindliche immergrüne Staude mit langstieligen, breiten blaugrünen Blättern. Die exotischen Blüten besitzen die Form eines Vogelkopfes – einen „Schnabel" aus rot geränderten Brakteen und orangefarbene „Federn"
Höhe x Breite: 90 – 120 x 75 cm
Blütezeit: Frühling und Sommer
Boden: Fruchtbar, gut drainiert. Reichlich düngen und wässern.

Vordergrund

8-10

Botanischer Name: *Zauschneria californica*
Deutscher Name: Kolibritrompete
Andere Arten/Sorten: „Dublin" syn. „Glasnevin", *Z. cana*
Beschreibung: Immergrüne buschige Staude mit kleinen Blättern und Röhrenblüten in leuchtendem Orangerot. Braucht sehr gut drainierten Boden und einen warmen geschützten Standort in kälteren Regionen.
Höhe x Breite: 45 x 45 cm
Blütezeit: Spätsommer bis Frühherbst
Boden: Sehr gut drainiert.

4-7

Botanischer Name: *Calluna vulgaris* „Wickwar Flame"
Deutscher Name: Besenheide
Andere Arten/Sorten: „Orange Queen", „Bonfire Brilliance", „Boskoop"
Beschreibung: Matten bildender immergrüner Strauch mit leuchtender Herbst- und Winterfärbung. Die kurzen Triebe sind mit schuppenförmigen Blättern in gelben, orangen und rosaroten Farbtönen bedeckt. Malvenrosa Blütenähren.
Höhe x Breite: 60 x 45 cm
Blütezeit: Spätsommer bis Herbst
Boden: Sauer, humos, gut drainiert.

GRÜN

Bei der Planung von Farbarrangements wird Grüntönen meist weniger Beachtung geschenkt. Grün ist die am stärksten vertretene Farbe im Garten und wird deshalb am häufigsten außer Acht gelassen. Bei näherer Betrachtung lässt sich jedoch eine Vielzahl von Grüntönen erkennen. Blattwerk in kräftigem Grün harmoniert mit fast allen Blütenfarben, vor allem mit denen im roten Bereich des Farbspektrums. Grüne Blätter können zum Beispiel orange, rosa, rot oder violett umrandet sein oder eine deutlich graugrüne oder blaue Färbung aufweisen. Eine Mischung aus Grün und Gelb ergibt leuchtend hellgrüne oder grelle Farbtöne. Blätter, die mit weißem Flaum, einer wachsartigen Oberfläche oder winzigen Härchen versehen sind, besitzen eine graue, silberne, bis nahezu weiße Färbung. Es gibt jedoch auch eine Vielzahl von Blättern mit weißer und gelber Musterung. Allein aus dem breiten Spektrum unterschiedlicher Blattfarben, -formen, -muster und -oberflächen lassen sich vielfältige und interessante Arrangements ganz ohne Blumen anlegen. In den Kapiteln zu den einzelnen Farben finden Sie viele Anregungen für geeignete Blütenkombinationen.

Der Farbton des Blattwerks ist vor allem dann von Bedeutung, wenn Ihre Blumen weniger gut gedeihen. In diesem Fall wird durch hellgrünes, gelbes oder gelb gemustertes Blattwerk von Stauden und Laub abwerfenden Sträuchern eine interessante Licht-Schatten-Wirkung erzielt. Mit ein paar weißen Blüten können Sie Ihrer Rabatte einen Hauch von kühler Eleganz verleihen. Abgesehen von Gräsern und anderen Windblütlern gibt es nur wenige Pflanzen mit grünen Blüten, da diese von Bestäuberinsekten nicht erkannt werden. Grüne Blüten können jedoch eine äußerst elegante Wirkung besitzen und einen ungewöhnlichen und interessanten Kontrast zu anderen Blüten bilden.

Links: Funkien gehören zu den elegantesten Schattenpflanzen und schaffen eine Atmosphäre von kühler Üppigkeit.

Hintergrund

6-8

Botanischer Name: *Buxus sempervirens* „Elegantissima"
Deutscher Name: Buchsbaum
Andere Arten/Sorten: *Rhamnus alternus* „Argenteovariegata"
Beschreibung: Immergrüner stark verzweigter Strauch mit rundem Wuchs. Kleine, spitzige, runde Blätter mit cremeweißer Musterung. Kann in Form geschnitten werden.
Höhe x Breite: 1,2 x 1 m
Blütezeit: Unbedeutend
Boden: Durchlässig, gut drainiert, aber Feuchtigkeit speichernd.

5-10

Botanischer Name: *Hedera helix* „Eva"
Deutscher Name: Gemeiner Efeu
Andere Arten/Sorten: „Anna Marie", „Adam", „Glacier"
Beschreibung: Immergrüne Kletterpflanze. Selbst anheftend mittels Luftwurzeln, aber braucht anfänglich etwas Halt. Graugrüne Blätter mit breitem cremeweißem Rand. In sehr kalten Wintern können die Blätter vertrocknen oder absterben.
Höhe x Breite: 1,2 x 0,9 m
Blütezeit: Unbedeutend
Boden: Gut drainiert.

Mitte

7-10

Botanischer Name: *Pleioblastus variegatus*
Deutscher Name: Bambus
Andere Arten/Sorten: *P. auricomus, Glyceria maxima* var. *variegata*
Beschreibung: Immergrüner Bambus mit langsam kriechendem Wuchs. Schmale, längliche weiß gestreifte Blätter. Zur Anregung der Blattbildung im Vorfrühling fast bis zum Boden zurückschneiden.
Höhe x Breite: 80 cm x unbestimmte Breite
Blütezeit: Nicht zutreffend
Boden: Fruchtbar, gut drainiert, aber Feuchtigkeit speichernd.

5-8

Botanischer Name: *Helictotrichon sempervirens*
Deutscher Name: Blaustrahlhafer
Andere Arten/Sorten: *Festuca glauca* (Sorten), *Leymus arenarius*
Beschreibung: Immergrünes Ziergras mit Büscheln aus dünnen blaugrünen Blättern. Die gerstenartigen bläulichen Ähren verblassen goldbraun.
Höhe x Breite: 90 x 60 cm
Blütezeit: Spätsommer
Boden: Gut drainiert, aber nicht trocken.

Vordergrund

4-8

Botanischer Name: *Chamaecyparis obtusa* „Nana Lutea"
Deutscher Name: Hinoki-Scheinzypresse
Andere Arten/Sorten: Keine
Beschreibung: Zwergwüchsige Konifere mit dichtem pyramidenförmigem Wuchs. Kleine, flache gefächerte Zweige mit schuppenartigen Blättern. Die goldgelbe Färbung wirkt im Winter noch kräftiger.
Höhe x Breite: 45 – 60 x 30 – 45 cm
Blütezeit: Keine
Boden: Gut drainiert.

5-9

Botanischer Name: *Euonymus fortunei* „Emerald'n Gold"
Deutscher Name: Spindelstrauch, Kriechspindel
Andere Arten/Sorten: „Blondy", „Sunspot", „Golden Prince", „Sunshine"
Beschreibung: Kleiner immergrüner Strauch. Bodendecker. Kann als Kletterstrauch an einer niedrigen Wand eine größere Wuchshöhe erreichen. Die glänzenden ovalen Blätter haben einen breiten goldgelben Rand und färben sich bei Winterkälte rosarot.
Höhe x Breite: 60 x 180 cm
Blütezeit: Unbedeutend
Boden: Gut drainiert.

Hintergrund

5-8

Botanischer Name: *Viburnum rhytiodophyllum*
Deutscher Name: Schneeball
Andere Arten/Sorten: Keine
Beschreibung: Strauch mit offenem Wuchs und großen länglichen Blättern mit tiefer Äderung. Die überwinternden Knospen öffnen sich zu cremegelben Blüten. Rote Früchte. Kann im Winter bis zum Boden absterben, aber treibt wieder rasch aus.
Höhe x Breite: 3,5 x 3,5 m
Blütezeit: Spätfrühling bis Frühsommer
Boden: Gut drainiert, aber Feuchtigkeit speichernd.

8-10

Botanischer Name: *Laurus nobilis*
Deutscher Name: Lorbeerbaum
Andere Arten/Sorten: „Aurea"
Beschreibung: Immergrüner dichter Strauch mit konischem Wuchs. Die ledrigen, breit lanzettförmigen dunkelgrünen Blätter besitzen ein würzig fruchtiges Aroma. Kann bei kalten Winden und frostigen Temperaturen Schaden nehmen.
Höhe x Breite: 5 x 4 m
Blütezeit: Frühling
Boden: Leicht, gut drainiert.

Mitte

10

Botanischer Name: *Nephrolepis exaltata*
Deutscher Name: Farn
Andere Arten/Sorten: „Bostoniensis", „Teddy Junior"
Beschreibung: Immergrüner Farn. Die langen gebogenen Blätter sind in viele schmale Fiederblättchen unterteilt. Diese Art gibt es in vielen verschiedenen Formen, z. B. den sog. Boston-Farn.
Höhe x Breite: 90 x 90 cm
Blütezeit: Unbedeutend
Boden: Feuchtigkeit speichernd, humos.

10

Botanischer Name: *Sansevieria trifasciata* „Laurentii"
Deutscher Name: Bajonettpflanze, Bogenhanf
Andere Arten/Sorten: *S. trifasciata*
Beschreibung: Rhizomstaude, bildet einen aufrechten Büschel aus fleischigen, immergrünen schwertförmigen Blättern mit hell- und dunkelgrüner Querstreifung und gelbgoldenem Rand. Die grünlichen Blüten erscheinen unregelmäßig.
Höhe x Breite: 45 – 120 x 10 cm
Blütezeit: Unvorhersehbar
Boden: Gut drainiert.

Vordergrund

5-8

Botanischer Name: *Carex elata* „Aurea" syn. *C. stricta* „Bowles' Golden"
Deutscher Name: Steifsegge
Andere Arten/Sorten: *C. hachijoensis* „Evergold"
Beschreibung: Immergrüne Staude mit sehr schmalen, gebogenen grüngelb gestreiften Blättern. Kräftigste Gelbtönung im Sommer. Gedeiht am besten an einem feuchten bis nassen Standort in voller Sonne.
Höhe x Breite: 60 x 45 cm
Blütezeit: Sommer
Boden: Feucht bis nass.

5-8

Botanischer Name: *Festuca glauca*
Deutscher Name: Blauschwingel
Andere Arten/Sorten: „Blaufuchs", „Blauglut"
Beschreibung: Immergrünes Ziergras mit Büscheln aus feinen graublauen Blättern. In verschiedenen Farbtönen erhältlich. Die angegebenen Sorten besitzen ein leuchtendes Silberblau. Fedrige Blütenähren. Kurzlebig.
Höhe x Breite: 23 x 30 cm
Blütezeit: Sommer
Boden: Gut drainiert.

Hintergrund

7-10

Botanischer Name: *x Fatshedera lizei*
Deutscher Name: Efeuaralie
Andere Arten/Sorten: „Annemieke", „Variegata"
Beschreibung: Immergrüne Pflanze mit glänzenden zerteilten Blättern. Guter Mauerbewuchs oder Bodendecker. Kreuzung aus *Hedera helix* und *Fatsia japonica*. Braucht Halt und kann fächerförmig an einem Klettergestell oder einer Mauer hochgezogen werden.
Höhe x Breite: 4 x 4 m
Blütezeit: Ganzjährig nur an reiferen Trieben.
Boden: Feuchtigkeit speichernd. Verträgt aber verschiedene Bedingungen.

7-9

Botanischer Name: *Skimmia* x *confusa* „Kew Green"
Deutscher Name: Skimmie
Andere Arten/Sorten: Keine
Beschreibung: Immergrüner Strauch mit ovalen, unter geeigneten Bedingungen dunkelgrünen Blättern. Männliche Sorte mit kegelförmigen Knospenbüscheln, die sich zu duftenden weißen Blüten öffnen.
Höhe x Breite: 1,2 x 1,2 m
Blütezeit: Spätfrühling
Boden: Fruchtbar, humos und Feuchtigkeit speichernd. Neutral bis sauer.

Mitte

7-8

Botanischer Name: *Daphne laureola*
Deutscher Name: Lorbeer-Seidelbast
Andere Arten/Sorten: Keine
Beschreibung: Immergrüner Strauch mit lanzettförmigen, glänzenden dunkelgrünen Blättern und Büscheln aus duftenden cremegelben Blüten in den Blattachseln. Gut zur Unterpflanzung an schattigen Stellen, z. B. unter Bäumen, geeignet.
Höhe x Breite: 90 x 120 cm
Blütezeit: Spätwinter bis Vorfrühling
Boden: Typischer Waldboden – reich an Humus und Kompost. Fruchtbar, feucht.

8-9

Botanischer Name: *Viburnum davidii*
Deutscher Name: Kissenschneeball
Andere Arten/Sorten: Männliche und weibliche Klone. Männliche Pflanzen für Fruchtansatz nötig.
Beschreibung: Immergrüner Strauch mit breitem niedrigem Wuchs. Dunkle blaugrüne Blätter mit tiefer Längsäderung und roten Stielen. Weibliche Pflanzen bilden Trauben aus metallicblauen Beeren.
Höhe x Breite: 90 x 150 cm
Blütezeit: Spätfrühling bis Frühsommer
Boden: Fruchtbar, gut drainiert, möglichst humos.

Vordergrund

3-10

Botanischer Name: *Helleborus foetidus*
Deutscher Name: Stinkende Nieswurz
Andere Arten/Sorten: „Wester Flisk", *H. f.* Italienische Form, *H. lividus, H. argutifolius*
Beschreibung: Immergrüne Staude mit lang gefingerten dunkelgrünen Blättern. Herabhängende Büschel aus becherförmigen Blüten in leuchtendem Apfelgrün. Selbst aussäend.
Höhe x Breite: 45 x 45 cm
Blütezeit: Winter bis Vorfrühling
Boden: Gut drainiert, humos, Feuchtigkeit speichernd.

5-9

Botanischer Name: *Asplenium scolopendrium* syn. *Phyllitis scolopendrium*
Deutscher Name: Streifenfarn, Hirschzunge
Andere Arten/Sorten: Crispum-Gruppe, Cristatum-Gruppe
Beschreibung: Immergrüner Farn mit langen, gewellten zungenförmigen Blättern. Gutes Wachstum bei ausreichender Feuchtigkeit und Schattenlage. Schöner Kontrast zu fiederblättrigen Farnen und anderen Blattpflanzen.
Höhe x Breite: 30 x 30 cm
Blütezeit: Keine
Boden: Gut drainiert, humos, Feuchtigkeit speichernd.

Hintergrund

8-9

Botanischer Name: *Garrya elliptica*
Deutscher Name: Kalifornischer Katzenbaum
Andere Arten/Sorten: „James Roof", „Pat Ballard"
Beschreibung: Immergrüner Strauch, kann als Solitärstrauch oder an eine Mauer gepflanzt werden. Ledrige dunkelgrüne Blätter mit gewelltem Rand. Männliche Pflanzen tragen Büschel aus langen graugrünen Kätzchen, die an windigen Standorten umhergewirbelt werden.
Höhe x Breite: 3,5 x 3,5 m
Blütezeit: Frühwinter bis Vorfrühling
Boden: Mäßig fruchtbar, drainiert.

7-9

Botanischer Name: *Euonymus japonicus*
Deutscher Name: Japanischer Spindelstrauch
Andere Arten/Sorten: „Grandifolia", „Microphyllus", „Latifolius Albo-marginatus"
Beschreibung: Immergrüner Strauch mit glänzenden, ovalen dunkelgrünen Blättern. Gute Kusten- und Heckenpflanze. Unbedeutende grünlich gelbe Blüten. Verschiedene panaschierte Sorten erhältlich.
Höhe x Breite: 3,5 x 3,5 m
Blütezeit: Spätfrühling bis Frühsommer
Boden: Jede Bodenart, auch sandige Küstenböden. Kalte Winde können die Pflanze ausdörren.

Mitte

6-9

Botanischer Name: *Thuja orientalis* „Aurea Nana"
Deutscher Name: Lebensbaum
Andere Arten/Sorten: Keine
Beschreibung: Kleinwüchsige immergrüne Konifere mit breitem kegelförmigem Wuchs und üppigen goldgelben Nadeln in flachen vertikalen Büscheln. Wächst langsam, aber erreicht größere Ausmaße als angegeben. Auf Raupenbefall achten.
Höhe x Breite: 60 x 60 cm
Blütezeit: Unbedeutend
Boden: Gut drainiert.

8-10

Botanischer Name: *Hebe ochracea* „James Stirling"
Deutscher Name: Hebe, Strauchveronika
Andere Arten/Sorten: *H. ochracea, H. armstrongii*
Beschreibung: Immergrüner Strauch mit breitem kuppelförmigem Wuchs. Die dünnen verzweigten Triebe sind mit goldenen bis olivgrünen schuppenförmigen Blättern bedeckt. Winzige weiße Blüten.
Höhe x Breite: 60 x 120 cm
Blütezeit: Sommer
Boden: Fruchtbar, Feuchtigkeit speichernd, aber gut drainiert.

Vordergrund

5-10

Botanischer Name: *Hedera helix* „Little Diamond"
Deutscher Name: Gemeiner Efeu
Andere Arten/Sorten: „Glacier", „Luzei", „Adam"
Beschreibung: Immergrüne Kriechpflanze mit buschigem Wuchs und kleinen, diamantförmigen graugrünen Blättern mit kräftiger cremeweißer Musterung. Üppiger Bodendecker.
Höhe x Breite: 30 x 90 cm
Blütezeit: Keine
Boden: Gut drainiert.

4-8

Botanischer Name: *Chamaecyparis pisifera* „Golden Mop"
Deutscher Name: Scheinzypresse, Fadenzypresse
Andere Arten/Sorten: *C. p.* „Filifera Nana"
Beschreibung: Zwergwüchsige immergrüne Konifere mit breitem gewölbtem Wuchs. Die fadenförmigen herabhängenden Zweige sind mit goldgrünen Blättern bedeckt. Wirkt herabhängend am schönsten.
Höhe x Breite: 60 x 90 cm
Blütezeit: Keine
Boden: Gut drainiert.

Hintergrund

6-10

Botanischer Name: *Hedera colchica* „Dentata Variegata"
Deutscher Name: Persischer Efeu
Andere Arten/Sorten: *H. colchica* „Sulphur Heart", *H. canariensis* „Glorie de Marengo"
Beschreibung: Immergrüne Kletterpflanze/Bodendecker. Große grüne Blätter mit unregelmäßigem cremegelbem Rand. Kräftiger Wachstumsbeginn kann bis zu drei Jahren dauern. Muss anfänglich gestützt werden.
Höhe x Breite: 7,5 x 7,5 m
Blütezeit: Herbst bis Winter
Boden: Gut drainiert.

8-10

Botanischer Name: *Pittosporum tenuifolium* „Silver Queen" syn. „Treseederi"
Deutscher Name: Klebsame
Andere Arten/Sorten: „Garnetti", „Deborah", „Irene Paterson"
Beschreibung: Immergrüner dichter Strauch mit kleinen, breit ovalen weißrandigen Blättern. Die kastanienbraunen Zweige bilden einen schönen Kontrast. Braucht einen geschützten Standort. Duftend.
Höhe x Breite: 4 x 2,5 m
Blütezeit: Spätfrühling
Boden: Fruchtbar, gut drainiert.

Mitte

6-9

Botanischer Name: *Miscanthus sinensis* „Cascade"
Deutscher Name: Chinaschilf
Andere Arten/Sorten: „Flamingo", „Silberfeder", „Rotsilber"
Beschreibung: Ziergras mit schlankem aufrechtem Wuchs, sehr schmalen Blättern und gebogenen Halmen mit seidigen Rispen in rosigem Beigebraun. Setzt schöne Akzente auf gemischten Rabatten.
Höhe x Breite: 120 – 150 x 45 – 60 cm
Blütezeit: Herbst
Boden: Feuchtigkeit speichernd.

6-8

Botanischer Name: *Prunus laurocerasus* „Zabeliana"
Deutscher Name: Kirschlorbeer
Andere Arten/Sorten: „Otto Luyken"
Beschreibung: Immergrüner ausladender Strauch mit großen, länglichen bis ovalen, spitz zulaufenden Blättern in glänzendem Dunkelgrün. Aufrechte weiße Blütenähren.
Höhe x Breite: 1 – 2 x 4 – 5 m
Blütezeit: Frühsommer
Boden: Mäßig drainiert.

Vordergrund

6-10

Botanischer Name: *Helleborus argutifolius* syn. *H. corsicus*
Deutscher Name: Nieswurz
Andere Arten/Sorten: *H. foetidus, H. lividus*
Beschreibung: Immergrüne Staude mit üppigem rundem Wuchs und großen, gezähnten graugrünen Blättern. Büschel aus langlebigen, wachsartigen Becherblüten in blassem Apfelgrün.
Höhe x Breite: 60 x 90 cm
Blütezeit: Winter bis Frühling
Boden: Gut drainiert, humos, Feuchtigkeit speichernd.

10

Botanischer Name: *Farfugium japonicum* „Aureomaculata"
Deutscher Name: Botanischer Name
Andere Arten/Sorten: Keine
Beschreibung: Frostempfindliche Gruppen bildende Staude mit immergrünen, runden gezähnten Blättern in gelb gesprenkeltem Dunkelgrün. Auffällige Blattpflanze auf Sommerrabatten.
Höhe x Breite: 60 x 60 – 90 cm
Blütezeit: Herbst
Boden: Fruchtbar, gut drainiert, Feuchtigkeit speichernd.

Hintergrund

Botanischer Name: *Corylus avellana* „Contorta"
Deutscher Name: Korkenzieherhasel
Andere Arten/Sorten: *Corokia cotoneaster*
Beschreibung: Strauch mit gewundenen Ästen, die vor allem im Winter reizvoll aussehen. Vor Fntstehung der breiten, ebenfalls gedrehten Blätter kommen Büschel mit langen gelben Kätzchen zum Vorschein.
Höhe x Breite: 3 x 4 m
Blütezeit: Spätwinter bis Vorfrühling
Boden: Alle Bedingungen.

4-8

8-10

Botanischer Name: *Fatsia japonica* syn. *Aralia sieboldii*
Deutscher Name: Aralie
Andere Arten/Sorten: „Variegata"
Beschreibung: Immergrüner Strauch mit sehr großen gefingerten Blättern in glänzendem Mittelgrün. Der zunächst runde Busch wird später ausladend. Kann auch an Mauern hochgezogen werden. Langstielige Kugelblüten.
Höhe x Breite: 3 x 3 m
Blütezeit: Ganzjährig.
Boden: Fruchtbar, humos, Feuchtigkeit speichernd.

Mitte

Botanischer Name: *Miscanthus sinensis* „Flamingo"
Deutscher Name: Chinaschilf
Andere Arten/Sorten: „Cascade", „Silberfeder", „Rotsilber"
Beschreibung: Ziergras mit schlankem aufrechtem Wuchs, sehr schmalen Blättern und roten Halmen mit seidigen Rispen in rosa schimmerndem Beigebraun. Auffällige Pflanze mit schöner Herbstfärbung.
Höhe x Breite: 120 x 45 cm
Blütezeit: Herbst
Boden: Feuchtigkeit speichernd.

6-9

8-10

Botanischer Name: *Ribes laurifolium*
Deutscher Name: Botanischer Name
Andere Arten/Sorten: *R. henryi, R. odoratum*
Beschreibung: Immergrüner Strauch mit niedrigem breitem Wuchs. Die ovalen dunkelgrünen Blätter bilden einen schönen Kontrast zu den herabhängenden blassgelben Blüten. Die zeitigen Blüten brauchen Schutz.
Höhe x Breite: 90 x 150 cm
Blütezeit: Spätwinter bis Vorfrühling
Boden: Fruchtbar, gut drainiert.

Vordergrund

4-10

Botanischer Name: *Bergenia* (weiß blühend)
Deutscher Name: Bergenie
Andere Arten/Sorten: *B.* „Bressingham White", *B.* „Silberlicht"
Beschreibung: Immergrüne Staude mit großen, runden ledrigen Blättern in glänzendem Grün, die im Winter eine violettrote Tönung annehmen können. Kräftige Stängel mit kompakten Büscheln aus Glockenblüten.
Höhe x Breite: 30 x 50 cm
Blütezeit: Winter bis Frühling
Boden: Gut drainiert, aber möglichst humos und Feuchtigkeit speichernd.

7-9

Botanischer Name: *Carex buchananii*
Deutscher Name: Rote Segge
Andere Arten/Sorten: *C. comans* „Bronze"
Beschreibung: Immergrüne Segge mit kuppelförmigem Wuchs und sehr schmalen Blättern in einem ungewöhnlichem Kupferton. Für ein gepflegteres Aussehen können die unscheinbaren braunen Blütenähren entfernt werden. Sehr wirkungsvoll in Gruppen.
Höhe x Breite: 45 x 45 cm
Blütezeit: Sommer
Boden: Feuchtigkeit speichernd.

Hintergrund

2-7

Botanischer Name: *Physocarpus opulifolius* „Luteus" syn. *P. ribesifolius* „Aureus"
Deutscher Name: Blasenspiere
Andere Arten/Sorten: „Dart's Gold"
Beschreibung: Aufrechter buschiger Strauch mit goldgelben gelappten Blättern und Büscheln aus kleinen weißlichen Blüten. Neue Triebe sind mahagonifarben. Bei kräftiger Sonneneinstrahlung können die Blätter ausdörren.
Höhe x Breite: 2,5 x 2,5 m
Blütezeit: Frühsommer bis Sommermitte
Boden: Fruchtbar, humos, Feuchtigkeit speichernd. Stark alkalische Böden meiden.

4-9

Botanischer Name: *Weigela* „Briant Rubidor" syn. *W.* „Rubigold"
Deutscher Name: Weigelie
Andere Arten/Sorten: *Weigela japonica* „Looymansii Aurea"
Beschreibung: Aufrechter buschiger Strauch mit goldgelben lanzettförmigen Blättern und trichterförmigen Blüten in kräftigem Karminrot. Bei reiferen Pflanzen nach der Blüte ein Drittel der ältesten Triebe zurückschneiden.
Höhe x Breite: 1,2 – 2,5 x 1,2 – 2,5 m
Blütezeit: Spätfrühling bis Frühsommer
Boden: Fruchtbar, gut drainiert, aber Feuchtigkeit speichernd.

Mitte

8-10

Botanischer Name: *Euphorbia characias*
Deutscher Name: Wolfsmilch
Andere Arten/Sorten: *E. c.* subsp. *wulfenii* und Sorten
Beschreibung: Immergrüne buschige Staude. Die aufrechten Triebe sind mit schmalen graugrünen Blättern bedeckt. Die hirtenstabförmigen Knospen öffnen sich zu grünlichen Blüten. Blütentriebe im Herbst abschneiden. Hautreizender Milchsaft.
Höhe x Breite: 120 x 90 cm
Blütezeit: Vorfrühling
Boden: Gut drainiert.

8-10

Botanischer Name: *Euphorbia characias* subsp. *wulfenii* „John Tomlinson"
Deutscher Name: Wolfsmilch
Andere Arten/Sorten: „Lambrook Gold"
Beschreibung: Immergrüne Staude mit gelbgrünen Blütenköpfen. Die aufrechten Triebe wirken mit ihren blaugrünen Blättern wie Tannenwedel. Hautreizender Milchsaft. Pflege wie bei *E. characias.*
Höhe x Breite: 120 x 90 cm
Blütezeit: Vorfrühling
Boden: Gut drainiert.

Vordergrund

8-10

Botanischer Name: *Euphorbia amygdaloides* var. *robbiae*
Deutscher Name: Mandelwolfsmilch
Andere Arten/Sorten: *E. a.* „Purpurea", „Rubra"
Beschreibung: Immergrüne Staude mit kriechenden Wurzeln, grundständiger dunkelgrüner Blattrosette und Büscheln aus langlebigen hellgrünen Blüten. Guter Bodendecker unter Bäumen. Hautreizender Milchsaft.
Höhe x Breite: 60 x 60 cm
Blütezeit: Frühling
Boden: Gut drainiert bis trocken. Feuchtigkeit speichernder Boden in voller Sonne.

8-10

Botanischer Name: *Euphorbia myrsinites*
Deutscher Name: Wolfsmilch
Andere Arten/Sorten: Keine
Beschreibung: Immergrüne Staude. Bildet im ersten Jahr lange kriechende Triebe mit fleischigen, spitz zulaufenden graugrünen Blättern. Im darauf folgenden Jahr entstehen hellgrüne Blüten. Hautreizender Milchsaft.
Höhe x Breite: 8 – 15 x 20 – 30 cm
Blütezeit: Frühsommer
Boden: Gut drainiert.

Hintergrund

5-9

Botanischer Name: *Humulus lupulus*
Deutscher Name: Hopfen
Andere Arten/Sorten: „Taff's Variegated"
Beschreibung: Kletterstaude mit rankenden Trieben und großen, gelappten goldgelben Blättern. Triebe und Blätter sind mit borstenartigen Härchen bedeckt. Männliche Pflanzen tragen goldene Blüten. Windgeschützter Standort.
Höhe x Breite: 6 x 6 m
Blütezeit: Spätsommer bis Frühherbst
Boden: Fruchtbar, humos und Feuchtigkeit speichernd.

4-9

Botanischer Name: *Angelica archangelica*
Deutscher Name: Angelika, Engelwurz
Andere Arten/Sorten: Keine
Beschreibung: Zweijährige oder kurzlebige Staude mit kräftigen aufrechten Stängeln und großen zerteilten Blättern. Im zweiten Jahr nach der Aussaat entstehen Dolden mit weißen Blüten. Längere Lebensdauer, wenn Blütenstände entfernt werden. Selbst aussäend.
Höhe x Breite: 180 x 90 cm
Blütezeit: Spätsommer
Boden: Gut drainiert.

Mitte

2-8

Botanischer Name: *Matteuccia struthiopteris*
Deutscher Name: Straußenfarn
Andere Arten/Sorten: *Osmunda regalis*
Beschreibung: Laub abwerfender und Gruppen bildender Farn mit schmalem federballartigem Wuchs. Im Frühling entrollen sich zarte leuchtend grüne Blattwedel. Im Zentrum der Rosetten erscheinen kleinere, fertile dunkelbraune Wedel. Windgeschützter Standort.
Höhe x Breite: 90 – 120 x 60 cm
Blütezeit: Frühling bis Herbst
Boden: Humos, Feuchtigkeit speichernd bis sumpfig.

5-9

Botanischer Name: *Persicaria virginiana* „Painter's Palette"
Deutscher Name: Staudenknöterich
Andere Arten/Sorten: Keine
Beschreibung: Staude mit aufrechten Trieben und cremegelb panaschierten Blättern mit einem kastanienbraunen Mittelstreifen. Windgeschützter Standort.
Höhe x Breite: 60 – 90 x 60 cm
Blütezeit: Keine
Boden: Fruchtbar, humos, Feuchtigkeit speichernd.

Vordergrund

10

Botanischer Name: *Adiantum raddianum*
Deutscher Name: Frauenhaarfarn
Andere Arten/Sorten: „Fritz Luthi" und viele andere
Beschreibung: Halbimmergrüner oder immergrüner Farn mit zarten stark zergliederten Wedeln aus winzigen dreieckigen Blättchen. Feine, drahtartige Stängel in Violettschwarz. Geschützter Standort. Welkende Wedel entfernen.
Höhe x Breite: 30 x 30 cm
Blütezeit: Keine
Boden: Neutral bis sauer, humos, Feuchtigkeit speichernd.

5-10

Botanischer Name: *Geranium phaeum* „Sambor"
Deutscher Name: Brauner Storchschnabel
Andere Arten/Sorten: *G.* „Ann Folkard"
Beschreibung: Staude mit einem Büschel aus leicht gelappten runden Blättern mit braunviolettem Muster. Dunkelviolette Blüten mit zurückgebogenen Blütenblättern und hervorstehenden Staubblättern.
Höhe x Breite: 45 x 45 cm
Blütezeit: Spätfrühling bis Frühsommer
Boden: Alle, außer sumpfige Böden.

Hintergrund

5-9

Botanischer Name: *Cotinus coggygria*
Deutscher Name: Perückenstrauch
Andere Arten/Sorten: „Flame", „Grace"
Beschreibung: Buschiger Strauch mit runden bis ovalen graugrünen Blättern, die ins Mittelgrün nachdunkeln. Sehr schöne Herbstfärbung. Die wolkenartigen, anfänglich rosabraunen Blütenbüschel gehen in einen Grauton über.
Höhe x Breite: 5 x 5 m
Blütezeit: Sommermitte bis Herbst
Boden: Alle Bedingungen, aber bevorzugt tiefgründig und fruchtbar.

5-9

Botanischer Name: *Miscanthus sinensis* „Zebrinus"
Deutscher Name: Zebragras
Andere Arten/Sorten: „Pünktchen", „Strictus"
Beschreibung: Ziergras mit einem Büschel aus aufrechten Halmen und bandförmigen, oben überhängenden Blättern mit auffälligen gelben Querstreifen. Seidige Blütenstände im Herbst.
Höhe x Breite: 120 x 45 cm
Blütezeit: Herbstmitte
Boden: Fruchtbar, humos, Feuchtigkeit speichernd.

Mitte

3-9

Botanischer Name: *Hosta sieboldiana* „Francis Williams"
Deutscher Name: Funkie
Andere Arten/Sorten: „Gold Standard", „Wide Brim"
Beschreibung: Staude. Die breiten, spitzen blaugrünen Blätter besitzen eine runzlige und gerippte Oberfläche und einen unregelmäßigen gelben Rand. Weißliche Glockenblüten. Vor Nacktschnecken schützen.
Höhe x Breite: 75 x 45 cm
Blütezeit: Frühsommer
Boden: Fruchtbar, humos, Feuchtigkeit speichernd bis feucht.

3-9

Botanischer Name: *Hosta sieboldiana* „Elegans"
Deutscher Name: Funkie
Andere Arten/Sorten: *H. sieboldiana* „Blue Angel", „Big Daddy"
Beschreibung: Staude. Sehr breite blaugraue Blätter (bis zu 30 cm breit) mit gerippter Oberfläche. Dichte Blütenköpfe mit lilaweißen trompetenförmigen Blüten.
Höhe x Breite: 75 x 90 cm
Blütezeit: Sommer
Boden: Fruchtbar, humos, Feuchtigkeit speichernd bis feucht.

Vordergrund

3-9

Botanischer Name: *Alchemilla mollis*
Deutscher Name: Frauenmantel
Andere Arten/Sorten: *A. conjuncta, A. erythropoda, A. alpina*
Beschreibung: Staude. Die wellenrandigen Blätter besitzen wasserabweisende Härchen, auf denen sich Regen- oder Tauwasser in kleinen Tröpfchen sammelt. Büschel aus grünlich gelben Blüten. Selbst aussäend.
Höhe x Breite: 45 x 60 cm
Blütezeit: Frühsommer
Boden: Gut drainiert.

8-10

Botanischer Name: *Eryngium tricuspidatum*
Deutscher Name: Edeldistel, Mannstreu
Andere Arten/Sorten: *E. variifolium, E. bourgatii*
Beschreibung: Staude mit einer grundständigen Rosette aus kräftig geäderten Blättern. Die auffälligen silbergrünen Blütenköpfe besitzen eine kleine kuppelförmige Mitte aus dichten Blüten, die von langen Stacheln umgeben sind.
Höhe x Breite: 45 x 25 cm
Blütezeit: Spätsommer
Boden: Gut drainiert.

Hintergrund

7-10

Botanischer Name: *Gunnera manicata*
Deutscher Name: Mammutblatt
Andere Arten/Sorten: *G. tinctoria* syn. *G. chilensis*
Beschreibung: Immergrüne voluminöse Staude brasilianischer Herkunft. Sehr große gelappte und scharf gesägte Blätter (1,5 – 1,8 m). Stängel und Blätter sind mit Stacheln bedeckt. Kegelförmige Blütenstände.
Höhe x Breite: 1,8 x 2,5 m
Blütezeit: Frühsommer
Boden: Fruchtbar, feucht bis nass. Windgeschützter Standort.

5-8

Botanischer Name: *Acer palmatum* var. *dissectum*
Deutscher Name: Japanischer Ahorn
Andere Arten/Sorten: „Crimson Queen", Dissectum-Viride-Gruppe
Beschreibung: Strauch mit rundem ausladendem Wuchs und fein zergliederten gefingerten Blättern. Das Blattwerk nimmt bei Spätfrost, starker Sonneneinstrahlung und trockenen Winden leicht Schaden. Ausgezeichnete Herbstfärbung. Attraktive Blattpflanze.
Höhe x Breite: 1,5 x 1,8 m
Blütezeit: Vorfrühling
Boden: Bevorzugt neutral bis sauer, humos und Feuchtigkeit speichernd.

Mitte

3-9

Botanischer Name: *Hosta* (goldblättrig)
Deutscher Name: Funkie
Andere Arten/Sorten: „Sum and Substance", „Sun Power", „Zounds", „Piedmont Gold", „Hydon Sunset"
Beschreibung: Staude mit spitz zulaufenden Blättern in Buttergelb bis Gelbgrün und oftmals dicker und runzliger Beschaffenheit. Weißliche bis lilafarbene oder malvenfarbene Trompetenblüten.
Höhe x Breite: 60 – 75 x 90 cm
Blütezeit: Sommermitte bis Spätsommer
Boden: Fruchtbar, humos, Feuchtigkeit speichernd bis feucht.

Botanischer Name: *Amaranthus caudatus* „Albiflorus"
Deutscher Name: Fuchsschwanz
Andere Arten/Sorten: Keine
Beschreibung: Bedingt frostharte Einjährige mit buschigem Wuchs und sehr großen, spitz zulaufenden breiten Blättern. Lange, kordelförmige grünlich weiße Blütentrauben. Als Blickfang in Rabatten eingesetzt, verleiht die Pflanze ein subtropisches Flair.
Höhe x Breite: 90 – 120 x 75 cm
Blütezeit: Frühsommer bis Herbstmitte
Boden: Gut drainiert.

Vordergrund

8-10

Botanischer Name: *Ballota* „All Hallows Green"
Deutscher Name: Gottvergess
Andere Arten/Sorten: *B. pseudodictamnus*, *B. acetabulosa*
Beschreibung: Immergrüner Halbstrauch mit weichen, runden lindgrünen Blättern und kugeligen blassgrünen Blütenköpfen in den Blattachseln. Im Frühling bis zum Boden zurückschneiden.
Höhe x Breite: 30 x 45 cm
Blütezeit: Sommermitte bis Spätsommer
Boden: Gut drainiert.

5-10

Botanischer Name: *Salvia officinalis* „Icterina"
Deutscher Name: Goldsalbei
Andere Arten/Sorten: Keine
Beschreibung: Immergrüne oder halbimmergrüne Staude mit kuppelförmigem Wuchs. Die lanzettförmigen, aromatischen graugrünen Blätter sind hellgrün und golden panaschiert. Kleine violettblaue Blüten.
Höhe x Breite: 60 x 90 cm
Blütezeit: Sommer
Boden: Gut drainiert, bevorzugt alkalisch.

Hintergrund

5-9

Botanischer Name: *Euonymus fortunei* „Silver Queen"
Deutscher Name: Spindelstrauch, Kletterspindel
Andere Arten/Sorten: *Rhamnus alaternus* „Argenteovariegata"
Beschreibung: Immergrüner buschiger Strauch mit kleinen, ovalen cremeweiß umrandeten Blättern. Die neuen Blätter im Frühling sind gelb panaschiert. Unauffällige Blüten. Erreicht als Mauerbewuchs eine größere Wuchshöhe.
Höhe x Breite: 2,1 x 1,5 m
Blütezeit: Frühling
Boden: Fruchtbar, gut drainiert.

9-10

Botanischer Name: *Cycas revoluta*
Deutscher Name: Japanischer Palmfarn
Andere Arten/Sorten: Keine
Beschreibung: Immergrüne Pflanze. Bildet nach mehreren Jahren einen oder mehrere holzige Stämme mit einer Rosette aus palmenartigen Wedeln. Reifere weibliche Pflanzen können rote Früchte hervorbringen.
Höhe x Breite: 3 x 3 m
Blütezeit: Sommer
Boden: Gut drainiert, humos und Feuchtigkeit speichernd.

Mitte

3-8

Botanischer Name: *Pinus strobus* „Horsford"
Deutscher Name: Strobe, Weymouthskiefer
Andere Arten/Sorten: „Minima", „Reinshaus"
Beschreibung: Immergrüner Strauch mit kuppelförmigem Wuchs und dichten Büscheln aus kurzen, gelbgrünen Nadeln. Wächst langsam, erreicht aber schließlich die angegebene Höhe und Breite.
Höhe x Breite: 75 x 120 cm
Blütezeit: Unbedeutend.
Boden: Gut drainiert, aber Feuchtigkeit speichernd.

3-6

Botanischer Name: *Abies balsamea f. hudsonia*
Deutscher Name: Balsamtanne (Zwergform)
Andere Arten/Sorten: „Nana"
Beschreibung: Immergrüner Strauch mit rundem kuppelförmigem Wuchs und dicht gereihten, mittelgrünen Nadeln an kurzen Trieben. Langsames Wachstum.
Höhe x Breite: 90 x 120 cm
Blütezeit: Unbedeutend
Boden: Gut drainiert, neutral bis sauer, Feuchtigkeit speichernd.

Vordergrund

9-10

Botanischer Name: *Astelia nervosa*
Deutscher Name: Astelie
Andere Arten/Sorten: Keine
Beschreibung: Staude mit breiten Büscheln aus schwertförmigen silbergrünen Blättern. Im Sommer entstehen in der Mitte der Blattrosette blassbraune duftende Blüten, die zu grünen Beeren heranreifen.
Höhe x Breite: 60 x 150 cm
Blütezeit: Sommer
Boden: Fruchtbar, humos, Feuchtigkeit speichernd.

3-10

Botanischer Name: *Plantago major* „Rosularis"
Deutscher Name: Breitwegerich
Andere Arten/Sorten: Keine
Beschreibung: Staude mit flachen Rosetten aus breit ovalen dunkelgrünen Blättern. Die kurzen Stängel tragen ungewöhnliche Blüten mit grünlichen Brakteen, die wie Blütenblätter aussehen.
Höhe x Breite: 15 – 30 x 20 cm
Blütezeit: Sommer
Boden: Gut drainiert.

Hintergrund

6-10

Botanischer Name: *Eryngium agavifolium* syn. *E. bromeliifolium*
Deutscher Name: Edeldistel, Mannstreu
Andere Arten/Sorten: *E. eburneum, E. yuccifolium*
Beschreibung: Immergrüne Staude mit einer grundständigen Rosette aus fleischigen gesägten Blättern. Hoher verzweigter Stängel mit großen, fingerhutförmigen grünlichen Blütenköpfchen.
Höhe x Breite: 1,5 x 0,6 m
Blütezeit: Spätsommer
Boden: Gut drainiert, auch nährstoffarme oder kalkhaltige Böden. Gut eingewurzelte Pflanzen vertragen Trockenheit.

7-9

Botanischer Name: *Griselinia littoralis* „Variegata"
Deutscher Name: Breitblatt
Andere Arten/Sorten: „Bantry Bay", „Dixon's Cream", „Green Jewel"
Beschreibung: Immergrüner Strauch mit buschigem aufrechtem Wuchs. Die ledrig glänzenden ovalen Blätter sind leuchtend grün, graugrün und cremeweiß gemustert. Verträgt Salz und ist für mildere Küstenregionen geeignet.
Höhe x Breite: 3 x 3 m
Blütezeit: Vorfrühling (unbedeutend)
Boden: Jeder gemäßigte Boden, außer extrem kalkhaltige Böden.

Mitte

6-9

Botanischer Name: *Pennisetum villosum* syn. *P. longistylum*
Deutscher Name: Federborstengras
Andere Arten/Sorten: *P. orientale, P. alopecuroides* und *P. o.* „Woodside"
Beschreibung: Ziergras mit schlichten Blättern. Attraktive flauschige Ähren in rosigem Braun mit langen hervorstehenden Borsten. Starke Selbstaussaat möglich.
Höhe x Breite: 90 x 50 cm
Blütezeit: Herbst
Boden: Gut drainiert.

3-9

Botanischer Name: *Veratrum viride*
Deutscher Name: Grüner Germer
Andere Arten/Sorten: Keine
Beschreibung: Gruppen bildende Staude, attraktive Blattpflanze. Die großen langen und breit ovalen Blätter besitzen eine tiefe Paralleläderung und bilden einen dichten Büschel, aus dem ein aufrechter Blütenstängel wächst.
Höhe x Breite: 120 x 60 cm
Blütezeit: Sommer
Boden: Fruchtbar, humos und Feuchtigkeit speichernd bis feucht.

Vordergrund

10

Botanischer Name: *Solenostemon* (Kultivar) syn. *Coleus blumei* (Kultivar)
Deutscher Name: Buntnessel
Andere Arten/Sorten: „Wizard Mixed", „Sabre Mixed"
Beschreibung: Frostempfindliche Staude, oft als Zimmer- oder Wintergartenpflanze oder in kälteren Regionen als einjährige Rabatten- oder Kübelpflanze eingesetzt. Die Blätter gibt es in vielfältigen Farben und Mustern.
Höhe x Breite: 15–45 x 15–30 cm
Blütezeit: Sommer
Boden: Fruchtbar, gut drainiert, aber Feuchtigkeit speichernd.

8-10

Botanischer Name: *Eucomis bicolor* „Alba"
Deutscher Name: Schopflilie, Ananaslilie
Andere Arten/Sorten: *E. bicolor*
Beschreibung: Zwiebelpflanze mit einer grundständigen Rosette aus langen, gebogenen riemenförmigen Blättern. Kräftige Ähren mit ungefüllten weißen Blüten.
Höhe x Breite: 45 x 30 cm
Blütezeit: Spätsommer
Boden: Fruchtbar, gut drainiert.

Hintergrund

9-10

Botanischer Name: *Chamaerops humilis*
Deutscher Name: Zwergpalme
Andere Arten/Sorten: *Trachycarpus fortunei*
Beschreibung: Immergrüne langsamwüchsige Palme mit fächerförmigen Blättern, die bis zu 60 cm breit werden können. Faserig ummantelter Stamm und stachelige Blattstiele. Die weiblichen Pflanzen bringen gelbe Blüten und braune Früchte hervor.
Höhe x Breite: 4,8 x 4 m
Blütezeit: Sommer
Boden: Gut drainiert.

5-9

Botanischer Name: *Miscanthus sinensis* „Rotsilber"
Deutscher Name: Chinaschilf
Andere Arten/Sorten: *M. s.* „Gracillimus"
Beschreibung: Ziergras, bildet eine schmale Säule aus langen, sehr schmalen grünen Blättern mit silbernem Streifen. Die verzweigten roten Blütenfedern ragen über das Blattwerk hinaus.
Höhe x Breite: 120 x 45 cm
Blütezeit: Frühherbst
Boden: Fruchtbar, gut drainiert aber Feuchtigkeit speichernd.

Mitte

7-10

Botanischer Name: *Euphorbia longifolia*
Deutscher Name: Wolfsmilch
Andere Arten/Sorten: *E. griffithii* und Sorten
Beschreibung: Staude mit breiten Büscheln aus aufrechten Stängeln, die in schmale lanzettförmige Blätter mit auffälliger weißer Mittelrippe gekleidet sind. Endständige Büschel aus lindgrünen Blüten. Hautreizender Milchsaft.
Höhe x Breite: 90 x 50 cm
Blütezeit: Frühsommer
Boden: Fruchtbar, Feuchtigkeit speichernd bis feucht.

7-9

Botanischer Name: *Silybum marianum*
Deutscher Name: Mariendistel
Andere Arten/Sorten: Keine
Beschreibung: Zweijährige mit einem flachen Büschel aus großen, zerteilten stacheligen Blättern in weiß marmoriertem Dunkelgrün. Violette Distelköpfe. Bei Nackt- und Gehäuseschnecken sehr beliebt! Starke Ausbreitung in milden Klimaten.
Höhe x Breite: 120 x 60 cm
Blütezeit: Sommer bis Frühherbst
Boden: Gut drainiert.

Vordergrund

7-10

Botanischer Name: *Galtonia viridiflora*
Deutscher Name: Kaphyazinthe
Andere Arten/Sorten: *G. princeps*
Beschreibung: Zwiebelpflanze mit einem flachen Büschel aus schönen, graugrünen riemenförmigen Blättern. Die aufrechten Stängel tragen bis zu 30 blassgrüne herabhängende Glockenblüten.
Höhe x Breite: 90 x 30 cm
Blütezeit: Spätsommer bis Frühherbst
Boden: Gut drainiert, aber Feuchtigkeit speichernd, vor allem im Sommer.

Botanischer Name: *Molucella laevis*
Deutscher Name: Muschelblume
Andere Arten/Sorten: Keine
Beschreibung: Bedingt frostharte Einjährige, oft als Schnitt- oder Trockenblume angepflanzt. Aufrechte dichte Ähren aus winzigen weißen Blüten, die von großen muschelförmigen Brakteen in leuchtendem Grün umgeben sind.
Höhe x Breite: 60 x 20 cm
Blütezeit: Sommer
Boden: Fruchtbar, sehr gut drainiert.

Hintergrund

Botanischer Name: *Cortaderia selloana* „Aureolineata" („Goldband")
Deutscher Name: Pampasgras
Andere Arten/Sorten: Keine
Beschreibung: Immergrünes Ziergras mit Büscheln aus schmalen, gebogenen goldrandigen Blättern. Das auffällige Blattwerk bildet einen schönen Kontrast zu breitblättrigen Pflanzen. Aufrechte fedrige Blütenstände aus weißen Blüten. In milden Klimaten stark wuchernd.
Höhe x Breite: 1,5 – 1,8 x 1,5 m
Blütezeit: Frühherbst
Boden: Gut drainiert.

7-10

Botanischer Name: *Cortaderia selloana* „Pumila"
Deutscher Name: Zwergpampasgras
Andere Arten/Sorten: „Silver Comet"
Beschreibung: Immergrünes Ziergras mit niedrigen Büscheln aus schmalen, gebogenen graugrünen Blättern. Fedrige Blütenstände mit silberweißen Blüten im Frühherbst. Kompakte Sorte für kleinere Gärten. Pampasgräser können sich stark ausbreiten.
Höhe x Breite: 0,9 – 1,5 x 1,2 – 1,5 m
Blütezeit: Frühherbst
Boden: Gut drainiert.

7-10

Mitte

Botanischer Name: *Zantedeschia aethiopica* „Green Goddess"
Deutscher Name: Kalla, Papierblume
Andere Arten/Sorten: *Z. aethiopica,* „Crowborough"
Beschreibung: Staude mit breiten, pfeilförmigen dunkelgrünen Blättern. Die aufrechten Stängel tragen grüne Spaten mit weißem Schlund. Eignet sich gut für Blumenarrangements, aber braucht einen farbigen Kontrast.
Höhe x Breite: 45 – 90 x 45 – 60 cm
Blütezeit: Sommer
Boden: Fruchtbar, humos und Feuchtigkeit speichernd bis feucht. Kräftig mulchen.

8-10

8-10

Botanischer Name: *Fuchsia* „Genii"
Deutscher Name: Fuchsie
Andere Arten/Sorten: „Golden Treasure" und viele andere
Beschreibung: Buschiger Strauch mit schlanken Trieben und kleinen hellgrünen Blättern. In der Spätsaison erscheinen herabhängende Blüten in Kirschrot und Violett. Für schöne Blattbildung im Frühling stark zurückschneiden.
Höhe x Breite: 90 – 120 x 90 cm
Blütezeit: Sommermitte bis Frühherbst
Boden: Fruchtbar, gut drainiert, Feuchtigkeit speichernd.

Vordergrund

Botanischer Name: *Pelargonium* „Lady Plymouth"
Deutscher Name: Pelargonie (volkstüml. Geranie)
Andere Arten/Sorten: *P. crispum* „Variegatum"
Beschreibung: Frostempfindliche Staude mit aromatischen, tief gelappten und weiß gemusterten graugrünen Blättern. Bildet Büschel aus kleinen violetten Blüten, aber wird primär als Blattpflanze gezüchtet.
Höhe x Breite: 60 x 30 cm
Blütezeit: Sommer bis Herbst
Boden: Gut drainiert.

10

Botanischer Name: *Carlina acaulis*
Deutscher Name: Silberdistel, Eberwurz
Andere Arten/Sorten: Keine
Beschreibung: Staude, bildet Rosetten aus stacheligen, tief gezähnten grünen Blättern mit einem ungestielten, distelförmigen hellbraunen Blütenkopf in der Mitte, der von cremefarbenen papierartigen Brakteen umgeben ist.
Höhe x Breite: 7 – 10 x 15 – 23 cm
Blütezeit: Sommer bis Herbst
Boden: Gut drainiert.

5-9

ROT

In der Natur dient Rot als Warnfarbe, die Gefahr verheißt. Leuchtend rote Blüten bilden einen besonderen Blickfang, vor allem wenn sie sparsam zwischen Grün verteilt sind. Rot ist auch die Farbe, die mit einem Auge am leichtesten wahrgenommen wird.

Da Rot mit starken Gefühlen, wie Leidenschaft, Liebe und Wut in Verbindung gebracht wird, ist diese Farbe als Hauptbestandteil für friedliche und ruhige Pflanzenarrangements nicht geeignet. Unter romantischen Rottönen verstehen wir vor allem die dunklen, samtigen und weinroten Farben der Rosen sowie Blüten im bläulichen Bereich des roten Farbspektrums. Leuchtendes, helles Rot mit saftigem Grün erinnert an den Orient oder den tropischen Regenwald, und rote Winterbeeren schaffen zusammen mit weißen Blüten und glänzendem grünem Blattwerk ein weihnachtliches Ambiente.

Bläuliche Rottöne harmonieren besonders mit anderen kühlen Farben, wie Dunkelblau, Violett, Silber, Weiß oder Hellgelb und schaffen eine klassische Wirkung. Warme orangerote Töne bilden zusammen mit reinen Blautönen, goldenen Gelbtönen, Weiß und Hellgrün eine frische, lebendige und moderne Atmosphäre. Dunkelviolette Blätter und Blüten lassen sich ausgezeichnet mit allen Rottönen kombinieren, wobei vor allem leuchtendes Rot eine willkommene Lebendigkeit ins Spiel bringt. Als unvorteilhaft erweist sich lediglich eine Mischung aus Orangerot und reinen sowie bläulichen Pinktönen. Scharlachrot und Kirschrot bieten hingegen einen herrlichen Anblick.

Links: Rote Blumen, wie diese Tulpen, gehören zu den lebendigsten Gartenpflanzen und sind ein wahrer Blickfang.

Hintergrund

8-10

Botanischer Name: *Pieris formosa* var. *forrestii*
Deutscher Name: Lavendelheide
Andere Arten/Sorten: „Wakehurst", *P.* „Forest Flame", *P. japonica* „Firecrest"
Beschreibung: Immergrüner Strauch. Das beim Austrieb rot gefärbte Laub reift dunkelgrün aus. Frostempfindlich, braucht einen geschützten Standort. Die Knospenbüschel im Winter öffnen sich zu weißen Glockenblüten.
Höhe x Breite: 2 x 3,5 m
Blütezeit: Frühling
Boden: Humos, neutral bis sauer.

5-7

Botanischer Name: *Rhododendron* (Hybride)
Deutscher Name: Rhododendron
Andere Arten/Sorten: „Girard's Crimson", „Red Red", „Earl of Donoughmore"
Beschreibung: Immergrüner Strauch mit breiten ledrigen Blättern. Die kegelförmigen Knospen öffnen sich zu großen Büscheln aus leuchtenden Blüten mit weit geöffnetem Schlund. Gedeiht am bestem im Halbschatten, aber verträgt bei ausreichender Feuchtigkeit auch volle Sonne.
Höhe x Breite: 3 x 4 m
Blütezeit: Spätfrühling bis Frühsommer
Boden: Humos, neutral bis sauer. Verträgt keine kalkhaltigen Böden.

Mitte

8-10

Botanischer Name: *Tropaeolum tricolorum*
Deutscher Name: Kapuzinerkresse
Andere Arten/Sorten: Keine
Beschreibung: Kletterpflanze, bildet jedes Jahr neue zarte Triebe aus kleinen unterirdischen Knollen. Zarte etwa 6-lappige Blätter. Gespornte Blüten in leuchtendem Rot und Gelb mit schwarzer Musterung.
Höhe x Breite: 90 – 120 x 60 cm
Blütezeit: Vorfrühling bis Frühsommer
Boden: Gut drainiert.

4-9

Botanischer Name: *Papaver orientale* „Lady Bird"
Deutscher Name: Türkischer Mohn
Andere Arten/Sorten: „Allegro", „Marcus Perry"
Beschreibung: Staude mit behaarten tief zerteilten Blättern. Die kräftigen Stängel tragen schalenförmige Blüten mit erhabener Mitte, die zu einer auffälligen Samenkapsel heranreift. Zur Sommermitte hin sterben die Blätter ab.
Höhe x Breite: 30 x 60 – 90 cm
Blütezeit: Frühsommer
Boden: Gut drainiert bis trocken und mäßig fruchtbar.

Vordergrund

4-8

Botanischer Name: *Astilbe* „Montgomery"
Deutscher Name: Astilbe, Prachtspiere
Andere Arten/Sorten: „Fanal", „Red Sentinel", „Feuer", „Spartan"
Beschreibung: Staude mit ausbreitendem Wurzelstock und schönem farnartigem Blattwerk. Fedrige zugespitzte Blütenstände auf drahtartigen Stängeln. Die braunen Samenkapseln behalten bis in den Winter ihre Form.
Höhe x Breite: 75 x 90 cm
Blütezeit: Sommer
Boden: Feuchtigkeit speichernd bis nass. Trockene Böden meiden.

3-9

Botanischer Name: *Tulipa* „Cassini"
Deutscher Name: Tulpe
Andere Arten/Sorten: „Ile de France", „Apeldoorn", „Red Shine"
Beschreibung: Zwiebelpflanze mit breiten riemenförmigen Blättern. Die hohen aufrechten Stängel tragen kegelförmige Knospen, die sich an warmen sonnigen Tagen weit öffnen. Welke Blüten entfernen, aber Stängel und Blätter stehen lassen.
Höhe x Breite: 40 cm
Blütezeit: Spätfrühling
Boden: Gut drainiert.

Hintergrund

9-10

Botanischer Name: *Crinodendron hookerianum*
Deutscher Name: Laternenbaum
Andere Arten/Sorten: Keine
Beschreibung: Immergrüner Strauch mit stark aufrechtem Wuchs und schmalen, ledrigen dunkelgrünen Blättern. Die karminroten laternenartigen Blüten hängen von der Unterseite der Zweige herab. Geschützter Standort. Langsames Wachstum.
Höhe x Breite: 3 x 1,5 m
Blütezeit: Spätfrühling bis Frühsommer
Boden: Humos, neutral bis sauer.

8-10

Botanischer Name: *Clianthus puniceus*
Deutscher Name: Papageienschnabel
Andere Arten/Sorten: „Cardinal" („Red Cardinal")
Beschreibung: Immergrüner Strauch mit graugrünen gefiederten Blättern. Triebe an einem Drahtgestell befestigen. Attraktive krallenförmige Blüten. Braucht in kälteren Regionen einen warmen geschützten Standort.
Höhe x Breite: 2,4 – 3,6 x 2,4 – 3,7 m
Blütezeit: Frühsommer
Boden: Gut drainiert.

Mitte

4-9

Botanischer Name: *Papaver orientale* var. *bracteatum*
Deutscher Name: Türkischer Mohn
Andere Arten/Sorten: „Goliath-Gruppe"
Beschreibung: Staude mit behaarten tief zerteilten Blättern. Die kräftigen Stängel tragen schalenförmige Blüten mit einer erhabenen Mitte, die zu einer auffälligen Samenkapsel heranreift. Zur Sommermitte hin sterben die Blätter ab.
Höhe x Breite: 90 – 120 x 30 – 90 cm
Blütezeit: Spätfrühling bis Frühsommer
Boden: Gut drainiert bis trocken und mäßig fruchtbar.

6-9

Botanischer Name: *Rhododendron* „Mother's Day"
Deutscher Name: Immergrüne Azalee
Andere Arten/Sorten: „Addy Wery", „Scarlet Wonder", „Ima-shojo"
Beschreibung: Immergrüner Zwergstrauch mit glänzenden dunkelgrünen Blättern und reicher Blüte. Junge Blätter in frischem Grün. Frostgeschädigte Pflanzenteile wegschneiden.
Höhe x Breite: 90 x 120 cm
Blütezeit: Frühlingsmitte bis Spätfrühling
Boden: Humos, neutral bis sauer. Verträgt keinen kalkhaltigen Boden.

Vordergrund

4-8

Botanischer Name: *Astilbe* „Fanal"
Deutscher Name: Astilbe Prachtspiere
Andere Arten/Sorten: „Montgomery", „Red Sentinel", „Feuer", „Spartan"
Beschreibung: Staude mit ausbreitendem Wurzelstock und schönem farnartigem Blattwerk in bronzener Tönung. Tief burgundroter Blattaustrieb im Frühling. Eine Fülle von fedrigen Blütenständen auf drahtartigen Stängeln.
Höhe x Breite: 60 x 90 cm
Blütezeit: Sommer
Boden: Feuchtigkeit speichernd bis nass. Trockene Böden meiden.

Botanischer Name: *Antirrhinum majus*
Deutscher Name: Löwenmaul
Andere Arten/Sorten: „Black Prince", „Dazzler", „Monarch Scarlet"
Beschreibung: Bedingt frostharte Einjährige mit schmalen spitzen Blättern und verzweigten Stängeln mit dichten aufrechten Blütenähren. Zur Anregung der Verzweigung Sämlinge auskneifen. Welke Ähren abschneiden.
Höhe x Breite: 45 x 30 cm
Blütezeit: Sommer bis Herbst
Boden: Fruchtbar, gut drainiert.

Hintergrund

5-9

Botanischer Name: *Rosa* „Precious Platinum" (syn. „Opa Potschke", „Red Star")
Deutscher Name: Beetrose (Teehybride)
Andere Arten/Sorten: „Alec's Red", „Deep Secret", „My Love", „Royal William"
Beschreibung: Buschige Rose mit glänzenden Blättern und sehr großen, schön geformten gefüllten Blüten in leuchtendem Rot. Sehr leicht duftend. Für längere Blütezeit welke Blüten entfernen und im Frühling stark zurückschneiden.
Höhe x Breite: 90 x 65 cm
Blütezeit: Sommer bis Herbst
Boden: Fruchtbar, Feuchtigkeit speichernd. Gedeiht gut auf Lehmboden.

5-9

Botanischer Name: *Rosa* „Altissimo"
Deutscher Name: Kletterrose
Andere Arten/Sorten: „Dublin Bay", „Danse de Feu", „Paul's Scarlet"
Beschreibung: Mehrfach blühende Kletterrose. Ungefüllte, duftende tiefrote Blüten mit einem großen Büschel aus goldgelben Staubblättern. Große, dunkelgrüne ledrige Blätter. Mäßig krankheitsresistent.
Höhe x Breite: 4,5 x 4,5 m
Blütezeit: Sommer bis Herbstmitte
Boden: Humos, Feuchtigkeit speichernd. Magere oder lehmhaltige Böden meiden.

Mitte

4-10

Botanischer Name: *Monarda* „Cambridge Scarlet"
Deutscher Name: Indianernessel
Andere Arten/Sorten: „Adam", „Capricorn", „Feuerschopf", „Mahogany"
Beschreibung: Matten bildende Staude mit aromatischen Blättern und aufrechten stabilen Stängeln mit endständigen Wirteln aus Röhrenblüten.
Höhe x Breite: 90 x 45 cm
Blütezeit: Sommermitte bis Spätsommer
Boden: Fruchtbar, Feuchtigkeit speichernd.

3-7

Botanischer Name: *Potentilla fruticosa* „Red Ace"
Deutscher Name: Fingerkraut
Andere Arten/Sorten: „Red Robin"
Beschreibung: Niedriger Strauch mit dichtem verzweigtem Wuchs, zarten gefiederten Blättern und flachen kreisrunden Blüten. „Red Ace" braucht einen halbschattigen Standort, damit die Blüten nicht ausbleichen.
Höhe x Breite: 90 x 90 cm
Blütezeit: Frühsommer bis Frühherbst
Boden: Fruchtbar, gut drainiert. Stark alkalische Böden meiden.

Vordergrund

Botanischer Name: *Nicotiana alata*
Deutscher Name: Ziertabak
Andere Arten/Sorten: „Domino Crimson F1", „Domino Red F1"
Beschreibung: Bedingt frostharte Einjährige oder Staude mit einer grundständigen Rosette aus breiten behaarten Blättern. Aufrechte Stängel mit nach außen gerichteten Blüten. Am frühen Abend duftend. Selbst aussäend.
Höhe x Breite: 30 – 35 x 30 cm
Blütezeit: Sommer bis Frühherbst
Boden: Mäßig fruchtbar, Feuchtigkeit speichernd.

Botanischer Name: *Impatiens*
Deutscher Name: Fleißiges Lieschen
Andere Arten/Sorten: „Super Elfin Red Velvet F1", „Accent Red F1"
Beschreibung: Bedingt frostharte Einjährige oder Staude mit spitz zulaufenden breiten Blättern und vielen kreisrunden Blüten. Möglichst halbschattiger Standort, um ein Ausbleichen der Blüten zu verhindern.
Höhe x Breite: 15 x 23 cm
Blütezeit: Sommer bis Frühherbst
Boden: Fruchtbar, Feuchtigkeit speichernd. Harte, trockene Böden meiden.

Hintergrund

5-9

Botanischer Name: *Clematis* „Ville de Lyon"
Deutscher Name: Klematis, Waldrebe
Andere Arten/Sorten: „Madame Edouard Andre", „Niobe"
Beschreibung: Kletterpflanze mit gefiederten Blättern. Muss gestützt werden. Die großen spitzen Knospen öffnen sich zu flachen Blüten mit einer erhabenen Mitte aus Staubblättern. Oftmals erneute Blüte im Herbst.
Höhe x Breite: 3,5 – 4,5 x 3,5 – 4,5 m
Blütezeit: Frühsommer bis Herbstmitte
Boden: Kühl, Feuchtigkeit speichernd, humos. Wurzeln im Schatten halten.

5-9

Botanischer Name: *Clematis* „Madame Julia Correvon"
Deutscher Name: Klematis, Waldrebe
Andere Arten/Sorten: „Kermesina"
Beschreibung: Die hell karminroten Blüten sind nicht so groß wie die der Hybriden, aber dafür sehr zahlreich und weniger anfällig für die Welkekrankheit. Im Frühling auf 30 cm zurückschneiden. Kann an Sträuchern hochgezogen werden.
Höhe x Breite: 3,5 x 3,5 m
Blütezeit: Frühsommer bis Frühherbst
Boden: Kühl, Feuchtigkeit speichernd, humos. Wurzeln im Schatten halten.

Mitte

5-10

Botanischer Name: *Rosa* „Eye Paint" syn. „Maceye", „Tapis Persan"
Deutscher Name: Strauchrose
Andere Arten/Sorten: „Phantom"
Beschreibung: Buschiger Zwergstrauch mit dichtem dunklem Blattwerk und großen Büscheln aus ungefüllten Blüten in leuchtendem Scharlachrot mit weißer Mitte. Leicht duftend.
Höhe x Breite: 100 x 75 cm
Blütezeit: Sommer bis Frühherbst
Boden: Fruchtbar, Feuchtigkeit speichernd. Verträgt schwere Böden, z. B. Lehm.

3-10

Botanischer Name: *Lychnis chalcedonica*
Deutscher Name: Brennende Liebe
Andere Arten/Sorten: „Red Tiger"
Beschreibung: Staude. Die aufrechten Stängel tragen endständige Büschel aus leuchtend scharlachroten kreuzförmigen Blüten. Dominante Farbe, die wohl überlegt eingesetzt werden sollte. Windgeschützter Standort.
Höhe x Breite: 90 – 120 x 30 cm
Blütezeit: Sommermitte
Boden: Fruchtbar, Feuchtigkeit speichernd, gut drainiert.

Vordergrund

4-10

Botanischer Name: *Dianthus allwoodii* (Kultivar)
Deutscher Name: Nelke
Andere Arten/Sorten: „Devon General", „Diane", „Becka Falls", „Ian"
Beschreibung: Immergrüne Staude, bildet einen flachen dichten Teppich aus schmalen blaugrünen Blättern. Verzweigte Stängel mit vollen gerüschten Blüten, die oft nach Gewürznelken duften.
Höhe x Breite: 30 – 45 x 30 – 45 cm
Blütezeit: Frühsommer bis Frühherbst
Boden: Leicht, gut drainiert. Feuchte saure Böden meiden.

10

Botanischer Name: *Pelargonium* (Kultivar)
Deutscher Name: Zonalpelargonie
Andere Arten/Sorten: „Czar", „Classic Scarlet F1", „Sensation Cherry F1"
Beschreibung: Frostempfindliche Staude oder Halbstrauch mit fleischigen Stängeln und wellrandigen aromatischen Blättern. Blätter können rot oder rosa überzogen oder gemustert sein. Runde Köpfe aus ungefüllten oder gefüllten Blüten.
Höhe x Breite: 30 – 38 x 30 cm
Blütezeit: Sommer bis Herbstmitte
Boden: Gut drainiert. Verträgt kargen steinigen Boden.

Hintergrund

7-10

Botanischer Name: *Callistemon rigidus*
Deutscher Name: Flaschenputzer, Zylinderputzer
Andere Arten/Sorten: *C. citrinus* „Splendens", *C. viminalis* „Captain Cook"
Beschreibung: Immergrüner Strauch mit überhängenden, in spitze Blätter gekleideten Trieben. Die roten Blüten mit ihren Büscheln aus langen Staubblättern sehen wie Flaschenbürsten aus. Geschützter Standort in kälteren Regionen.
Höhe x Breite: 2,1 x 2,1 m
Blütezeit: Frühling bis Frühsommer
Boden: Fruchtbar, gut drainiert.

9-10

Botanischer Name: *Hibiscus rosasinensis*
Deutscher Name: Chinesischer Roseneibisch
Andere Arten/Sorten: „Island Empress", „Brillant Red"
Beschreibung: Immergrüner buschiger Strauch mit großen Trichterblüten. Die aufrechten Stängel sind in breite, ovale glänzende Blätter mit gesägtem Rand gekleidet. Kann im Frühling stark zurückgeschnitten werden.
Höhe x Breite: 1,5 – 3 x 1,5 – 3 m
Blütezeit: Sommer bis Herbst/Winter
Boden: Fruchtbar, gut drainiert, Feuchtigkeit speichernd.

Mitte

7-9

Botanischer Name: *Hibiscus moscheutos* „Southern Belle"
Deutscher Name: Riesenhibiskus, Sumpfeibisch
Andere Arten/Sorten: „Disco Belle"
Beschreibung: Staude, kann auch als Einjährige kultiviert werden. Buschiger Wuchs, breite mattgrüne Blätter und auffällige große Blüten (bis 30m breit). Windgeschützter Standort.
Höhe x Breite: 90 – 120 x 90 – 120 cm
Blütezeit: Spätfrühling bis Sommer
Boden: Gut drainiert, aber Feuchtigkeit speichernd.

5-9

Botanischer Name: *Rosa* „Beautiful Britain"
Deutscher Name: Beetrose (Floribunda-Rose)
Andere Arten/Sorten: „Captain Cook", „Evelyn Fison", „Trumpeter"
Beschreibung: Mittelgroße Beetrose mit mäßig offenem Wuchs und spärlichem Blattwerk. Büschel aus kleinen, schön geformten gefüllten Blüten in leuchtendem Scharlachrot. Leicht duftend.
Höhe x Breite: 90 – 120 x 90 – 120 cm
Blütezeit: Frühling bis Herbst
Boden: Fruchtbar, gut drainiert, aber Feuchtigkeit speichernd und humos.

Vordergrund

5-10

Botanischer Name: *Helianthemum nummularium* „Supreme" syn. „Red Orient"
Deutscher Name: Sonnenröschen
Andere Arten/Sorten: „Ben Hope", „Ben More", „Fire Dragon"
Beschreibung: Immergrüner Strauch mit breitem Wuchs. Die ovalen blaugrauen Blätter bilden einen schönen Kontrast zu den scharlachroten kreisrunden Blüten mit erhabener Mitte aus goldenen Staubblättern.
Höhe x Breite: 23 – 30 x 45 cm
Blütezeit: Spätfrühling und Sommer
Boden: Gut drainiert.

8-10

Botanischer Name: *Penstemon* „Chester Scarlet"
Deutscher Name: Bartfaden
Andere Arten/Sorten: „Garnet", „Rubicundus", „Firebird" („Schönholzeri"), „Prairie Fire", „Scarlet Queen"
Beschreibung: Immergrüne buschige Staude mit aufrechten Stängeln und schmalen Blättern. Elegante Blütenstände aus hängenden Röhrenblüten mit ausgestellter Öffnung.
Höhe x Breite: 60 x 45 cm
Blütezeit: Sommermitte bis Herbstmitte
Boden: Fruchtbar, gut drainiert.

Hintergrund

8-10

Botanischer Name: *Passiflora mollissima* (syn. *Tacsonia mollissima*)
Deutscher Name: Passionsblume
Andere Arten/Sorten: *P. caerulea racemosa, P. racemosa, P. coccinea, P. manicata*
Beschreibung: Immergrüne wüchsige Kletterpflanze mit holzigen Trieben und weichen dreilappigen Blättern. Blütenblätter in kräftigem Karminrosa mit violettblauer Mitte. Große gelbe Früchte. Ausbreitung durch Rückschnitt eindämmen.
Höhe x Breite: 4,5 x 4,5 m
Blütezeit: Sommer bis Herbst
Boden: Gut drainiert.

8-10

Botanischer Name: *Escallonia* „Donard Beauty"
Deutscher Name: Escallonie
Andere Arten/Sorten: „C. F. Ball", „Donard Brilliance", „Crimson Spire"
Beschreibung: Immergrüner Strauch mit buschigem, leicht ausladendem Wuchs, kleinen, ovalen dunkelgrünen Blättern und Büscheln aus glockenförmigen karminroten Blüten. Gute Küstenpflanze. Vor kalten Winden schützen.
Höhe x Breite: 3 x 4 m
Blütezeit: Spätfrühling bis Sommermitte
Boden: Fruchtbar, gut drainiert. Stark kalkhaltige Böden verursachen Chlorose.

Mitte

6-9

Botanischer Name: *Lysimachia atropurpurea*
Deutscher Name: Felberich
Andere Arten/Sorten: Keine
Beschreibung: Staude mit schlanken aufrechten Stängeln und graugrünen schmalen Blättern. Die langen dunkelvioletten Blütenähren gehen in ein helleres Karminrot über.
Höhe x Breite: 90 x 30 cm
Blütezeit: Sommer
Boden: Feuchtigkeit speichernd bis feucht.

5-8

Botanischer Name: *Lilium* „Roter Kardinal"
Deutscher Name: Lilie
Andere Arten/Sorten: „Redruth", „Redstart", „Firecracker"
Beschreibung: Zwiebelpflanze mit unverzweigten in schmale Blätter gehüllten Stängeln. Büschel aus aufwärts gerichteten roten Blüten mit schwarzviolett gesprenkeltem Schlund.
Höhe x Breite: 75 x 90 cm
Blütezeit: Frühsommer bis Sommermitte
Boden: Fruchtbar, gut drainiert, aber Feuchtigkeit speichernd.

Vordergrund

4-8

Botanischer Name: *Berberis thunbergii* „Kobold"
Deutscher Name: Kugelberberitze
Andere Arten/Sorten: *B.* „Atropurpurea Nana" („Little Favorite")
Beschreibung: Zwergstrauch mit dichtem kuppelförmigem Wuchs. Kleine, ovale bis runde mittelgrüne Blätter mit schöner Herbstfärbung. Die kleinen, rosa schattierten weißen Blüten reifen zu roten Beeren heran.
Höhe x Breite: 45 x 75 – 90 cm
Blütezeit: Frühling
Boden: Fruchtbar, gut drainiert, kalkfrei.

Botanischer Name: *Salvia splendens*
Deutscher Name: Feuersalbei
Andere Arten/Sorten: „Lady in Red", „Vanguard", „Maestro", „Scarlet King"
Beschreibung: Frostempfindlicher immergrüner Halbstrauch, gewöhnlich als bedingt frostharte Einjährige kultiviert. Ovale Blätter in frischem Grün und Ähren aus leuchtend scharlachroten Röhrenblüten. Für stärkere Verzweigung Sämlinge auskneifen.
Höhe x Breite: 30 x 20 – 30 cm
Blütezeit: Sommer bis Herbst
Boden: Gut drainiert.

Hintergrund

5-9

Botanischer Name: *Clematis* „Niobe"
Deutscher Name: Klematis, Waldrebe
Andere Arten/Sorten: „Madame Edouard André", „Ville de Lyon"
Beschreibung: Kletterpflanze mit gefiederten Blättern an windenden Blattstielen. Braucht Halt zum Klettern. Die großen Blüten bestehen aus karminroten Kelchblättern und einer erhabenen Mitte mit gelben Staubblättern.
Höhe x Breite: 2 – 3 x 1 m
Blütezeit: Frühsommer bis Spätsommer
Boden: Fruchtbar, humos, Feuchtigkeit speichernd. Mulchen und Wurzeln abschatten.

8-10

Botanischer Name: *Grevillea rosmarinifolia*
Deutscher Name: Grevillee, Silbereiche
Andere Arten/Sorten: *G.* „Canberra Gem", *G. juniperina, G. wilsonii, G. banksii*
Beschreibung: Immergrüner rundlicher Strauch mit stark verzweigten Trieben und schmalen rosmarinartigen Blättern. Bildet fast ganzjährig Büschel aus roten Röhrenblüten. Warmer geschützter Standort in kälteren Regionen.
Höhe x Breite: 1 – 1,8 x 1 – 1,8 m
Blütezeit: Frühling bis Sommer
Boden: Gut drainiert, neutral bis sauer

Mitte

9-10

Botanischer Name: *Gladiolus grandiflorus* (Hybride)
Deutscher Name: Gladiole
Andere Arten/Sorten: Viele Hybriden mit unterschiedlicher Farbe und Wuchshöhe
Beschreibung: Knollenstaude mit schwertförmigen Blättern. Die unverzweigten Stängel tragen dichte Ähren aus großen Röhrenblüten. Knollen frostfrei überwintern.
Höhe x Breite: 60 – 120 x 10 – 15 cm
Blütezeit: Sommermitte bis Frühherbst
Boden: Gut drainiert.

4-8

Botanischer Name: *Lobelia* „Queen Victoria"
Deutscher Name: Kardinalslobelie
Andere Arten/Sorten: *L. cardinalis*, „Dark Crusader", „Cherry Ripe"
Beschreibung: Staude mit einer grundständigen violettschwarzen Blattrosette und aufrechten Ähren aus scharlachroten zweilippigen Blüten.
Höhe x Breite: 90 x 30 cm
Blütezeit: Spätsommer bis Herbstmitte
Boden: Fruchtbar, feucht. Zum Schutz vor Feuchtigkeitsverlust und Frost kräftig mulchen.

Vordergrund

10

Botanischer Name: *Pelargonium* (Zonal-Kultivar)
Deutscher Name: Zonalpelargonie
Andere Arten/Sorten: Century- und Video-Serie, „Ringo Deep Scarlet"
Beschreibung: Frostempfindliche Staude mit buschigem Wuchs und großen runden Blütenbüscheln. Runde wellrandige Blätter mit dunklem Streifen. Lange Blütezeit. Verträgt Trockenheit.
Höhe x Breite: 30 – 45 x 23 – 30 cm
Blütezeit: Frühsommer bis Herbstmitte
Boden: Gut drainiert.

Botanischer Name: *Petunia* x *hybrida*
Deutscher Name: Petunie
Andere Arten/Sorten: F1 Multiflora, F1 Grandiflora
Beschreibung: Bedingt frostharte Einjährige mit verzweigten Stängeln und Röhrenblüten. Ovale Blätter mit klebrigen Härchen. Die F1-Multiflora-Hybriden besitzen kleinere Blüten, aber sind wetterbeständiger.
Höhe x Breite: 15 – 45 x 23 – 30 cm
Blütezeit: Frühsommer bis Herbstmitte
Boden: Fruchtbar, gut drainiert, durchlässig, aber gut Feuchtigkeit speichernd.

Hintergrund

3-8

Botanischer Name: *Rhus typhina*
Deutscher Name: Essigbaum
Andere Arten/Sorten: „Dissecta" syn. „Laciniata", *R.* x *pulvinata* Autumn-Lace-Gruppe
Beschreibung: Weit ausladender kleiner Baum mit großen gefiederten Blättern, die sich im Herbst leuchtend rot, orange und gelb färben. Bildet Schösslinge. Die auffälligen Kegel mit dunkelroten Früchten bleiben noch lange nach dem Abwurf der Blätter erhalten. Stark hautreizender Saft.
Höhe x Breite: 5 x 6 m
Blütezeit: Sommer bis Herbst
Boden: Jeder gemäßigte Boden.

8-10

Botanischer Name: *Abutilon megapotanicum* „Variegatum"
Deutscher Name: Abutilon, Schönmalve
Andere Arten/Sorten: *A. megapotanicum,* „Wisley Red"
Beschreibung: Immergrüner Strauch mit länglich herzförmigen gelb gefleckten Blättern. Die schlanken schwachen Triebe müssen angebunden werden. Herabhängende rotgelbe Glockenblüten.
Höhe x Breite: 1,8 x 1,8 m
Blütezeit: Sommer bis Herbst
Boden: Fruchtbar, Feuchtigkeit speichernd.

Mitte

4-8

Botanischer Name: *Lobelia* „Kompliment Scharlach"
Deutscher Name: Kardinalslobelie
Andere Arten/Sorten: *L. cardinalis* „Queen Victoria", „Dark Crusader", „Cherry Ripe"
Beschreibung: Staude mit einer grundständigen violettschwarzen Blattrosette und aufrechten Ähren aus roten zweilippigen Blüten. Zum Schutz vor Feuchtigkeitsverlust und Frost gut mulchen.
Höhe x Breite: 90 x 30 cm
Blütezeit: Sommermitte bis Spätsommer
Boden: Fruchtbar, feucht.

3-10

Botanischer Name: *Hemerocallis* „Stafford"
Deutscher Name: Taglilie
Andere Arten/Sorten: „Alan", „Lusty Leyland", „Ed Murray", „Berlin Red"
Beschreibung: Staude mit Büscheln aus schmalen Blättern. Endständigen Blüten mit sechs breiten mahagoniroten Blütenblättern und grünlichem Schlund.
Höhe x Breite: 75 x 60 cm
Blütezeit: Sommermitte bis Spätsommer
Boden: Fruchtbar, feucht.

Vordergrund

5-10

Botanischer Name: *Knautia macedonica* syn. *Scabiosa rumelica*
Deutscher Name: Knautie, Wildscabiose, Witwenblume
Andere Arten/Sorten: Keine
Beschreibung: Staude mit einer grundständigen Rosette aus tief zerteilten Blättern. Die dünnen verzweigten Stängel tragen jeweils eine nadelkissenförmige Blüte in dunklem Karminrot. Lange Blühdauer.
Höhe x Breite: 60 x 60 cm
Blütezeit: Sommer
Boden: Gut drainiert.

10

Botanischer Name: *Solenostemon* (Kultivar) syn. *Coleus blumei*
Deutscher Name: Buntnessel
Andere Arten/Sorten: „Sabre Mixed"
Beschreibung: Frostempfindliche Staude, oft als Zimmerpflanze oder Wintergartengewächs oder als bedingt frostharte einjährige Kübel- und Rabattenpflanze kultiviert. In vielen Blattfarben erhältlich. Blüten entfernen.
Höhe x Breite: 15 – 45 x 15 – 30 cm
Blütezeit: Sommer
Boden: Fruchtbar, gut drainiert, aber Feuchtigkeit speichernd.

Hintergrund

4-9

Botanischer Name: *Lonicera* x *brownii*
Deutscher Name: Trompetengeißblatt
Andere Arten/Sorten: „Fuchsioides“, „Dropmore Scarlet“, „Scarlet Trumpet“
Beschreibung: Kletterpflanze mit endständigen Büscheln aus orangeroten Röhrenblüten. Grüne Blätter mit grauer Unterseite. Nicht duftend. In kälteren Regionen an einer warmen Mauer hochziehen. Muss gestützt werden.
Höhe x Breite: 4,3 – 6,4 x 4,3 – 6,4 m
Blütezeit: Frühsommer bis Spätsommer
Boden: Tiefgründig, gut kultiviert, fruchtbar und Feuchtigkeit speichernd.

8-10

Botanischer Name: *Lobelia tupa*
Deutscher Name: Lobelie, Männertreu
Andere Arten/Sorten: Keine
Beschreibung: Staude mit massigem Wuchs und langen blassgrünen Blättern. Die hohen dunklen Stängel tragen ungewöhnliche dunkelbraune Blüten mit zerteilter Öffnung. Muss gestützt werden.
Höhe x Breite: 1,5 x 1,0 m
Blütezeit: Sommer
Boden: Tiefgründig, Feuchtigkeit speichernd.

Mitte

5-9

Botanischer Name: *Rosa* „Leslie's Dream“
Deutscher Name: Beetrose (Teehybride)
Andere Arten/Sorten: „Alec's Red“, „Deep Secret“, „My Love“, „Royal William“
Beschreibung: Beetrose mit aufrechtem Wuchs und ledrigen, relativ krankheitsresistenten mittelgrünen Blättern. Schön geformte Blüten. Gute Schnittblume.
Höhe x Breite: 90 x 60 cm
Blütezeit: Sommer bis Frühherbst
Boden: Bevorzugt fruchtbar und Feuchtigkeit speichernd. Gedeiht auf schweren Böden und Kalkböden.

5-9

Botanischer Name: *Rosa* „Trumpeter“
Deutscher Name: Beetrose (Floribunda-Rose)
Andere Arten/Sorten: „The Times“, „Evelyn Fison“
Beschreibung: Rose mit strauchartigem Wuchs, für Terrassen und Flachbeete geeignet. Große Büschel aus gefüllten, leicht duftenden orangeroten Blüten. Gute Krankheitsresistenz.
Höhe x Breite: 50 x 45 cm
Blütezeit: Sommer bis Herbstmitte
Boden: Bevorzugt fruchtbar und Feuchtigkeit speichernd. Gedeiht auf schwerem Kalkboden.

Vordergrund

3-10

Botanischer Name: *Hemerocallis* „Little Red Hen“
Deutscher Name: Taglilie
Andere Arten/Sorten: „Sammy Russel“, „Pardon Me“, „Siloam Red Ruby“
Beschreibung: Staude mit Büscheln aus gebogenen Blättern. Die endständigen Knospenbüschel öffnen sich zu trompetenförmigen Blüten die jeweils nur einen Tag lang halten.
Höhe x Breite: 75 x 60 cm
Blütezeit: Sommer
Boden: Fruchtbar, Feuchtigkeit speichernd.

5-9

Botanischer Name: *Potentilla* „Flamenco“
Deutscher Name: Fingerkraut
Andere Arten/Sorten: „Gibson's Scarlet“, „Volcan“
Beschreibung: Staude mit Büscheln aus erdbeerartigen Blättern, aus denen ausbreitende Stängel wachsen. Die Sorte „Flamenco“ besitzt größere Blüten, die sich nacheinander öffnen.
Höhe x Breite: 45 x 60 cm
Blütezeit: Frühsommer bis Frühherbst
Boden: Fruchtbar, gut drainiert. Verträgt trockene Bedingungen.

Hintergrund

7-10

Botanischer Name: *Tropaeolum speciosum*
Deutscher Name: Kapuzinerkresse
Andere Arten/Sorten: Keine
Beschreibung: Kletterpflanze mit zarten gelappten Blättern und feinen aufrechten Trieben, die sich am besten an einer schattigen Hecke oder einem großen Strauch hochziehen lassen. Scharlachrote Blüten mit fransigem Rand.
Höhe x Breite: 2,5 x 1,5 m
Blütezeit: Sommer bis Herbst
Boden: Kühl, Feuchtigkeit speichernd, mit organischem Material angereichert.

6-9

Botanischer Name: *Calycanthus occidentalis*
Deutscher Name: Gewürzstrauch
Andere Arten/Sorten: *C. floridus, C. fertilis*
Beschreibung: Strauch mit leicht rundlichem Wuchs, breiten Blättern und duftenden rotbraunen Blüten. Blätter und Stängel verströmen beim Zerreiben ein fruchtiges Aroma.
Höhe x Breite: 1,8 – 3 x 1,8 – 3 m
Blütezeit: Sommer
Boden: Fruchtbar, gut drainiert, aber Feuchtigkeit speichernd.

Mitte

8-10

Botanischer Name: *Penstemon* „Firebird" (syn. „Schoenholzeri")
Deutscher Name: Bartfaden
Andere Arten/Sorten: „Chester Scarlet"
Beschreibung: Halbimmergrüne Staude mit aufrechten, in schmale Blätter gekleideten Stängeln. Schlanke Blütenstände aus scharlachroten Röhrenblüten mit ausgestellter Öffnung. Vermehrung durch Stecklinge.
Höhe x Breite: 75 – 90 x 60 cm
Blütezeit: Sommermitte bis Herbstmitte
Boden: Fruchtbar, gut drainiert. Verträgt keine Winternässe. Wurzelhals darf nicht mit Mulch oder Blättern bedeckt sein.

8-10

Botanischer Name: *Penstemon* „Cherry Ripe"
Deutscher Name: Bartfaden
Andere Arten/Sorten: „Rubicundus", „Prairie Fire", „Scarlet Queen"
Beschreibung: Halbimmergrüne Staude mit aufrechten, in lanzettförmige Blätter gekleideten Stängeln. Ähren aus Röhrenblüten mit weit ausgestellter Öffnung. Für stärkeren Austrieb nach der ersten Blüte zurückschneiden.
Höhe x Breite: 60 x 60 cm
Blütezeit: Sommermitte bis Frühherbst
Boden: Fruchtbar, gut drainiert. Verträgt keine Winternässe. Wurzelhals darf nicht mit Mulch oder Blättern bedeckt sein.

Vordergrund

5-8

Botanischer Name: *Potentilla* „Gibson's Scarlet"
Deutscher Name: Fingerkraut
Andere Arten/Sorten: „Flamenco", „Volcan"
Beschreibung: Staude mit zerteilten gezähnten Blättern und vielen langen sich ausbreitenden Stängeln mit roten Blüten. Sorte mit besonders langer Blühdauer.
Höhe x Breite: 45 x 60 cm
Blütezeit: Frühsommer bis Frühherbst
Boden: Fruchtbar, gut drainiert. Verträgt trockene Bedingungen.

9-10

Botanischer Name: *Tropaeolum majus* „Hermine Grashoff"
Deutscher Name: Kapuzinerkresse
Andere Arten/Sorten: „Red Wonder", „Empress of India", „Jewel Red"
Beschreibung: Frostempfindliche rankende Kletterpflanze mit blassgrünen Blättern und gefüllten Blüten in Scharlachrot. Als Kübelpflanze und herabrankender Bewuchs für erhöhte Rabatten geeignet. In Gebieten mit kalten Wintern als Einjährige kultiviert.
Höhe x Breite: 25 x 45 cm
Blütezeit: Sommer bis Frühherbst
Boden: Gut drainiert, nicht zu fruchtbar.

Hintergrund

9-10

Botanischer Name: *Salvia microphylla* var. *microphylla* syn. *S. grahamii*
Deutscher Name: Ziersalbei
Andere Arten/Sorten: „Newby Hall", „Scott's Red"
Beschreibung: Frostempfindlicher Halbstrauch mit hellgrünen lanzettförmigen Blättern und leuchten scharlachroten Röhrenblüten. In kälteren Regionen an eine warme Mauer pflanzen.
Höhe x Breite: 120 x 90 cm
Blütezeit: Sommermitte bis Herbst
Boden: Gut drainiert. Winterstaunässe vermeiden.

2-10

Botanischer Name: *Alcea rosea*
Deutscher Name: Stockmalve, Stockrose
Andere Arten/Sorten: Verschiedene gefüllte und ungefüllte Sorten, z. B. „Chater's Double"
Beschreibung: Zweijährige mit einem grundständigen Büschel aus gelappten Blättern. Blüten an aufrechten Stängeln. Neue Pflanzen jährlich aussäen, um die wachstumshemmende Rostkrankheit zu verhindern, die sich in Form von orangen Pusteln an der Blattunterseite bemerkbar macht.
Höhe x Breite: 1,8 – 2,7 x 0,6 m
Blütezeit: Sommermitte bis Frühherbst
Boden: Bevorzugt schweren fruchtbaren Boden, im Sommer feucht.

Mitte

5-9

Botanischer Name: *Persicaria amplexicaulis* „Firetail" syn. *Polygonum*
Deutscher Name: Knöterich
Andere Arten/Sorten: „Atrosanguineum"
Beschreibung: Staude mit einem breiten Büschel aus großen, groben tiefgrünen Blättern und schlanken Blütenstängeln. Unter idealen Bedingungen stark wuchernd.
Höhe x Breite: 1,2 x 1,2 m
Blütezeit: Sommermitte bis Herbst
Boden: Feuchtigkeit speichernd bis feucht.

Botanischer Name: *Amaranthus caudatus*
Deutscher Name: Fuchsschwanz
Andere Arten/Sorten: „Crimson"
Beschreibung: Frostharte Einjährige, verleiht flachen Rabatten ein subtropisches Flair. Je nach Sorte stehen die karminroten Blüten entweder in aufrechten Ähren oder hängen in kordelförmigen Trauben herab. Attraktive Pflanze für Trockensträuße.
Höhe x Breite: 75 x 60 cm
Blütezeit: Frühsommer bis Frühherbst
Boden: Gut drainiert.

Vordergrund

9-10

Botanischer Name: *Iresine herbstii* „Brillantissima"
Deutscher Name: Iresine
Andere Arten/Sorten: *I. lindenii*
Beschreibung: Frostempfindliche Staude/Halbstrauch mit auffällig geäderten Blättern in leuchtendem Magentarot. Schön als Kübelpflanze oder als Blickfang auf Rabatten. Für einen buschigen Wuchs Spitzen auskneifen.
Höhe x Breite: 60 x 45 cm
Blütezeit: Irrelevant
Boden: Fruchtbar, gut drainiert.

Botanischer Name: *Zinnia*
Deutscher Name: Zinnie
Andere Arten/Sorten: „Double Dwarf Mix"
Beschreibung: Bedingt frostharte Einjährige mit breiten blassgrünen Blättern und leuchtenden Blütenköpfen auf steifen Stängeln. Gute Schnittblume. Verträgt keine feuchten Sommer.
Höhe x Breite: 30 – 60 x 30 cm
Blütezeit: Sommermitte bis Frühherbst
Boden: Gut drainiert, nicht zu fruchtbar. Verträgt gelegentliche Trockenheit.

Hintergrund

5-8

Botanischer Name: *Berberis thunbergii*
Deutscher Name: Heckenberberitze
Andere Arten/Sorten: *B. t. atropurpurea, B.* x *ottawensis purpurea*
Beschreibung: Strauch mit kleinen, löffelförmigen grünen Blättern. Schöne Herbstfärbung. Die winzigen, becherförmigen cremefarbenen Blüten reifen zu herabhängenden Trauben aus glänzend roten länglichen Früchten heran.
Höhe x Breite: 2,5 x 2,5 m
Blütezeit: Vorfrühling bis Frühlingsmitte
Boden: Mäßig fruchtbar. Sehr trockene oder kalkhaltige Böden meiden.

4-9

Botanischer Name: *Phytolacca americana*
Deutscher Name: Kermesbeere
Andere Arten/Sorten: *P. polyandra*
Beschreibung: Staude mit aufrechtem Wuchs und großen groben Blättern. Die flauschigen weißen Blütenähren an roten Stängeln reifen zu giftigen roten Beeren heran, die kastanienbraun nachdunkeln.
Höhe x Breite: 120 x 60 cm
Blütezeit: Spätsommer
Boden: Feuchtigkeit speichernd.

Mitte

3-9

Botanischer Name: *Phlox paniculata* „Starfire"
Deutscher Name: Flammenblume
Andere Arten/Sorten: „Tenor", Border Gem"
Beschreibung: Staude mit aufrechten, in schmale tiefgrüne Blätter gekleideten Stängeln. Endständige runde Blütenstände. Würziger Duft an warmen feuchten Abenden.
Höhe x Breite: 90 x 60 cm
Blütezeit: Sommermitte bis Frühherbst
Boden: Fruchtbar, Feuchtigkeit speichernd und humos. Schwere Lehmböden meiden.

7-10

Botanischer Name: *Mimulus cardinalis*
Deutscher Name: Gauklerblume, Affenblume
Andere Arten/Sorten: *Mimulus cupreus* „Red Emperor"
Beschreibung: Staude mit leicht klebrigen weichen Blättern und einer Fülle von großen scharlachroten Blüten mit ausgestellter Öffnung und gelber Unterseite. Für frischen Austrieb im Spätsommer zurückschneiden.
Höhe x Breite: 90 x 60 cm
Blütezeit: Sommer
Boden: Feucht bis nass.

Vordergrund

6-9

Botanischer Name: *Crocosmia* „Carmin Brilliant"
Deutscher Name: Montbretie
Andere Arten/Sorten: „James Coey", „Vulcan", „Spitfire"
Beschreibung: Zwiebelpflanze mit dichten Büscheln aus grasartigen Blättern. Drahtartige gebogene Triebe mit Trompetenblüten, die von Orangerot ins Karminrot nachdunkeln.
Höhe x Breite: 60 x 23 cm
Blütezeit: Spätsommer
Boden: Feuchtigkeit speichernd bis feucht. Schwere Lehmböden oder sumpfige Böden meiden.

8-10

Botanischer Name: *Fuchsia* „Lady Thumb"
Deutscher Name: Fuchsie
Andere Arten/Sorten: „Tom Thumb"
Beschreibung: Zwergstrauch mit langer Blütezeit, schönem Blattwerk und vielen herabhängenden rot-weißen „Glocken". Zur Blütezeit schöner Blickfang für den vorderen Rabattenrand.
Höhe x Breite: 40 x 58 cm
Blütezeit: Sommer bis Herbst
Boden: Gut drainiert, fruchtbar, Feuchtigkeit speichernd.

Hintergrund

6-10

Botanischer Name: *Fuchsia magellanica*
Deutscher Name: Winterharte Fuchsie, Scharlachfuchsie
Andere Arten/Sorten: *F.* „Riccartonii", *F. m.* var. *gracillis*
Beschreibung: Strauch mit schlanken, in kleine lanzettförmige Blätter gehüllten Trieben. Die schmalen herabhängenden Blüten besitzen rote Kelchblätter und einen violetten „Rock" und reifen zu schwarzen Früchten heran.
Höhe x Breite: 3 x 1,8 m
Blütezeit: Sommermitte bis Herbstmitte
Boden: Fruchtbar, humos, Feuchtigkeit speichernd, aber gut drainiert.

8-10

Botanischer Name: *Phygelius* x *rectus* „Winchester Fanfare"
Deutscher Name: Kapfuchsie
Andere Arten/Sorten: „African Queen", *P. capensis* „Coccineus"
Beschreibung: Immergrüner oder halbimmergrüner Halbstrauch mit aufrechten, in dunkelgrüne Blätter gekleideten Stängeln. Herabhängende ziegelrote Röhrenblüten mit einem gelben Fleck im Schlund.
Höhe x Breite: 1,5 x 1,8 m
Blütezeit: Sommermitte bis Frühherbst
Boden: Gut drainiert, aber Feuchtigkeit speichernd.

Mitte

5-8

Botanischer Name: *Crocosmia* „Lucifer"
Deutscher Name: Montbretie
Andere Arten/Sorten: „Bressingham Blaze", „Mrs. Geoffrey Howard"
Beschreibung: Knollenpflanze mit Büscheln aus schönen schwertförmigen Blättern in leuchtendem Grün. Verzweigte Blütenstände mit roten ausgestellten Röhrenblüten.
Höhe x Breite: 90 – 120 x 30 cm
Blütezeit: Sommermitte
Boden: Fruchtbar, gut drainiert.

9-10

Botanischer Name: *Fuchsia* „Thalia"
Deutscher Name: Fuchsie
Andere Arten/Sorten: *F. triphylla*
Beschreibung: Buschiger Strauch mit aufrechten Trieben und weichen ovalen Blättern mit dunklem Bronze- oder Kastanienschimmer. Herabhängende Büschel aus langen ziegelroten Röhrenblüten mit ausgestellter Öffnung.
Höhe x Breite: 90 x 90 cm
Blütezeit: Frühsommer bis Frühherbst
Boden: Fruchtbar, humos, Feuchtigkeit speichernd, aber gut drainiert.

Vordergrund

9-10

Botanischer Name: *Dahlia* „Nellie Geerings"
Deutscher Name: Dahlie
Andere Arten/Sorten: Coltness-Hybriden, „Figaro"
Beschreibung: Knollenstaude mit aufrechten verzweigten Stängeln, die in zerteilte Blätter gekleidet sind. Viele flache kreisrunde Blüten mit breiten Blütenblättern und einer erhabenen goldenen Mitte. Welke Blüten entfernen.
Höhe x Breite: 60 x 45 cm
Blütezeit: Sommermitte bis Herbstmitte
Boden: Fruchtbar, humos, Feuchtigkeit speichernd, aber gut drainiert.

9-10

Botanischer Name: *Dahlia* „Tally-ho"
Deutscher Name: Dahlie
Andere Arten/Sorten: „Diablo Mixed", „Redskin Mixed"
Beschreibung: Frostempfindliche Knollenstaude mit dunklen bronze schimmernden Blättern. Die Knospen und die aufrechten verzweigten Stängel sind schwarzviolett. Ungefüllte Blüten mit runden Blütenblättern und einer erhabenen goldenen Mitte.
Höhe x Breite: 60 x 45 cm
Blütezeit: Sommermitte bis Herbstmitte
Boden: Fruchtbar, humos, Feuchtigkeit speichernd, aber gut drainiert.

Hintergrund

6-8

Botanischer Name: *Acer palmatum* „Senaki" („Sango-kaku")
Deutscher Name: Japanischer Fächerahorn
Andere Arten/Sorten: Keine
Beschreibung: Aufrechter Strauch oder kleiner Baum, vor allem wegen seiner korallenroten jungen Triebe im Winter beliebt. Die im Frühling orangeroten gefingerten Blätter gehen ins Grün über und besitzen eine schöne Herbstfärbung.
Höhe x Breite: 4 x 2 m
Blütezeit: Vorfrühling
Boden: Neutral bis sauer, humos, Feuchtigkeit speichernd, gut drainiert.

6-9

Botanischer Name: *Hydrangea macrophylla* (Kultivar)
Deutscher Name: Gartenhortensie
Andere Arten/Sorten: „Hamburg", „Amy Pasquier", „Preziosa"
Beschreibung: Runder Strauch mit großen, breiten, im Herbst manchmal rot und violett getönten Blättern. Die hellgrünen Knospen öffnen sich zu kugelförmigen Büscheln aus sterilen rosaroten Blüten.
Höhe x Breite: 1,8 x 3 x 1,8 – 3 m
Blütezeit: Sommermitte bis Herbstmitte
Boden: Fruchtbar, Feuchtigkeit speichernd, sehr humos.

Mitte

9-10

Botanischer Name: *Dahlia* „Alva's Doris"
Deutscher Name: Dahlie
Andere Arten/Sorten: „Apache", „Doris Day"
Beschreibung: Knollenstaude mit gesägten Blättern und leuchtend roten runden Blütenköpfen mit schmalen, rund gefältelten Blütenblättern. Welke Blüten abschneiden.
Höhe x Breite: 1,08 – 1,2 x 0,9 m
Blütezeit: Sommermitte bis Herbstmitte
Boden: Fruchtbar, humos, Feuchtigkeit speichernd, aber gut drainiert.

9-10

Botanischer Name: *Dahlia* „Bishop of Llandaff"
Deutscher Name: Dahlie
Andere Arten/Sorten: „Laciniata Purpurea"
Beschreibung: Frostempfindliche Knollenstaude mit großen, gesägten bronzeviolett getönten Blättern, die einen schönen Kontrast zu den leuchtend scharlachroten ungefüllten Blüten bilden.
Höhe x Breite: 90 x 90 cm
Blütezeit: Sommermitte bis Herbstmitte
Boden: Fruchtbar, humos, Feuchtigkeit speichernd, aber gut drainiert.

Vordergrund

6-10

Botanischer Name: *Sedum* „Ruby Glow"
Deutscher Name: Fetthenne
Andere Arten/Sorten: „Sunset Cloud", „Bertram Anderson"
Beschreibung: Staude mit fleischigen Blättern und Trieben. Die violettgrünen Blätter mit grauem Flaum passen gut zu den flachen dichten Büscheln aus winzigen weinroten Blüten.
Höhe x Breite: 25 x 45 cm
Blütezeit: Sommermitte bis Frühherbst
Boden: Gut drainiert.

6-10

Botanischer Name: *Schizostylis coccinea* „Major"
Deutscher Name: Spaltgriffel
Andere Arten/Sorten: *S. coccinea*
Beschreibung: Staude mit Büscheln aus grasartigen Blättern. Aufrechte Ähren mit seidigen becherförmigen Blüten in kräftigem Karminrot. Braucht im Sommer ausreichend Feuchtigkeit zur Blütenbildung.
Höhe x Breite: 60 x 23 cm
Blütezeit: Frühherbst bis Herbstmitte
Boden: Gut drainiert, viel Feuchtigkeit im Sommer.

Hintergrund

Botanischer Name: *Pyracantha* (Kultivar)
Deutscher Name: Feuerdorn
Andere Arten/Sorten: *P. rogersiana*, „Mohave", „Navaho",
Beschreibung: Immergrüner Strauch mit aufrechtem oder ausladendem Wuchs, dunkelgrünen lanzettförmigen Blättern und bedornten Zweigen. Büschel aus cremeweißen Blüten. Im Herbst rote Beeren. Anfällig für Feuerbrand und Schorf.
Höhe x Breite: 3 x 4 m
Blütezeit: Frühsommer
Boden: Gut drainiert, Feuchtigkeit speichernd. Gedeiht gut auf alkalischen Böden.

6-9

Botanischer Name: *Cotoneaster salicifolius* „Pendulus" syn. *C.* „Hybridus Pendulus"
Deutscher Name: Kriechmispel
Andere Arten/Sorten: *C. salicifolius*, „Autumn Fire"
Beschreibung: Kleiner kriechender immergrüner Strauch mit weidenartigen tiefgrünen Blättern. Die cremeweißen Blüten reifen zu roten Beeren heran, die bei Vögeln beliebt sind.
Höhe x Breite: 3 x 4 m
Blütezeit: Frühsommer
Boden: Fruchtbar, gut drainiert, Karge oder stark alkalische Böden meiden.

6-8

Mitte

9-10

Botanischer Name: *Dahlia* „Carol"
Deutscher Name: Dahlie
Andere Arten/Sorten: „Brunton", „Cornet"
Beschreibung: Frostempfindliche Knollenstaude mit gefiederten gezähnten Blättern. Pomponförmige rote Blüten. Welke Blüten regelmäßig abschneiden. Knollen aus der Erde nehmen und frostfrei überwintern.
Höhe x Breite: 90 x 90 cm
Blütezeit: Sommer bis Herbst
Boden: Fruchtbar, humos und Feuchtigkeit speichernd, aber gut drainiert.

Botanischer Name: *Dahlia* „Hillcrest Royal"
Deutscher Name: Dahlie
Andere Arten/Sorten: „Banker", „Mrs. Rees"
Beschreibung: Frostempfindliche Knollenstaude mit gefiederten gezähnten Blättern. Große Blüten mit stachelförmigen Blütenblättern (sog. Kaktusdahlie). Welke Blüten abschneiden. An ungeschützten Standorten abstützen.
Höhe x Breite: 90 – 120 x 90 – 120 cm
Blütezeit: Sommer bis Herbst
Boden: Fruchtbar, humos und Feuchtigkeit speichernd, aber gut drainiert.

9-10

Vordergrund

Botanischer Name: *Schizostylis coccinea* „Professor Barnard"
Deutscher Name: Spaltgriffel
Andere Arten/Sorten: *S. coccinea* „Major"
Beschreibung: Gruppen bildende Staude mit schwertförmigen Blättern und großen, seidigen becherförmigen Blüten in karminrosa. Braucht im Sommer viel Feuchtigkeit. Regelmäßig teilen.
Höhe x Breite: 60 x 23 – 30 cm
Blütezeit: Frühherbst bis Herbstmitte
Boden: Fruchtbar, Feuchtigkeit speichernd, aber im Winter gut drainiert.

6-10

6-10

Botanischer Name: *Dendranthema* „Belle"
Deutscher Name: Herbstchrysantheme
Andere Arten/Sorten: „Brightness", „Gloria", „Marion", „Peggy", „Ruby Mound"
Beschreibung: Stark verzweigte Staude mit gelappten Blättern. Ungefüllte bis halb gefüllte leuchtend rote Blüten mit erhabener Mitte. Blüht bis Frostbeginn.
Höhe x Breite: 60 x 60 cm
Blütezeit: Spätsommer bis Herbstmitte
Boden: Fruchtbar, gut drainiert.

Hintergrund

4-8

Botanischer Name: *Malus* x *robusta* „Red Sentinel"
Deutscher Name: Zierapfel
Andere Arten/Sorten: „Red Jade", „Crittenden", „Gorgeous", „Veitch's Scarlet"
Beschreibung: Baum mit rundem Wuchs und ovalen Blättern. Die kräftig rosafarbenen Knospen öffnen sich zu schönen Apfelblüten. Die tiefroten glänzenden Früchte im Herbst bleiben wochenlang erhalten.
Höhe x Breite: 8 x 6 m
Blütezeit: Spätfrühling
Boden: Jeder gemäßigte Boden ohne Winterstaunässe und Trockenheit im Sommer.

5-8

Botanischer Name: *Acer palmatum* „Atropurpureum"
Deutscher Name: Roter Fächerahorn
Andere Arten/Sorten: *A. palmatum* „Shinonome"
Beschreibung: Kleiner Baum mit elegant aufrechtem oder ausladendem Wuchs. Gelappte violette Blätter mit roter Herbstfärbung. Kleine Büschel aus unscheinbaren purpurroten Blüten im Frühling. Langsames Wachstum.
Höhe x Breite: 3,6 – 5 x 3,6 – 5 m
Blütezeit: Frühling
Boden: Neutral bis sauer, humos und Feuchtigkeit speichernd.

Mitte

8-9

Botanischer Name: *Ruscus aculeatus*
Deutscher Name: Stechmyrte, Mäusedorn
Andere Arten/Sorten: „Wheeler's Variety" und „Sparkler" sind Zwitterpflanzen
Beschreibung: Immergrüner Strauch aus der Familie der Liliengewächse. Was wie Blätter aussieht, sind abgeflachte, ovale spitze Triebe. Es gibt männliche und weibliche Pflanzen. Die weiblichen bringen rote Beeren hervor.
Höhe x Breite: 90 x 120 cm
Blütezeit: Unbedeutend.
Boden: Alle Bodenarten, auch sehr trockene Böden unter Bäumen.

9-10

Botanischer Name: *Dahlia* „Aylett's Gaiety"
Deutscher Name: Dahlie
Andere Arten/Sorten: „Bishop of Llandaff"
Beschreibung: Frostempfindliche Knollenstaude mit violetten gesägten Fiederblättern. Flache, halb gefüllte rote Blüten mit breiten runden Blütenblättern und gelber Mitte.
Höhe x Breite: 90 – 120 x 90 – 120 cm
Blütezeit: Sommer bis Herbst
Boden: Fruchtbar, Feuchtigkeit speichernd, humos und gut drainiert.

Vordergrund

7-10

Botanischer Name: *Dendranthema* (Kultivar)
Deutscher Name: Herbstchrysantheme
Andere Arten/Sorten: „Bravo", „Remarable", „Matador"
Beschreibung: Staude, normalerweise aus Wurzelstecklingen gezogen. Gelappte Blätter und aufrechte verzweigte Stängel.
Höhe x Breite: 38 – 60 x 38 – 60 cm
Blütezeit: Spätsommer bis zum ersten Frost
Boden: Fruchtbar, gut drainiert.

3-8

Botanischer Name: *Gaultheria procumbens*
Deutscher Name: Scheinbeere
Andere Arten/Sorten: Keine
Beschreibung: Immergrüner Kriechstrauch mit ovalen dunkelgrünen Blättern, die beim Zerreiben aromatisch duften. Die kleinen rosa Blüten reifen zu roten Beeren heran. Purpurrote Blätter im Winter. Kann sich stark ausbreiten.
Höhe x Breite: 5 x 15 cm (unbestimmte Breite)
Blütezeit: Sommer
Boden: Sauer bis neutral, humos und Feuchtigkeit speichernd.

Hintergrund

7-9

Botanischer Name: *Camellia japonica* „Jupiter“
Deutscher Name: Kamelie
Andere Arten/Sorten: „Alexander Hunter“, „Adolphe Audusson“, „Mars“
Beschreibung: Immergrüner aufrechter Strauch mit lanzettförmigen ledrigen Blättern. Ungefüllte schalenförmige Blüten mit erhabener Mitte aus Staubblättern. Als Solitärstrauch oder an einer Mauer wachsen lassen. Vor früher Morgensonne schützen.
Höhe x Breite: 1,8 – 3 x 1,8 – 3 m
Blütezeit: Spätwinter bis Frühlingsmitte oder Spätfrühling
Boden: Sauer, humos, Feuchtigkeit speichernd, aber gut drainiert.

2-7

Botanischer Name: *Cornus alba* „Sibirica“
Deutscher Name: Rotrindiger Hartriegel
Andere Arten/Sorten: *C. a.* „Sibirica Variegata“
Beschreibung: Strauch mit aufrechtem Wuchs und auffällig geäderten lanzettförmigen Blättern. Leuchtend rote junge Wintertriebe. Im Frühling stark zurückschneiden.
Höhe x Breite: 2,5 x 4 m
Blütezeit: Spätfrühling bis Frühsommer
Boden: Jede Bodenart, aber bevorzugt feucht bis nass. Verträgt sogar sumpfige Bedingungen.

Mitte

6-9

Botanischer Name: *Gaultheria mucronata* „Cherry Ripe“ syn. *Pernettya mucronata*
Deutscher Name: Scheinbeere
Andere Arten/Sorten: „Bell’s Seedling“, „Crimsonia“, „Mulberry Wine“
Beschreibung: Immergrüner Strauch mit roten, in stachelige Blätter gehüllten Trieben. Die weißen glockenförmigen Blüten reifen zu rosaroten Beeren heran.
Höhe x Breite: 75 x 120 cm
Blütezeit: Frühsommer
Boden: Neutral bis sauer, humos Feuchtigkeit speichernd.

5-8

Botanischer Name: *Rhododendron* (Hybride)
Deutscher Name: Rhododendron
Andere Arten/Sorten: „Brittania“, „Cynthia“, „Kluis Sensation“, „Lord Roberts“
Beschreibung: Immergrüner Strauch mit großen, ovalen dunkelgrünen Blättern. Große Büschel aus Glockenblüten mit hervorstehenden Staubblättern und oftmals schöner Sprenkelung
Höhe x Breite: 90 – 120 x 120 cm
Blütezeit: Frühlingsmitte bis Frühsommer
Boden: Sauer, humos, Feuchtigkeit speichernd, aber gut drainiert.

Vordergrund

4-8

Botanischer Name: *Cotoneaster salicifolius* „Gnom“
Deutscher Name: Kriechmispel
Andere Arten/Sorten: „Autumn Fire“, *C. congestus, C. conspicuus* „Decorus“
Beschreibung: Immergrüner Strauch mit flachem kriechendem Wuchs, idealer Bodendecker. Kleine, schmale lanzettförmige Blätter in glänzendem Grün. Die winzigen weißen Blüten reifen zu leuchtend roten Beeren heran. Auch als Mauerbewuchs geeignet.
Höhe x Breite: 20 – 60 x 180 cm
Blütezeit: Sommermitte
Boden: Gut drainiert.

4-8

Botanischer Name: *Cotoneaster conspicuus* „Decorus“
Deutscher Name: Zwergmispel
Andere Arten/Sorten: *C. salicifolius* „Gnom“, *C. congestus*
Beschreibung: Immergrüner Strauch mit flachem kriechendem Wuchs. Die gebogenen Zweige sind mit winzigen dunkelgrünen Blättern bedeckt. Die kleinen, ungefüllten weißen Blüten reifen zu großen roten Beeren heran.
Höhe x Breite: 30 x 180 – 300 cm
Blütezeit: Spätfrühling
Boden: Gut drainiert.

Hintergrund

4-8

Botanischer Name: *Chaenomeles* x *superba* „Knap Hill Scarlet“
Deutscher Name: Zierquitte
Andere Arten/Sorten: „Fire Dance“, „Etna“, „Elly Mossel“
Beschreibung: Verzweigter Strauch mit ovalen Blättern. Büschel aus ungefüllten leuchtend roten Blüten mit goldenen Staubbeuteln. Kleine, gelblich grüne aromatische Früchte.
Höhe x Breite: 1,5 x 3 m
Blütezeit: Vorfrühling bis Frühlingsmitte
Boden: Stark alkalische Böden meiden (Chlorose).

7-9

Botanischer Name: *Camellia japonica* (Kultivare)
Deutscher Name: Kamelie
Andere Arten/Sorten: *C.* x *williamsii* (Kultivare)
Beschreibung: Aufrechter oder ausladender immergrüner Strauch, oft als Mauerbewuchs angepflanzt. Ovale bis lanzettförmige dunkelgrüne Blätter. Ungefüllte schalenförmige bis gefüllte pfingstrosenförmige Blüten.
Höhe x Breite: 1,8 – 3 x 1,8 – 3 m
Blütezeit: Spätwinter bis Frühlingsmitte oder Spätfrühling.
Boden: Sauer, humos und Feuchtigkeit speichernd, aber gut drainiert.

Mitte

8-10

Botanischer Name: *Phormium tenax* „Dazzler“
Deutscher Name: Neuseeländer Flachs
Andere Arten/Sorten: *P. colensoi* „Maori Queen“, *P. colensoi* „Tricolor“
Beschreibung: Immergrüne Staude mit einem dichten Büschel aus leicht gebogenen bandförmigen Blättern mit breiten rosaroten, bronzenen und grünen Streifen. Reife Pflanzen bilden hohe Blütenstängel.
Höhe x Breite: 1,2 x 1,5 m
Blütezeit: Sommermitte
Boden: Gut drainiert.

8-10

Botanischer Name: *Phormium colensoi* „Maori Queen“
Deutscher Name: Neuseeländer Flachs.
Andere Arten/Sorten: „Tricolor“, *P. tenax* „Dazzler“
Beschreibung: Immergrüne Staude mit einem dichten Büschel aus schwertförmigen Blättern mit braunroter, rosa und bronzener Färbung. Reife Pflanzen bilden hohe Blütenstängel.
Höhe x Breite: 1,2 x 1,5 m
Blütezeit: Sommermitte
Boden: Gut drainiert.

Vordergrund

4-9

Botanischer Name: *Trillium sessile*
Deutscher Name: Dreiblatt
Andere Arten/Sorten: *T. chloropetalum* und Sorten, *T. erectum*
Beschreibung: Gruppen bildende Staude mit dreilappigen kastanienbraun gefleckten Blättern. Oberhalb des Blattwirtels entstehen dreiblättrige Blüten in dunklem Rotbraun.
Höhe x Breite: 30 – 40 x 30 – 45 cm
Blütezeit: Frühling
Boden: Neutral bis sauer, humos, Feuchtigkeit speichernd.

7-9

Botanischer Name: *Skimmia japonica* „Scarlet Dwarf“
Deutscher Name: Skimmie
Andere Arten/Sorten: „Bowles“, „Dwarf Female“, „Veitchii“
Beschreibung: Immergrüner Strauch mit ovalen Blättern. Die kegelförmigen weißen Blütenstände reifen zu roten Beeren heran. Weibliche Pflanzen möglichst neben eine männliche Sorte, wie *S. j.* „Rubella“ pflanzen.
Höhe x Breite: 60 x 90 cm
Blütezeit: Spätfrühling
Boden: Neutral bis sauer, humos, Feuchtigkeit speichernd.

WEISS

Weiß ist eine Farbe, die mit anderen Farbtönen Ihre Rabatte beleben und erfrischen kann, ohne das Arrangement aus dem Gleichgewicht zu bringen. Sonnenlicht kann weiße Blüten zum Strahlen bringen – ein Effekt, den es vor allem bei der Schaffung ruhiger und friedlicher Farbmuster zu bedenken gilt. Im Schatten hat Weiß eine unvergleichliche aufhellende Wirkung. Selbst in dunklen schattigen Ecken geht von weißen Blüten eine magische Brillanz aus. Deshalb eignet sich viel Weiß vor allem für Gärten und Pfade, die in den Abendstunden oder bei Dämmerung besucht werden.

Da Weiß einen besonderen Blickfang bietet, kann es auch die Perspektive deutlich beeinflussen. Ein langer, schmaler Garten, an dessen Ende weiße Blüten leuchten, wirkt kürzer, wohingegen ihn rauchige Blau- und Violett- und Grautöne länger erscheinen lassen. Wenn Sie also Ihren Garten optisch länger erscheinen lassen möchten, dann sollten Sie weiße Blüten und Blätter näher am Haus platzieren.

Weiß steht für Reinheit und Unschuld, aber reines Weiß gibt es nur selten. Oftmals ist die Farbe mit apfelgrünem, cremegelbem oder rosigem Schimmer versehen. Es ist allerdings nicht vorteilhaft, sich bei der Farbwahl nur auf verschiedene Weißtöne zu beschränken, da die Rabatte dadurch kalt und leblos wirken kann. Durch das Untermischen anderer Farben können Sie Ihrem Arrangement mehr Wärme und Tiefe verleihen, ohne die Gesamtwirkung zu zerstören. Auf einer sonnigen Rabatte bilden weiße Blüten einen wunderbaren Kontrast zu silbernem, grauem oder blauem Blattwerk. Im Schatten eignen sich vor allem saftige Grüntöne, Buttergelb und Hellgrün als Kombinationsfarben. Es gibt eine Vielzahl gold gemusterter und hellgrüner Laub abwerfender Sträucher, die einen kühlen, schattigen Standort verlangen.

Links: Silberne und weiße Pflanzen (z. B. Petunie, Zinerarie und Salbei) bieten einen eleganten Anblick.

Hintergrund

3-7

Botanischer Name: *Symphoricarpos albus*
Deutscher Name: Schneebeere, Knallerbse
Andere Arten/Sorten: „White Hedge"
Beschreibung: Wüchsiger Strauch, kann sich stark ausbreiten. Als formlose Hecke geeignet. Dichter verzweigter Wuchs und schlanke Triebe mit runden Blättern. Die winzigen rosafarbenen Blütenbüschel reifen zu großen weißen Beeren heran.
Höhe x Breite: 90 – 180 x 180 cm
Blütezeit: Sommer
Boden: Alle Bedingungen.

6-9

Botanischer Name: *Rubus cockburnianus*
Deutscher Name: Weißstämmige Brombeere
Andere Arten/Sorten: *R. biflorus, R. thibetanus*
Beschreibung: Strauch mit dunkelgrünen gefiederten Blättern und kleinen violetten Blüten. Die bedornten Zweige sind in einen weißen Flaum gehüllt. Schwarze Früchte. Kommt vor einem schlichten dunklen Hintergrund am besten zur Geltung.
Höhe x Breite: 2,5 x 2,5 m
Blütezeit: Sommer
Boden: Fruchtbar, gut drainiert.

Mitte

6-9

Botanischer Name: *Skimmia japonica* „Wakehurst White" syn. „Fructu Albo"
Deutscher Name: Skimmie
Andere Arten/Sorten: „Kew White"
Beschreibung: Immergrüner buschiger Strauch mit glänzenden ovalen Blättern in hellem Grün und runden weißen Beeren. Neben eine männliche Sorte, wie *S. j.* „Rubella" pflanzen.
Höhe x Breite: 90 x 90 cm
Blütezeit: Spätfrühling
Boden: Sauer bis neutral, humos, Feuchtigkeit speichernd.

8-10

Botanischer Name: *Cassinia retorta* „Ward's Silver"
Deutscher Name: Cassinia
Andere Arten/Sorten: *Cassinia vauvilliersii* var. *albida*
Beschreibung: Immergrüner Strauch mit büscheligen Trieben, die in grauweiße nadelförmige Blätter gehüllt sind. Kleine cremeweiße endständige Blüten. Kalte ungeschützte Standorte meiden.
Höhe x Breite: 1,2 – 1,8 x 1,2 – 1,8 m
Blütezeit: Sommer
Boden: Fruchtbar, gut drainiert.

Vordergrund

Botanischer Name: *Viola* x *wittrockiana* (Kultivar)
Deutscher Name: Stiefmütterchen
Andere Arten/Sorten: Ultima- und Universal-Serie
Beschreibung: Kurzlebige Staude mit runden bis herzförmigen gezähnten Blättern in dunklem Grün. Schlanke Stängel mit fast kreisrunden flachen Blüten.
Höhe x Breite: 15 – 23 x 23 – 30 cm
Blütezeit: Winter und Vorfrühling
Boden: Fruchtbar, humos, Feuchtigkeit speichernd.

3-9

Botanischer Name: *Helleborus niger*
Deutscher Name: Christrose, Schneerose, Schwarze Nieswurz
Andere Arten/Sorten: „Potter's Wheel", *H. orientalis* (weißblühende Sorten)
Beschreibung: Immergrüne Staude mit einem Büschel aus großen, ledrigen zerteilten Blättern und kräftigen Stängeln. Weiße becherförmige Blüten mit erhabener Mitte aus goldenen Staubblättern. Manche Kultivare sind gepunktet.
Höhe x Breite: 30 x 45 cm
Blütezeit: Winter bis Vorfrühling
Boden: Humos, Feuchtigkeit speichernd. Gedeiht sehr gut mit organischem Mulch.

Hintergrund

7-9

Botanischer Name: *Rhamnus alaternus „Argentovariegata"*
Deutscher Name: Kreuzdorn
Andere Arten/Sorten: *Euonymus fortunei „Silver Queen"*
Beschreibung: Immergrüner Strauch mit dichtem kegelförmigem Wuchs. Kleine, ovale graugrüne Blätter mit unregelmäßigem cremeweißem Rand. Etwas frostempfindlich. Rote Beeren.
Höhe x Breite: 3,5 x 2 m
Blütezeit: Frühsommer
Boden: Gut drainiert.

4-10

Botanischer Name: *Lonicera x purpusii*
Deutscher Name: Geißblatt
Andere Arten/Sorten: „Winter Beauty", *L. fragrantissima, L. standishii*
Beschreibung: Dichter verzweigter Strauch mit rundem Wuchs. Kann für stärkere Blütenbildung an einer geschützten Wand hochgezogen werden. Kleine, cremeweiße duftende Blüten im Winter.
Höhe x Breite: 3 x 4 m
Blütezeit: Spätherbst bis Frühlingsmitte
Boden: Gut drainiert. Gut eingewurzelte Pflanzen vertragen trockene Bedingungen.

Mitte

6-9

Botanischer Name: *Sarcococca confusa*
Deutscher Name: Fleischbeere
Andere Arten/Sorten: *S. hookeriana, S. h. var. digyna*
Beschreibung: Immergrüner Strauch mit niedrigem rundem Wuchs und ovalen, spitz zulaufenden dunkelgrünen Blättern. Büschel aus winzigen, stark duftenden weißen Blüten in den Blattachseln. Schwarze Beeren.
Höhe x Breite: 90 x 90 cm
Blütezeit: Winter
Boden: Gut drainiert, humos, Feuchtigkeit speichernd.

4-8

Botanischer Name: *Daphne mezereum* f. *alba*
Deutscher Name: Seidelbast
Andere Arten/Sorten: *D. blagayana*
Beschreibung: Aufrechter Strauch mit blattlosen Trieben voller Büschel aus winzigen, stark duftenden vierblättrigen Blüten. Kleine runde bis lanzettförmige Blätter und giftige rote Beeren. Kann bei Virusbefall plötzlich absterben.
Höhe x Breite: 75 x 90 cm
Blütezeit: Spätwinter bis Vorfrühling
Boden: Fruchtbar, gut kultiviert, sehr humos. Verträgt alkalische Böden.

Vordergrund

4-7

Botanischer Name: *Galanthus elwesii*
Deutscher Name: Schneeglöckchen
Andere Arten/Sorten: *G. nivalis, G. n. „Flore Pleno"*
Beschreibung: Kleine Zwiebelpflanze mit schmalen riemenförmigen Blättern. Schlanke Stängel mit tropfenförmigen weißen Knospen, die beim Öffnen die inneren Blütenblätter zum Vorschein bringen. Leichter Honigduft.
Höhe x Breite: 10 – 30 x 5 – 8 cm
Blütezeit: Spätwinter bis Vorfrühling
Boden: Humos, Feuchtigkeit speichernd bis feucht.

3-9

Botanischer Name: *Leucojum vernum*
Deutscher Name: Märzenbecher
Andere Arten/Sorten: *Galanthus nivalis, G. elwesii*
Beschreibung: Kleine Zwiebelpflanze mit schmalen, aufrechten dunkelgrünen Blättern. Nickende weiße Blüten mit grüner Markierung. Ähnelt einem gefüllten Schneeglöckchen.
Höhe x Breite: 10 – 15 x 8 – 10 cm
Blütezeit: Frühling
Boden: Humos, Feuchtigkeit speichernd bis feucht.

Hintergrund

Botanischer Name: *Viburnum tinus*
Deutscher Name: Lorbeerschneeball
Andere Arten/Sorten: „Eve Price", „Spring Bouquet", „Variegatum"
Beschreibung: Immergrüner Strauch mit aufrechtem rundem Wuchs. Stark verzweigt mit dichtem Bewuchs aus ovalen, spitz zulaufenden dunkelgrünen Blättern. Die Büschel aus roten Knospen öffnen sich zu weißrosa Blüten.
Höhe x Breite: 3,5 x 3,5 m
Blütezeit: Spätherbst bis Spätfrühling
Boden: Jeder gemäßigte Boden.

Botanischer Name: *Prunus incisa* „Praecox"
Deutscher Name: Zierkirsche
Andere Arten/Sorten: *P. incisa*
Beschreibung: Großer Strauch oder kleiner Baum, wird wegen seiner zeitigen Blüte angepflanzt. Kleine gezähnte Blätter mit schöner Herbstfärbung. Die rosa schimmernden Knospen öffnen sich zu weißen Blüten.
Höhe x Breite: 7 x 6 m
Blütezeit: Wintermitte
Boden: Jeder gemäßigte Boden.

Mitte

Botanischer Name: *Coleonema album* syn. *Diosma ericoides*
Deutscher Name: Himmelsatem, Konfettistrauch
Andere Arten/Sorten: Keine
Beschreibung: Immergrüner Strauch mit aromatischen, nadelförmigen aromatischen Blättern in hellem Gelbgrün. Kleine, weiße fünfblättrige Blüten.
Höhe x Breite: 1 x 1 m
Blütezeit: Winter bis Frühling
Boden: Neutral bis sauer, gut drainiert.

Botanischer Name: *Rosmarinus officinalis* „Alba"
Deutscher Name: Rosmarin
Andere Arten/Sorten: Keine
Beschreibung: Immergrüner Strauch mit hagerem aufrechtem Wuchs, der ohne regelmäßigen Rückschnitt an der Basis verholzt und spärlich belaubt ist. Sehr aromatische nadelförmige Blätter und weiße Blüten.
Höhe x Breite: 1,2 x 1,5 m
Blütezeit: Spätfrühling bis Frühsommer
Boden: Leicht, gut drainiert, möglichst neutral bis sauer.

Vordergrund

Botanischer Name: *Galanthus nivalis* „Pusey Green Tip"
Deutscher Name: Schneeglöckchen (gefüllt)
Andere Arten/Sorten: „Flore Pleno"
Beschreibung: Zwiebelpflanze mit riemenförmigen Blättern. Die nickenden gefüllten Blüten besitzen unterschiedlich lange Blütenblätter mit einer grünen Spitze. Schön anzusehen, lässt sich gut pflücken.
Höhe x Breite: 10 – 15 x 5 – 8 cm
Blütezeit: Spätwinter bis Vorfrühling
Boden: Feuchtigkeit speichernd bis feucht.

Botanischer Name: *Helleborus orientalis*
Deutscher Name: Lenzrose
Andere Arten/Sorten: *H. niger* und Sorten
Beschreibung: Immergrüne Staude mit großen, zerteilten ledrigen Blättern und becherförmigen leicht nickenden Blüten mit erhabener Mitte aus Staubblättern.
Höhe x Breite: 45 x 45 cm
Blütezeit: Winter bis Vorfrühling
Boden: Humos, Feuchtigkeit speichernd bis feucht.

Hintergrund

7-9

Botanischer Name: *Erica arborea*
Deutscher Name: Baumheide
Andere Arten/Sorten: „Mr. Robert", *E. a.* var. *alpina*
Beschreibung: Immergrüner Strauch mit stark aufrechtem Wuchs. Die Zweige sind in Büschel aus leuchtend grünen nadelförmigen Blätter gehüllt. Viele winzige duftende Blüten an den Triebspitzen.
Höhe x Breite: 4 x 2,2 m
Blütezeit: Frühlingsmitte bis Spätfrühling (in milden Regionen ab Winter)
Boden: Sauer bis neutral, humos, gut drainiert.

4-6

Botanischer Name: *Pieris floribunda*
Deutscher Name: Lavendelheide
Andere Arten/Sorten: *Pieris japonica* (Kultivare), z. B. „Grayswood"
Beschreibung: Immergrüner Strauch mit aufrechten Rispen aus weißen duftenden Glockenblüten. Während des Winters grünlich weiße Knospen. Junge rote Blatttriebe im Frühling.
Höhe x Breite: 2,2 x 3 m
Blütezeit: Vorfrühling bis Frühlingsmitte
Boden: Sauer, humos, Feuchtigkeit speichernd bis feucht.

Mitte

8-9

Botanischer Name: *Erica lusitanica* „George Hunt"
Deutscher Name: Portugiesische Heide
Andere Arten/Sorten: *E. arborea* „Albert's Gold", „Estrella Gold"
Beschreibung: Immergrüner aufrechter Strauch mit goldgelben nadelförmigen Blättern und vielen, winzigen duftenden Glockenblüten. Gehört zur Baumheide. Geschützter Standort.
Höhe x Breite: 120 – 150 x 90 cm
Blütezeit: Spätherbst bis Spätfrühling
Boden: Sauer, humos.

4-8

Botanischer Name: *Pieris japonica* „Little Heath"
Deutscher Name: Lavendelheide
Andere Arten/Sorten: „White Rum", „Variegata", „Flaming Silver"
Beschreibung: Niedriger, dichter immergrüner Strauch mit cremeweiß umrandeten Blättern und rosafarbenen jungen Trieben. Diese Sorte bildet nur selten die sonst typischen Glockenblüten, sondern wird hauptsächlich als Blattpflanze kultiviert.
Höhe x Breite: 60 – 75 x 90 cm
Blütezeit: Frühling
Boden: Sauer, humos, Feuchtigkeit speichernd.

Vordergrund

6-9

Botanischer Name: *Erica* x *darleyensis* „White Glow"
Deutscher Name: Englische Heide
Andere Arten/Sorten: „White Perfection", „Silberschmelze"
Beschreibung: Immergrüner niedriger Strauch mit buschigem Wuchs und nadelförmigen Blättern. Die Triebe sind mehrere Wochen lang in winzige weiße Blüten gekleidet. Verträgt Kalk, aber bevorzugt neutralen bis sauren Boden.
Höhe x Breite: 30 x 60 cm
Blütezeit: Frühwinter bis Spätfrühling
Boden: Humos, neutral bis sauer, feucht, aber gut drainiert.

5-9

Botanischer Name: *Erica carnea* „Springwood White"
Deutscher Name: Schneeheide
Andere Arten/Sorten: *E.* x *darleyensis* „White Perfection", „Silberschmelze"
Beschreibung: Immergrüner niedriger Strauch, der wegen seiner Blütenpracht im Winter und Vorfrühling angepflanzt wird. Nadelförmige dunkelgrüne Blätter und winzige weiße Blüten. Verträgt mäßig kalkhaltige Böden.
Höhe x Breite: 45 x 90 cm
Blütezeit: Wintermitte bis Vorfrühling
Boden: Humos, Feuchtigkeit speichernd, aber gut drainiert.

Hintergrund

4-9

Botanischer Name: *Amelanchier lamarckii*
Deutscher Name: Felsenbirne
Andere Arten/Sorten: „Ballerina", *A. canadensis*
Beschreibung: Großer Strauch mit ovalen, oftmals rot getönten Blättern, die eine schöne leuchtende Herbstfärbung annehmen. Die weißen Blüten an den blanken Zweigen reifen zu roten Früchten heran.
Höhe x Breite: 6 x 6 m
Blütezeit: Spätfrühling
Boden: Jeder gemäßigte Boden.

4-9

Botanischer Name: *Magnolia stellata*
Deutscher Name: Sternmagnolie
Andere Arten/Sorten: „Royal Star", „Waterlily", *M.* x *loebneri* „Merrill"
Beschreibung: Langsam wachsender, dichter runder Strauch mit dunkelgrünen schmal ovalen Blättern. Duftende Blüten mit bandförmigen Blütenblättern an blanken Zweigen im Frühling.
Höhe x Breite: 2,7 x 3,5 m
Blütezeit: Vorfrühling bis Frühlingsmitte (in milden Regionen ab Spätwinter)
Boden: Fruchtbar, humos, Feuchtigkeit speichernd. Stark alkalische Böden meiden.

Mitte

3-10

Botanischer Name: *Dicentra spectabilis* „Alba"
Deutscher Name: Tränendes Herz
Andere Arten/Sorten: Keine
Beschreibung: Staude mit einem Büschel aus farnartigen Blättern und gebogenen Trieben mit herzförmigen reinweißen „Medaillons". Erhellt eine dunkle Rabatte.
Höhe x Breite: 60 x 45 cm
Blütezeit: Frühlingsmitte bis Frühsommer
Boden: Fruchtbar, humos, Feuchtigkeit speichernd.

8-9

Botanischer Name: *Rhododendron* „Bric-a-Brac"
Deutscher Name: Rhododendron
Andere Arten/Sorten: „Cowbell", „Girard Pleasant White", „Molly Fordham"
Beschreibung: Kompakter immergrüner Strauch mit tiefgrünen ledrigen Blättern und großen runden Büscheln aus milchig weißen Trichterblüten mit auffälligen dunkelbraunen Staubbeuteln.
Höhe x Breite: 90 x 150 cm
Blütezeit: Vorfrühling bis Frühlingsmitte (im warmen Regionen ab Winter)
Boden: Sauer, humos, Feuchtigkeit speichernd.

Vordergrund

3-8

Botanischer Name: *Crocus vernus* „Joan d' Arc"
Deutscher Name: Frühlingskrokus
Andere Arten/Sorten: *Crocus chrysanthus* „Snow Bunting"
Beschreibung: Knollenpflanze mit Büscheln aus feinen grasartigen Blättern. Die nackten Stängel tragen kelchförmige weiße Blüten mit einer Narbe in leuchtendem Orange.
Höhe x Breite: 10 x 2,5 – 8 cm
Blütezeit: Frühling
Boden: Gut drainert. Kann auch auf Rasen gepflanzt werden.

4-10

Botanischer Name: *Anemone blanda* „White Splendour"
Deutscher Name: Frühlingsanemone, Balkan-Windröschen
Andere Arten/Sorten: *A. nemorosa* und Sorten
Beschreibung: Knollen bildende Staude mit gelappten Blättern und feinen Stängeln mit margeritenartigen Blüten, die sich in der Sonne weit öffnen. Die Blüten sind größer als die der *A. nemorosa.*
Höhe x Breite: 5 – 10 x 10 – 15 cm
Blütezeit: Vorfrühling
Boden: Gut drainiert, humos.

Hintergrund

5-7

Botanischer Name: *Ribes sanguineum* „Tydeman's White"
Deutscher Name: Weiße Blutjohannisbeere
Andere Arten/Sorten: Keine
Beschreibung: Strauch mit runden, dunkelgrünen gelappten Blättern und herabhängenden Büscheln aus winzigen weißen Blüten im Spätfrühling. Widerstandsfähige Pflanze, verträgt viele Bedingungen.
Höhe x Breite: 2,5 x 2,5 m
Blütezeit: Frühlingsmitte bis Spätfrühling
Boden: Jeder gemäßigte Boden.

4-8

Botanischer Name: *Magnolia kobus*
Deutscher Name: Baummagnolie, Kobushi-Magnolie
Andere Arten/Sorten: *M. stellata, M.* x *loebneri* und Sorten
Beschreibung: Diese herrliche Magnolie bildet ihre duftenden weißen Blüten leider erst nach 10 – 15 Jahren. Die Sorten der *M.* x *loebneri* blühen bereits als junge Pflanzen und sind daher besser zu empfehlen.
Höhe x Breite: 12 x 7,5 m
Blütezeit: Frühlingsmitte (in milden Regionen ab Winter)
Boden: Fruchtbar, gut drainiert, humos und Feuchtigkeit speichernd.

Mitte

4-10

Botanischer Name: *Polygonatum* x *hybridum* syn. *P. multiflorum*
Deutscher Name: Salomonssiegel
Andere Arten/Sorten: „Variegatum", *P. odoratum* „Flore Pleno"
Beschreibung: Staude mit elegant gebogenen Trieben und deutlich geäderten ovalen Blättern. Elfenbeinfarbene Blüten mit grüner Spitze.
Höhe x Breite: 90 x 30 cm
Blütezeit: Spätfrühling
Boden: Gut drainiert, aber humos und Feuchtigkeit speichernd.

2-10

Botanischer Name: *Paeonia* „Baroness Schröder"
Deutscher Name: Päonie, Pfingstrose
Andere Arten/Sorten: „Duchesse de Nemours", „Festiva Maxima"
Beschreibung: Buschige Staude mit großen zerteilten Blätter, die oftmals im Frühling und erneut im Herbst rot getönt sind. Große, gefüllte weiße Blüten mit zartem rötlichem Schimmer.
Höhe x Breite: 90 x 90 cm
Blütezeit: Spätfrühling bis Frühsommer
Boden: Fruchtbar, sehr humos, gut drainiert.

Vordergrund

3-7

Botanischer Name: *Hyacinthus orientalis* „L'Innocence"
Deutscher Name: Hyazinthe
Andere Arten/Sorten: „White Pearl"
Beschreibung: Zwiebelpflanze mit einer Manschette aus steifen aufrechten Blättern, die sich mit zunehmender Größe nach außen neigen. Die kräftigen Stängel sind dicht mit stark duftenden weißen Blüten bedeckt.
Höhe x Breite: 10 – 20 x 6 – 10 cm
Blütezeit: Frühling
Boden: Gut drainiert.

3-9

Botanischer Name: *Anemone sylvestris*
Deutscher Name: Waldanemone
Andere Arten/Sorten: *A. blanda* „White Splendour", *A. nemorosa* und Sorten
Beschreibung: Kissen bildende Staude mit gelappten gezähnten Blättern. Die zarten Stängel tragen weiße schalenförmige Blüten mit gelber Mitte. Kann wuchern.
Höhe x Breite: 30 x 30 cm
Blütezeit: Frühling bis Frühsommer
Boden: Gut drainiert, humos.

Hintergrund

5-9

Botanischer Name: *Kalmia latifolia* „Carousel“
Deutscher Name: Berglorbeer
Andere Arten/Sorten: „Silver Dollar“, „Snowdrift“
Beschreibung: Immergrüner Strauch mit großen Büscheln aus wachsartigen Blüten. Auffällig zerknitterte Knospen. Bis zur ersten vollen Blüten kann es mehrere Jahre dauern.
Höhe x Breite: 3 x 3 m
Blütezeit: Frühsommer
Boden: Sauer, tiefgründig, mit viel organischem Material.

8-9

Botanischer Name: *Carpenteria californica*
Deutscher Name: Baumanemone
Andere Arten/Sorten: „Ladham's Variety“
Beschreibung: Immergrüner Strauch mit schmalen spitzen Blättern und großen kreisrunden Blüten mit erhabener Mitte aus Staubblättern. In kälteren Regionen an eine warme Mauer pflanzen.
Höhe x Breite: 1,5 x 1,5 m
Blütezeit: Frühsommer
Boden: Tiefgründiger Lehmboden. Verträgt auch alkalische und saure Bedingungen.

Mitte

4-10

Botanischer Name: *Nectaroscordum siculum bulgaricum*
Deutscher Name: Nektarblume
Andere Arten/Sorten: Keine
Beschreibung: Zwiebelpflanze, mit Zierlauch verwandt. Aufrechte Stängel mit endständig herabhängenden Glockenblüten in grünlichem Cremeweiß mit violetter Tönung. Sehr dekorative Samenkapseln. Kann sich stark ausbreiten.
Höhe x Breite: 120 x 30 – 50 cm
Blütezeit: Spätfrühling
Boden: Leicht, aber Feuchtigkeit speichernd.

4-10

Botanischer Name: *Leucanthemum* x *superbum* „Wirral Supreme“
Deutscher Name: Sommermargerite
Andere Arten/Sorten: „T. E. Killin“, „Cobham Gold“, „Fiona Coghill“, „Everest“
Beschreibung: Staude mit kräftigen aufrechten Stängeln und großen, gefüllten Margeritenblüten mit einem breiten Kranz aus kurzen Blütenblättern in der Mitte. Für üppige Blütenpracht alle zwei Jahre teilen und erneut einpflanzen.
Höhe x Breite: 90 x 45 cm
Blütezeit: Frühsommer bis Frühherbst
Boden: Fruchtbar, gut drainiert.

Vordergrund

8-10

Botanischer Name: *Hebe pinguifolia* „Pagei“
Deutscher Name: Hebe, Strauchveronika
Andere Arten/Sorten: „Sutherlandii“, *H. cantaburiensis*
Beschreibung: Immergrüner Strauch mit winzigen weißen Blüten und liegenden Stängeln, die überall schnell Wurzeln schlagen. Ausgezeichneter Bodendecker.
Höhe x Breite: 15 – 30 x 60 – 90 cm
Blütezeit: Frühsommer
Boden: Gut drainiert, nicht extrem trocken.

8-10

Botanischer Name: *Cistus* x *hybridus* syn. *C.* x *corbariensis*
Deutscher Name: Zistrose
Andere Arten/Sorten: *C. salviifolius, C. s.* „Prostratus“
Beschreibung: Immergrüner Strauch mit einem flachen breiten Büschel aus dunklen faltigen Blättern. Die roten Knospen öffnen sich zu kleinen, weißen kreisrunden Blüten mit erhabener Mitte.
Höhe x Breite: 60 x 130 cm
Blütezeit: Spätfrühling bis Frühsommer
Boden: Gut drainiert. Verträgt auch recht stark alkalische Böden.

Hintergrund

Botanischer Name: *Philadelphus coronarius* „Variegatus"
Deutscher Name: Falscher Jasmin, Pfeifenstrauch
Andere Arten/Sorten: „Innocence"
Beschreibung: Strauch mit süßlich duftenden cremeweißen Blüten. Die Blätter besitzen einen breiten, unregelmäßigen weißen Rand. Gedeiht gut im Halbschatten. In voller Sonne können die Blätter leicht versengen.
Höhe x Breite: 2,5 x 2 m
Blütezeit: Frühsommer
Boden: Alle fruchtbaren Böden, auch schweren, aber nicht nassen Lehmboden.

5-8

Botanischer Name: *Philadelphus x lemoinei*
Deutscher Name: Falscher Jasmin, Pfeifenstrauch
Andere Arten/Sorten: „Avalanche", „Belle Etoile", „Sybille"
Beschreibung: Strauch mit anfänglich aufrechten Trieben, die sich später zu den Seiten neigen. Trauben aus duftenden vierblättrigen Blüten mit goldenen Staubblättern. Nach der Blüte ein Drittel des alten Holzes zurückschneiden.
Höhe x Breite: 1,8 x 2,1 m
Blütezeit: Frühsommer bis Sommermitte
Boden: Alle fruchtbaren Böden, auch schwerer, aber nicht nasser Lehmboden.

5-8

Mitte

Botanischer Name: *Leucanthemum x superbum* „Phyllis Smith"
Deutscher Name: Sommermargerite
Andere Arten/Sorten: „Bishopstone"
Beschreibung: Staude mit kräftigen aufrechten Stängeln und weißen Margeritenblüten mit langen fransigen Blütenblättern. Für üppige Blütenpracht alle zwei Jahre teilen und erneut einpflanzen.
Höhe x Breite: 90 x 45 cm
Blütezeit: Frühsommer bis Frühherbst
Boden: Fruchtbar, gut drainiert.

4-10

Botanischer Name: *Gaura lindheimeri*
Deutscher Name: Prachtkerze
Andere Arten/Sorten: „The Bride", „Whirling Butterflies"
Beschreibung: Verzweigte lockere Staude mit drahtartigen Stängeln voller winziger Schmetterlingsblüten in rosa schimmerndem Weiß. Schöner „Lückenfüller" zwischen Pflanzen mit kompakterem Wuchs.
Höhe x Breite: 120 x 90 cm
Blütezeit: Frühsommer bis Herbstmitte
Boden: Gut drainiert. Verträgt Trockenheit.

6-10

Vordergrund

4-10

Botanischer Name: *Geranium sanguineum* „Album"
Deutscher Name: Blutstorchschnabel (weiß)
Andere Arten/Sorten: *G. clarkei* „Kashmir White", *G. macrorrhizum* „Album"
Beschreibung: Staude mit offenem verzweigtem Wuchs und stark zerteilten dunkelgrünen Blättern. Sehr blütenreich. In heißen Klimaten verlängert ein halbschattiger Standort die Blühdauer.
Höhe x Breite: 60 x 45 cm
Blütezeit: Frühlingsmitte bis Spätsommer
Boden: Fruchtbar, gut drainiert.

Botanischer Name: *Lamium maculatum* „White Nancy"
Deutscher Name: Gefleckte Taubnessel
Andere Arten/Sorten: *L. m. album, L. galeobdolon* „Herman's Pride"
Beschreibung: Halbimmergrüne Matten bildende Staude mit silberweißen herzförmigen Blättern und Büscheln aus weißen zweilippigen Blüten. Eignen sich bei ausreichender Nährstoff- und Wasserversorgung für Kübel und Blumenampeln im Schatten.
Höhe x Breite: 15 x 90 cm
Blütezeit: Spätfrühling und Sommer
Boden: Feuchter und humoser Boden, der nicht so schnell austrocknet.

3-10

Hintergrund

6-9

Botanischer Name: *Weigela* „Candida"
Deutscher Name: Weigelie
Andere Arten/Sorten: *W. florida* „Bristol Snowflake", „Mont Blanc", „Snowflake"
Beschreibung: Strauch, blüht am zweijährigen Holz. Röhrenblüten mit ausgestellter Öffnung. Für maximale Blühkraft und schönen Wuchs unmittelbar nach der Blüte zurückschneiden.
Höhe x Breite: 2,2 x 2,2 m
Blütezeit: Spätfrühling bis Frühsommer
Boden: Verträgt viele Bedingungen, auch schweren Lehmboden.

4-9

Botanischer Name: *Spiraea nipponica* „Snowmound"
Deutscher Name: Spierstrauch
Andere Arten/Sorten: *S. nipponica, S.* „Arguta", *S. x vanhouttei*
Beschreibung: Strauch mit elegant ausladendem Wuchs, schmalen hellgrünen Blättern und Trauben aus winzigen weißen Blüten. Unmittelbar nach der Blüte etwa ein Drittel der ältesten Triebe zurückschneiden.
Höhe x Breite: 1,8 x 1,8 m
Blütezeit: Frühsommer
Boden: Verträgt die meisten Bedingungen, außer extrem alkalische Böden.

Mitte

4-10

Botanischer Name: *Digitalis purpurea albiflora*
Deutscher Name: Fingerhut
Andere Arten/Sorten: „Excelsior White", „Cloud"
Beschreibung: Zweijährige oder kurzlebige Staude mit grundständigen Blattrosetten und hohen Blütenähren. Röhrenblüten mit ausgestellter Öffnung und geflecktem Schlund. Samen setzen sich durch, sofern sie von anderen rot blühenden Formen getrennt wachsen.
Höhe x Breite: 90 – 150 x 60 cm
Blütezeit: Frühsommer bis Sommermitte
Boden: Bevorzugt Feuchtigkeit speichernde Böden mit viel organischem Material.

4-9

Botanischer Name: *Papaver orientale* (Kultivar)
Deutscher Name: Türkischer Mohn
Andere Arten/Sorten: „Perry's White", „Black and White"
Beschreibung: Staude. Schalenförmige Blüten mit seidenpapierartigen Blütenblättern und auffälliger brauner Mitte. Die zerteilten Blätter, Stängel und Knospen sind mit feinen Härchen bedeckt. Zur Sommermitte hin sterben die Blätter ab.
Höhe x Breite: 90 – 120 x 30 – 90 cm
Blütezeit: Spätfrühling bis Frühsommer
Boden: Fruchtbarer Lehmboden.

Vordergrund

3-10

Botanischer Name: *Dicentra eximia* „Snowdrift"
Deutscher Name: Tränendes Herz
Andere Arten/Sorten: *D. formosa* „Alba", *D. f.* „Silver Smith", *D. spectabilis* „Alba"
Beschreibung: Staude mit Büscheln aus blassen graugrünen Blättern und gebogenen Trieben mit herabhängenden herzförmigen Blüten. Ideal für schattige Gärten und unter Bäumen.
Höhe x Breite: 30 x 45 cm
Blütezeit: Spätfrühling bis Frühsommer
Boden: Humos, Feuchtigkeit speichernd, aber gut drainiert.

3-10

Botanischer Name: *Cerastium tomentosum*
Deutscher Name: Hornkraut
Andere Arten/Sorten: Keine
Beschreibung: Immergrüne Staude mit schmalen, silberpelzigen Blättern und vielen weißen Blütensternen. Guter Bodendecker unter Sträuchern oder zur Randbepflanzung. Wuchernd.
Höhe x Breite: 8 cm x unbestimmt
Blütezeit: Spätfrühling bis Sommer
Boden: Gut drainiert.

Hintergrund

5-9

Botanischer Name: *Wisteria sinensis* „Alba" syn. „Shiro-capital"
Deutscher Name: Blauregen, Glyzine
Andere Arten/Sorten: *W. floribunda* „Alba", *W. f.* „Snow Showers"
Beschreibung: Verholzende rankende Kletterpflanze mit 60 cm langen duftenden Trauben aus wickenartigen Blüten. Hellgrüne gefiederte Blätter. Regelmäßig zurückschneiden für kräftige Blütenbildung und gegen übermäßige Ausbreitung. Nur Pflanzen der angegebenen veredelten Sorten kaufen.
Höhe x Breite: 9 x 9 m
Blütezeit: Frühsommer und in späteren Intervallen
Boden: Feuchtigkeit speichernd. Stark alkalische Böden meiden.

8-10

Botanischer Name: *Choisya ternata*
Deutscher Name: Orangenblume
Andere Arten/Sorten: „Sundance", „Aztec Pearl"
Beschreibung: Immergrüner Strauch mit glänzenden dreifiedrigen Blättern und duftenden Blütenbüscheln. Blüht ab Spätfrühling periodisch bis in den Herbst hinein. In kälteren Regionen an eine warme Mauer pflanzen.
Höhe x Breite: 1,8 x 1,6 m
Blütezeit: Spätfrühling und periodisch das ganze Jahr lang.
Boden: Feucht. Nasse und stark alkalische Böden meiden.

Mitte

4-9

Botanischer Name: *Lupinus* (Kultivar)
Deutscher Name: Lupine
Andere Arten/Sorten: Russell-Hybriden, wie „Blushing Bride"
Beschreibung: Staude mit einem Büschel aus gefingerten Blättern, aus dem kräftige duftende Blütenähren ragen. Relativ kurzlebig. Blüten entfernen, ehe sich die Schoten bilden.
Höhe x Breite: 120 x 45 cm
Blütezeit: Frühsommer
Boden: Gut drainiert, alkalisch.

4-9

Botanischer Name: *Hesperis matronalis albiflora*
Deutscher Name: Nachtviole
Andere Arten/Sorten: „Alba Plena" (gefüllte weiße Blüten)
Beschreibung: Zweijährige oder kurzlebige Staude mit ovalen spitzen Blättern und endständigen Büscheln aus vierblättrigen weißen Blüten. Süßlicher Duft, besonders am Abend. Starke Selbstaussaat. Kann wuchern.
Höhe x Breite: 75 x 60 cm
Blütezeit: Spätfrühling bis Sommermitte
Boden: Feuchtigkeit speichernd. Verträgt auch schwere und karge Böden.

Vordergrund

8-10

Botanischer Name: *Convolvulus cneorum*
Deutscher Name: Silberwinde
Andere Arten/Sorten: Keine
Beschreibung: Immergrüner Strauch mit einem Büschel aus silbernen seidigen Blättern. Weiße Trompetenblüten mit zarter rosa Tönung. Für größere Steingärten oder Kiesbetten geeignet. In kalten Regionen vor eine warme Mauer pflanzen.
Höhe x Breite: 45 x 75 cm
Blütezeit: Spätfrühling bis Sommermitte
Boden: Gut drainiert. Verträgt Kalkboden.

6-10

Botanischer Name: *Viola cornuta* (Alba-Gruppe)
Deutscher Name: Hornveilchen
Andere Arten/Sorten: „Alba Minor", *V. odorata* „Alba"
Beschreibung: Immergrüne bodendeckende Staude mit vielen kleinen weißen Blüten. Für erneute Blütenbildung nach der Blüte zurückschneiden und gut wässern.
Höhe x Breite: 30 x 60 cm
Blütezeit: Frühsommer bis Spätsommer
Boden: Feuchtigkeit speichernd, aber gut drainiert.

Hintergrund

5-8

Botanischer Name: *Philadelphus coronarius*
Deutscher Name: Falscher Jasmin, Pfeifenstrauch
Andere Arten/Sorten: *P.* „Beauclerk", *P.* „Virginal"
Beschreibung: Strauch mit dichtem Wuchs und ausladendenden Zweigen. Cremeweiße duftende Blüten mit erhabener Mitte. Hellgrüne geäderte Blätter.
Höhe x Breite: 2,5 x 1,5 m
Blütezeit: Frühsommer
Boden: Alle fruchtbaren Böden, auch schwerer, aber nicht nasser Lehmboden.

4-8

Botanischer Name: *Viburnum opulus*
Deutscher Name: Schneeball
Andere Arten/Sorten: „Notcutt's"
Beschreibung: Großer Strauch mit breiten gezähnten Blättern. Flache Blütenköpfe mit winzigen fruchtbaren Blüten und einem äußeren Ring aus prächtigen sterilen Brakteen. Transparente rote oder gelbe Beeren. Schöne Herbstfärbung.
Höhe x Breite: 3,5 x 3,5 m
Blütezeit: Spätfrühling bis Frühsommer
Boden: Bevorzugt feuchte, sogar nasse Bedingungen. Verträgt Kalk.

Mitte

Botanischer Name: *Chrysanthemum carinatum* „Polar Star"
Deutscher Name: Wucherblume
Andere Arten/Sorten: Keine
Beschreibung: Einjährige mit fedrigen graugrünen Blättern, steifen Stängeln und einer Fülle von Korbblüten mit gelb umrandeter dunkler Mitte. Schnellwüchsig. Gute Schnittblume und Lückenfüller für Rabatten.
Höhe x Breite: 45 – 90 x 45 cm
Blütezeit: Frühsommer bis Frühherbst oder Frostbeginn
Boden: Gut drainiert.

8-10

Botanischer Name: *Zantedeschia aethiopica*
Deutscher Name: Kalla, Papierblume
Andere Arten/Sorten: „Crowborough", „Giant White"
Beschreibung: Knollen bildende Staude mit großen pfeilförmigen Blättern und weißen Blüten. Junge Pflanzen vor Frost mit einer dicken Mulchschicht schützen oder in flachem Wasser pflanzen.
Höhe x Breite: 45 – 90 x 35 – 45 cm
Blütezeit: Sommer
Boden: Feuchtigkeit speichernd, oder in 15 – 30 cm tiefem Wasser pflanzen.

Vordergrund

Botanischer Name: *Lavatera trimestris* „Mont Blanc"
Deutscher Name: Bechermalve
Andere Arten/Sorten: „Parade-Hybriden", „White Beauty"
Beschreibung: Buschiger aufrechter Wuchs, große gelappte Blätter und eine Fülle von großen hibiskusähnlichen Trichterblüten. Braucht für richtige Entfaltung genügend Abstand zu benachbarten Pflanzen.
Höhe x Breite: 60 x 45 cm
Blütezeit: Sommer bis Frühherbst oder Frostbeginn
Boden: Gut drainiert.

3-9

Botanischer Name: *Polemonium caeruleum* var. *lacteum*
Deutscher Name: Himmelsleiter, Jakobsleiter
Andere Arten/Sorten: Keine
Beschreibung: Staude mit einem grundständigen Büschel aus gefiederten Blättern, die wie eine Leiter aussehen. Feine aufrechte Stängel mit Büscheln aus offenen glockenförmigen Blüten mit goldenen Staubblättern.
Höhe x Breite: 45 – 60 x 45 – 60 cm
Blütezeit: Sommer
Boden: Mäßig fruchtbar, Feuchtigkeit speichernd.

Hintergrund

3-10

Botanischer Name: *Delphinium* (Kultivar)
Deutscher Name: Rittersporn
Andere Arten/Sorten: Pacific-Giants-Hybriden, Galahad-Hybriden
Beschreibung: Staude mit hohen Ähren aus ungefüllten, halb gefüllten oder gefüllten Blüten, oftmals mit auffälliger Mitte. Schöne tief zerteilte Blätter. Braucht Stütze. Alle drei Jahre durch Stecklinge vermehren.
Höhe x Breite: 1,2 – 2,5 x 1,0 m
Blütezeit: Frühsommer bis Sommermitte
Boden: Fruchtbar, tiefgründig, Feuchtigkeit speichernd.

8-10

Botanischer Name: *Cistus ladanifer*
Deutscher Name: Lackzistrose
Andere Arten/Sorten: „Albiflorus", Palhinhae-Gruppe, „Pat", „Blanche"
Beschreibung: Immergrüner Strauch. Die Blüten haben einen Durchmesser von bis zu 10 cm, und die Blütenblätter tragen an der Basis einen braunen Fleck. Die Blätter sondern eine harzartige Substanz aus (Ladanum) und verströmen an heißen sonnigen Tagen einen angenehmen Duft.
Höhe x Breite: 1,5 x 1,4 m
Blütezeit: Frühsommer bis Sommermitte
Boden: Alle gut drainierten Böden, auch relativ alkalische Böden.

Mitte

5-9

Botanischer Name: *Rosa* „Schneewittchen" syn. „Iceberg"
Deutscher Name: Beetrose (Floribunda-Rose)
Andere Arten/Sorten: „Grace Abounding", „Elizabeth Philip", „Margaret Merril"
Beschreibung: Beetrose mit offenem verzweigtem Wuchs, hellgrünen glänzenden Blättern und einer Fülle von gefüllten, leicht duftenden weißen Blüten.
Höhe x Breite: 1,2 x 1,0 m
Blütezeit: Spätfrühling bis Spätherbst
Boden: Fruchtbar, Feuchtigkeit speichernd. Stark alkalische Böden meiden.

5-9

Botanischer Name: *Rosa* „Margaret Merril"
Deutscher Name: Beetrose (Floribunda-Rose)
Andere Arten/Sorten: „Grace Abounding", „Elizabeth Philip", „Schneewittchen"
Beschreibung: Beetrose mit aufrechtem Wuchs und schön geformten, rosa schimmernden weißen Blüten, einzeln oder in Büscheln. Als Schnittblume angenehm duftend.
Höhe x Breite: 90 x 60 cm
Blütezeit: Spätfrühling bis Spätherbst
Boden: Fruchtbar, Feuchtigkeit speichernd. Stark alkalische Böden meiden.

4-10

Botanischer Name: *Artemisia stelleriana*
Deutscher Name: Silberraute
Andere Arten/Sorten: „Boughton Silver", „Silver Brocade"
Beschreibung: Immergrüner Halbstrauch mit tief zerteilten, pelzigen hellgrauen Blättern. Unauffällige gelbe Blüten an den belaubten grauweißen Trieben.
Höhe x Breite: 30 – 60 x 60 – 90 cm
Blütezeit: Sommer
Boden: Leicht und gut drainiert, um Fäule zu verhindern.

Vordergrund

Botanischer Name: *Lobularia maritima*
Deutscher Name: Duftsteinrich
Andere Arten/Sorten: „Snow Crystals", „Snow Carpet", „Snowdrift"
Beschreibung: Frostharte Einjährige, bildet breite flache Büschel mit einer Fülle aus kleinen, nach Honig duftenden weißen Blüten. Zu heiße und trockene Bedingungen hemmen die Blütenbildung. Kräftige Selbstaussaat.
Höhe x Breite: 7 – 15 x 25 cm
Blütezeit: Frühsommer bis Frühherbst.
Boden: Gut drainiert, aber nicht zu trocken. Sehr fruchtbare Böden meiden.

Hintergrund

4-9

Botanischer Name: *Clematis* „Madame Boisselot" syn. „Madame Le Coultre"
Deutscher Name: Klematis, Waldrebe
Andere Arten/Sorten: „Henryi", „Jackmanii Alba"
Beschreibung: Kletterpflanze mit großen weißen Blüten. Für kräftigen Austrieb im zeitigen Frühjahr leicht zurückschneiden und dünne beschädigte Triebe entfernen.
Höhe x Breite: 3 x 1 m +
Blütezeit: Frühsommer bis Frühherbst
Boden: Fruchtbar, Feuchtigkeit speichernd und humos.

2-8

Botanischer Name: *Cornus alba* „Elegantissima"
Deutscher Name: Rotrindiger Hartriegel
Andere Arten/Sorten: Keine
Beschreibung: Strauch mit weiß umrandeten graugrünen Blättern. Die üppigen aufrechten Triebe färben sich nach dem Laubabwurf karminrot. Für eine Bildung größerer Blätter im Spätfrühling einige der ältesten Äste entfernen. Die Blüten können zu weißen Beeren heranreifen.
Höhe x Breite: 1,8 x 2,1 m
Blütezeit: Spätfrühling bis Frühsommer
Boden: Fruchtbar, Feuchtigkeit speichernd, auch schwerer nasser Lehmboden.

Mitte

Botanischer Name: *Cosmos* „Purity"
Deutscher Name: Kosmea, Schmuckkörbchen
Andere Arten/Sorten: „Sensation"-Serie, „Sonata"-Serie
Beschreibung: Bedingt frostharte Einjährige mit sehr feinen farnartigen Blättern und großen Korbblüten auf langen Stängeln. Gute Schnittblume. Ideal zwischen krautigen Stauden oder als Lückenfüller auf gemischten Rabatten.
Höhe x Breite: 90 x 30 – 45 cm
Blütezeit: Sommermitte bis Herbstmitte oder Frostbeginn
Boden: Gut drainiert. Gedeiht auch auf relativ kargen Böden.

6-9

Botanischer Name: *Crambe maritima*
Deutscher Name: Meerkohl
Andere Arten/Sorten: „Lily White"
Beschreibung: Staude mit einem grundständigen Büschel aus großen blaugrauen Blättern mit gewelltem Rand und wachsartiger Oberfläche. Die verzweigten Stängel tragen Büschel aus kleinen weißen Blüten. Für Küstengärten geeignet.
Höhe x Breite: 60 x 60 cm
Blütezeit: Frühsommer
Boden: Gut drainiert, auch sandige oder steinige Böden.

Vordergrund

7-9

Botanischer Name: *Ballota pseudodictamnus*
Deutscher Name: Gottvergess
Andere Arten/Sorten: *B. acetabulosa*
Beschreibung: Halbstrauch mit einem flachen Büschel aus graugrünem Blattwerk. Blätter und Stängel besitzen eine weißwollige Oberfläche. Die Wirtel aus rosa Blüten sind von grünen Kelchen umgeben. Im Frühling bis zum Boden zurückschneiden.
Höhe x Breite: 60 x 90 cm
Blütezeit: Frühsommer bis Sommermitte
Boden: Durchschnittlich, gut drainiert.

8-10

Botanischer Name: *Hebe* „Pewter Dome"
Deutscher Name: Hebe, Strauchveronika
Andere Arten/Sorten: *Hebe pinguifolia* „Pagei"
Beschreibung: Immergrüner Strauch. Bildet eine dichte Kuppel aus kleinen, wachsartigen, graugrünen Blättern. Fedrige weiße Blütenstände. Schöner Kontrast zu Säulen- und Kegelformen und zu Pflanzen mit schwertförmigen Blättern.
Höhe x Breite: 45 x 90 cm
Blütezeit: Frühsommer
Boden: Gut drainiert, aber Feuchtigkeit speichernd.

Hintergrund

4-8

Botanischer Name: *Viburnum opulus* „Roseum" syn. „Sterile"
Deutscher Name: Schneeball
Andere Arten/Sorten: Keine
Beschreibung: Strauch mit großen gezahnten Blättern und runden cremeweißen Blütenköpfen. Diese spezielle Sorte ist unfruchtbar und bringt keine Beeren hervor. Schöne Herbstfärbung.
Höhe x Breite: 3 x 3 m
Blütezeit: Frühsommer bis Sommermitte
Boden: Fruchtbar, Feuchtigkeit speichernd. Verträgt Staunässe und Kalk.

5-10

Botanischer Name: *Miscanthus sinensis* „Variegatus"
Deutscher Name: Chinaschilf
Andere Arten/Sorten: Keine
Beschreibung: Ziergras, bildet eine hohe Säule aus parallelen Halmen mit geneigter Spitze. Die bandförmigen Blätter sind leuchtend weiß gestreift. Blütenfedern in Frühherbst.
Höhe x Breite: 1,8 x 0,6 m
Blütezeit: Herbstmitte bis Spätherbst
Boden: Fruchtbar, Feuchtigkeit speichernd. Trockene Bedingungen meiden.

Mitte

Botanischer Name: *Datura innoxia* „Alba" syn. *D. meteloides*
Deutscher Name: Stechapfel
Andere Arten/Sorten: Keine
Beschreibung: Kurzlebige Staude, als Einjährige kultiviert. Große grobe Blätter und trompetenförmige Blüten mit herrlichem Duft. Ungewöhnliche Terrassenpflanze. Im zeitigen Frühjahr bei Wärme aussäen.
Höhe x Breite: 90 x 75 cm
Blütezeit: Sommer bis Frostbeginn
Boden: Fruchtbar, gut drainiert, aber Feuchtigkeit speichernd.

4-9

Botanischer Name: *Lilium candidum*
Deutscher Name: Madonnenlilie
Andere Arten/Sorten: Keine
Beschreibung: Zwiebelpflanze. Die langen Stängel tragen Büschel aus großen duftenden Trompetenblüten. Überwintert mit grundständiger Blattrosette. Verträgt keine Störungen. Mehltauanfällig. Flach einpflanzen.
Höhe x Breite: 90 – 150 x 30 cm
Blütezeit: Sommermitte
Boden: Durchschnittlich, leicht alkalisch.

Vordergrund

8-10

Botanischer Name: *Cistus salviifolius*
Deutscher Name: Zistrose
Andere Arten/Sorten: „Prostratus"
Beschreibung: Strauch mit einem flachen Büschel aus flaumigen Blättern und einer Fülle von kleinen weißen Blüten mit gelber Mitte. Die Sorte „Prostratus" wächst langsamer, gilt aber als frosthärter.
Höhe x Breite: 45 x 75 cm
Blütezeit: Sommer
Boden: Karger Sandboden, um üppigen frostanfälligen Wuchs zu vermeiden.

9-10

Botanischer Name: *Artemisia arborescens*
Deutscher Name: Baumwermut
Andere Arten/Sorten: „Faith Raven", *A. absinthium* „Lambrook Giant"
Beschreibung: Halbimmergrüner Halbstrauch mit grauweißen fein zerteilten Blättern und winzigen gelben Blüten. Keine zuverlässige Frosthärte. Möglichst vor eine warme Mauer pflanzen. „Faith Raven" ist robuster.
Höhe x Breite: 60 – 90 x 60 cm
Blütezeit: Sommermitte bis Spätsommer
Boden: Überwintert am besten auf kargen trockenen Böden.

Hintergrund

Botanischer Name: *Lathyrus odoratus*
Deutscher Name: Duftwicke, Edelwicke
Andere Arten/Sorten: „Lillie Langtry", „Swan Lake", „Royal Wedding", „Rembrandt"
Beschreibung: Einjährige rankende Kletterpflanze mit weißen Blüten. Braucht ein Klettergestell oder kann über einen ausgewachsenen Strauch gezogen werden. Ausgezeichnete Schnittblume. Stark duftend.
Höhe x Breite: 2,7 x 1 m
Blütezeit: Frühsommer bis Frühherbst
Boden: Gut umgraben und mit viel organischem Material anreichern.

4-9

Botanischer Name: *Hydrangea arborescens* „Annabelle"
Deutscher Name: Ballhortensie
Andere Arten/Sorten: „Grandiflora"
Beschreibung: Rundlicher Strauch mit breiten spitz zulaufenden Blättern und sehr großen, runden cremeweißen Blütenköpfen, die im Herbst ins Beige verwelken. Vermehrung durch Stecklinge.
Höhe x Breite: 1,8 x 2,4 m
Blütezeit: Sommermitte bis Frühherbst
Boden: Fruchtbar, Feuchtigkeit speichernd, möglichst neutral bis sauer. Verträgt Kalk.

Mitte

3-10

Botanischer Name: *Malva moschata alba*
Deutscher Name: Moschusmalve
Andere Arten/Sorten: Keine
Beschreibung: Buschige Staude mit schönen gefingerten Blättern und einer Fülle von schalenförmigen weißen Blüten. Wird aus Samen gezogen. Selbst aussäend.
Höhe x Breite: 90 x 60 cm
Blütezeit: Frühsommer bis Sommermitte
Boden: Fruchtbar, gut drainiert. Verträgt Kalk.

5-10

Botanischer Name: *Verbascum lychnitis*
Deutscher Name: Königskerze
Andere Arten/Sorten: *Verbascum chaixii „Album"*
Beschreibung: Zweijährige mit einem Büschel aus großen immergrünen Blättern in Graugrün. Bildet im zweiten Jahr hohe verzweigte Stängel voller kleiner Blüten.
Höhe x Breite: 60 – 90 x 60 cm
Blütezeit: Frühsommer bis Sommermitte
Boden: Gut drainiert.

Vordergrund

9-10

Botanischer Name: *Artemisia arborescens* „Porquerolles"
Deutscher Name: Baumwermut
Andere Arten/Sorten: „Faith Raven", „Powis Castle"
Beschreibung: Immergrüner kompakter Strauch mit schnurförmigen silbergrauen Blättern. Unbedeutende Blüten. An eine warme Mauer und in relativ kargen Boden pflanzen.
Höhe x Breite: 60 x 90 cm
Blütezeit: Sommer bis Herbst
Boden: Gut drainiert bis trocken.

5-10

Botanischer Name: *Artemisia absinthium* „Lambrook Silver"
Deutscher Name: Wermut, Absinth
Andere Arten/Sorten: *A. absinthium*
Beschreibung: Immergrüne Staude mit aromatischen, fein zerteilten silbergrauen Blättern. Lange, zarte verzweigte Ähren mit winzigen graugelben Blüten.
Höhe x Breite: 75 x 60 cm
Blütezeit: Frühsommer bis Frühherbst
Boden: Gut drainiert.

8-10

tanischer Name: *Jasminum officinale*
utscher Name: Echter Jasmin
ndere Arten/Sorten: *J. o. affine, J. o.* „Argenteovariegatum", *J. o.* „Fiona Sunrise"
schreibung: Kletterpflanze mit lockerem Wuchs, gefiederten Blättern und Büscheln s duftenden Blütensternen. Am besten ungehindert und weiträumig ausbreiten ssen.
öhe x Breite: 7,3 x 7,3 m
ütezeit: Frühsommer bis Spätsommer
den: Durchschnittlich, gut drainiert.

Hintergrund

3-9

Botanischer Name: *Aruncus dioicus*
Deutscher Name: Geißbart
Andere Arten/Sorten: „Glasnevin"
Beschreibung: Staude mit bis zu 1,2 m hohen Büscheln aus großen farnartigen Blättern. Die fedrigen cremeweißen Blütenstände sind bei männlichen Pflanzen besonders prächtig. Weibliche Pflanzen bilden dagegen ausdauernde attraktive Samenkapseln.
Höhe x Breite: 1,8 – 2,1 x 1,2 m
Blütezeit: Frühsommer bis Spätsommer
Boden: Mäßig fruchtbar. Gedeiht besonders gut auf feuchten Böden.

3-10

tanischer Name: *Echinacea purpurea* „White Swan"
utscher Name: Roter Sonnenhut
ndere Arten/Sorten: „White Lustre", „White Star"
schreibung: Staude. Die steifen aufrechten Stängel tragen große Korbblüten mit ner kuppelförmigen gelbbraunen Mitte. *E. purpurea* ist ein wichtiges Heilkraut.
öhe x Breite: 1,2 x 0,45 m
ütezeit: Sommer
den: Fruchtbar, gut drainiert, aber reich an organischem Material.

Mitte

3-9

Botanischer Name: *Phlox paniculata* (Kultivar)
Deutscher Name: Flammenblume
Andere Arten/Sorten: „Fujiyama", „Europa", „White Admiral"
Beschreibung: Staude. Die aufrechten Stängel sind in weidenartige Blätter gekleidet und tragen Büschel aus duftenden kreisrunden Blüten. Unter heißen trockenen Bedingungen mehltauanfällig.
Höhe x Breite: 1,2 x 0,6 m
Blütezeit: Sommermitte bis Herbstmitte, je nach Sorte
Boden: Fruchtbar, Feuchtigkeit speichernd, humos. Schwere Lehmböden meiden.

3-9

Botanischer Name: *Hosta undulata*
Deutscher Name: Funkie
Andere Arten/Sorten: *H. u. univittata, H. u. albomarginata* syn. „Thomas Hogg"
Beschreibung: Staude, bildet einen Büschel aus gewellten oder spiralförmig gedrehten dunkelgrünen Blättern mit breiter cremeweißer Mitte. Hohe Stängel mit lilafarbenen Glockenblüten.
Höhe x Breite: 45 x 30 cm
Blütezeit: Frühsommer
Boden: Fruchtbar, Feuchtigkeit speichernd. Gedeiht unter trockenen Bedingungen im Schatten.

Vordergrund

Botanischer Name: *Antirrhinum majus*
Deutscher Name: Löwenmaul
Andere Arten/Sorten: „White Wonder", „Coronette"-Serie, „Monarch"-Serie
Beschreibung: Einjährige Pflanze. Die von unten an verzweigten Stängel sind in kleine, schmale dunkelgrüne Blätter gehüllt. Aufrechte Blütenstände mit zweilippigen Röhrenblüten.
Höhe x Breite: 30 – 60 x 30 cm
Blütezeit: Frühsommer bis Herbstmitte
Boden: Bevorzugt leichtere Böden.

Hintergrund

6-9

Botanischer Name: *Rubus cockburnianus „Golden Vale"*
Deutscher Name: Weißstämmige Brombeere
Andere Arten/Sorten: *R. ribetanus* syn. *R. t.* „Silver Fern"
Beschreibung: Strauch mit dunkelvioletten weiß überzogenen Trieben, die zunächst aufrecht wachsen und sich später zu den Seiten neigen. Gelbe gefiederte Blätter und kleine schalenförmige Blüten. Im Frühling stark zurückschneiden. Ausbreitend.
Höhe x Breite: 1,8 x 1,8 m
Blütezeit: Spätsommer bis Frühherbst
Boden: Feucht. Sehr trockene oder nasse Böden meiden.

6-8

Botanischer Name: *Onopordum acanthium*
Deutscher Name: Eselsdistel
Andere Arten/Sorten: Keine
Beschreibung: Zweijährige Rabattenpflanze mit silbergrauen tief zerteilten Blättern (zum Schutz vor Nackt- und Gehäuseschnecken) und einem hohen Stängel mit violett-rosa Distelblüten.
Höhe x Breite: 1,8 x 1 m
Blütezeit: Sommer
Boden: Fruchtbar, gut drainiert.

Mitte

3-10

Botanischer Name: *Veronicastrum virginicum album*
Deutscher Name: Ehrenpreis
Andere Arten/Sorten: Keine
Beschreibung: Die aufrechten Triebe dieser Staude sind in Wirtel aus spitzen Blättern gekleidet und tragen schmale Blütenähren. Schöner Hintergrund vor niedrigeren Gewächsen.
Höhe x Breite: 120 x 50 cm
Blütezeit: Spätsommer
Boden: Fruchtbar, möglichst mäßig sauer.

5-10

Botanischer Name: *Eryngium giganteum*
Deutscher Name: Edeldistel, Mannstreu
Andere Arten/Sorten: Keine
Beschreibung: Zweijährige oder kurzlebige Staude mit einer grundständigen Rosette aus herzförmigen Blättern. Die hohen silbrigen Stängel tragen blaue fingerhutförmige Köpfchen mit einem breiten, stacheligen Silberkragen.
Höhe x Breite: 90 – 120 x 75 cm
Blütezeit: Spätsommer
Boden: Fruchtbar, gut drainiert.

Vordergrund

8-10

Botanischer Name: *Hebe rakaiensis* syn. *Veronica subalpina*
Deutscher Name: Hebe, Strauchveronika
Andere Arten/Sorten: Keine
Beschreibung: Immergrüner Strauch mit dichtem kuppelförmigem Wuchs. Die hellen erbsengrünen Blätter bilden im Winter einen schönen Kontrast zu dunkleren immergrünen Gewächsen. Kurze flauschige Blütenähren.
Höhe x Breite: 90 x 120 cm
Blütezeit: Frühsommer bis Sommermitte
Boden: Gut drainiert, aber nicht übermäßig trocken.

4-10

Botanischer Name: *Stachys byzantina* syn. *S. lanata*
Deutscher Name: Wollziest
Andere Arten/Sorten: „Silver Carpet" (nicht blühend)
Beschreibung: Immergrüne Staude. Die ovalen Blätter sind mit einem dichten Pelz aus silbrigen Härchen bedeckt. Aufrechte Stängel mit kirschroten wollig verhüllten Blüten. Zur Spätsaison hin mehltauanfällig.
Höhe x Breite: 45 x 30 cm
Blütezeit: Sommer
Boden: Winternässe vermeiden.

Hintergrund

3-9

Botanischer Name: *Clematis recta*
Deutscher Name: Klematis, Waldrebe
Andere Arten/Sorten: „Purpurea", „Grandiflora"
Beschreibung: Staude. Je nach Sorte, grüne oder violette Blätter und hohe Triebe mit einer Fülle von weißen duftenden Blüten. Muss gestützt werden. Schöne silbrige Samenhülsen.
Höhe x Breite: 1,5 – 1,8 x 0,6 m
Blütezeit: Frühsommer bis Sommermitte
Boden: Fruchtbar, gut drainiert, möglichst leicht alkalisch.

5-9

Botanischer Name: *Rosa filipes* „Kiftsgate"
Deutscher Name: Kaskadenrose
Andere Arten/Sorten: „Rambling Rector", „Seagull", „Wedding Day"
Beschreibung: Kletterpflanze mit üppigem wallendem Wuchs. Kann an ausgewachsenen Bäumen hochgezogen werden. Kleine glänzende Blätter und große Büschel aus kleinen, weißen ungefüllten Blüten. Leicht duftend.
Höhe x Breite: 9 x 6 m +
Blütezeit: Spätsommer
Boden: Gut drainiert, aber Feuchtigkeit speichernd, auch Lehmböden.

Mitte

7-10

Botanischer Name: *Crinum* x *powellii* „Album"
Deutscher Name: Hakenlilie
Andere Arten/Sorten: Keine
Beschreibung: Zwiebelpflanze mit langen gebogenen Blättern und kräftigen Stängeln mit großen Trompetenblüten. Lieblicher Duft. Frostempfindlich, deshalb in kalten Regionen an eine warme Mauer pflanzen.
Höhe x Breite: 120 x 60 cm
Blütezeit: Sommer
Boden: Tiefgründig, fruchtbar, Feuchtigkeit speichernd. Mit organischem Material mulchen.

8-10

Botanischer Name: *Agapanthus campanulatus* var. *albidus*
Deutscher Name: Schmucklilie
Andere Arten/Sorten: *A.* „Rancho White", „White Christmas"
Beschreibung: Knollen bildende Staude mit einem dichten Büschel aus schönen bandförmigen Blättern. Die leicht gebogenen Triebe tragen kugelförmige Blütenbüschel.
Höhe x Breite: 60 x 45 cm
Blütezeit: Spätsommer
Boden: Fruchtbar, Feuchtigkeit speichernd, aber gut drainiert.

Vordergrund

Botanischer Name: *Iberis umbellata* „White Pinnacle"
Deutscher Name: Schleifenblume
Andere Arten/Sorten: „Iceberg", „White Empress", „Giant Hyacinth-flowered"
Beschreibung: Frostharte Einjährige mit kuppelförmigen Köpfen aus winzigen, duftenden hyazinthenartigen Blüten. Im Herbst oder Frühling direkt aussäen oder zunächst unter Glas ziehen und im Spätfrühling auspflanzen.
Höhe x Breite: 30 – 38 x 23 cm
Blütezeit: Spätfrühling bis Frühherbst
Boden: Gut drainiert.

4-10

Botanischer Name: *Lychnis coronaria* „Alba"
Deutscher Name: Weiße Kronlichtnelke
Andere Arten/Sorten: *L. c.* „Oculata"
Beschreibung: Kurzlebige Staude mit einem grundständigen Büschel aus grauen pelzigen Blättern. Die silbergrauen verzweigten Stängel tragen flache kreisrunde Blüten. Selbst aussäend, vor allem in Kiesflächen. Kann als Zweijährige kultiviert werden.
Höhe x Breite: 90 x 45 cm
Blütezeit: Sommermitte bis Spätsommer
Boden: Gut drainiert, auch trockene und karge Böden.

Hintergrund

4-9

Botanischer Name: *Clethra alnifolia*
Deutscher Name: Scheinheller, Süßer Pfefferstrauch
Andere Arten/Sorten: „Paniculata", *C. tomentosa*
Beschreibung: Strauch mit lanzettförmigen Blättern und schmalen flauschigen Blütenähren. Bevorzugt helle schattige Standorte. Schöne gelbe Herbstfärbung.
Höhe x Breite: 1,2 x 1,8 m
Blütezeit: Spätsommer bis Herbstmitte
Boden: Neutral bis sauer, feucht.

9-10

Botanischer Name: *Brugmansia* „Variegata Sunset" syn. *Datura*
Deutscher Name: Engelstrompete
Andere Arten/Sorten: *B. suaveolens, B. s.* „Plena"
Beschreibung: Strauch mit großen, weichen weiß panaschierten Blättern und duftenden herabhängenden Trompetenblüten. Alle Pflanzenteile sind giftig.
Höhe x Breite: 1,8 – 2,4 x 1,8 – 2,4 m
Blütezeit: Sommer bis Herbst
Boden: Durchschnittlich fruchtbar. Zu großer Nährstoffgehalt beeinträchtigt die Blüte.

Mitte

3-10

Botanischer Name: *Physostegia virginiana* „Summer Snow"
Deutscher Name: Gelenkblume
Andere Arten/Sorten: „Alba", „Schneekrone"
Beschreibung: Staude mit aufrechten Ähren aus Röhrenblüten. Der gebräuchliche Name rührt daher, dass die Einzelblüten an ihren Stielen in eine andere Richtung gebogen werden können und dort verharren. Kann sich unter idealen Bedingungen stark ausbreiten.
Höhe x Breite: 90 x 60 cm
Blütezeit: Sommermitte bis Frühherbst
Boden: Durchschnittlich, fruchtbar, aber Feuchtigkeit speichernd.

3-10

Botanischer Name: *Lysimachia clethroides*
Deutscher Name: Schneefelberich
Andere Arten/Sorten: *L. barystachys, L. fortunei*
Beschreibung: Staude, für Naturgärten geeignet. Lange schmal zulaufende Blütenstände mit gebogener Spitze, die sich allmählich aufrichtet, während sich die Blüten von unten nach oben öffnen. Wuchernd.
Höhe x Breite: 90 x 60 cm
Blütezeit: Spätsommer
Boden: Fruchtbar, feucht.

Vordergrund

Botanischer Name: *Begonia semperflorens*
Deutscher Name: Eisbegonie
Andere Arten/Sorten: F1-Hybriden
Beschreibung: Frostempfindliche Staude, gewöhnlich als einjährige Rabattenpflanze kultiviert. Runde fleischige Blätter in Grün oder Bronze und dichte Büschel aus rundblättrigen Blüten. Durch Grünstecklinge vermehren oder im Frühling neue Sämlinge kaufen.
Höhe x Breite: 10 – 30 x 15 – 30 cm
Blütezeit: Frühsommer bis Herbstmitte
Boden: Gut drainiert, aber Feuchtigkeit speichernd.

Botanischer Name: *Nicotiana* „Domino-Serie" F1
Deutscher Name: Ziertabak
Andere Arten/Sorten: Starship-Serie, *Nicotiana alata* syn. *N. affinis*
Beschreibung: Einjährige Pflanze mit einer grundständigen Blattrosette und aufrechten Stängeln mit vielen aufeinander folgenden Blüten. Kann in milden Regionen überwintern. Leicht duftend.
Höhe x Breite: 30 – 45 x 30 cm
Blütezeit: Sommermitte bis Herbstmitte
Boden: Gut drainiert.

Hintergrund

5-9

Botanischer Name: *Rosa* „Sander's White Rambler"
Deutscher Name: Kaskadenrose
Andere Arten/Sorten: „Rambling Rector", „Seagull", „Wedding Day"
Beschreibung: Kletterrose mit üppigem ausladendem Wuchs, glänzenden Blättern in frischem Grün und einer Fülle von kleinen gefüllten rosettenförmigen Blüten. Einmal blühend.
Höhe x Breite: 3,7 x 3,7 m
Blütezeit: Spätsommer
Boden: Fruchtbar, Feuchtigkeit speichernd, auch schwere Lehmböden.

8-10

Botanischer Name: *Escallonia* „Iveyi"
Deutscher Name: Escallonie
Andere Arten/Sorten: *E. bifida*
Beschreibung: Immergrüner Strauch mit dunkelgrünen glänzenden Blättern. Büschel aus weißen wachsartigen Blüten an den Triebspitzen. Lockt Schmetterlinge an. In kälteren Regionen an eine warme Mauer pflanzen. Gute Küstenpflanze.
Höhe x Breite: 3 x 3 m
Blütezeit: Spätsommer bis Frühherbst
Boden: Durchschnittlich, fruchtbar, gut drainiert.

Mitte

6-10

Botanischer Name: *Anemone* x *hybrida* „Luise Uhink"
Deutscher Name: Herbstanemone
Andere Arten/Sorten: „Honorine Jobert", „Whirlwind", „Geant des Blanches"
Beschreibung: Staude mit einem grundständigen Büschel aus dreilappigen Blättern. Die schlanken aufrechten Stängel tragen schalenförmige Blüten mit gelben Staubbeuteln. Kann sich stark ausbreiten. Ideal für Strauchrabatten.
Höhe x Breite: 120 x 60 cm
Blütezeit: Spätsommer bis Herbstmitte
Boden: Gut drainiert, möglichst Feuchtigkeit speichernd.

4-10

Botanischer Name: *Yucca flaccida*
Deutscher Name: Yucca, Palmlilie
Andere Arten/Sorten: „Golden Sword" (panaschiert), „Ivory", *Y. flaccida major*
Beschreibung: Immergrüne Staude mit einer Rosette aus schmalen, schwertförmigen graugrünen Blättern mit herabhängender Spitze. Die langen Blütenstände tragen nickende glockenförmige weiße Blüten.
Höhe x Breite: 90 x 75 cm
Blütezeit: Sommermitte bis Spätsommer
Boden: Gut drainiert.

Vordergrund

3-9

Botanischer Name: *Anaphalis margaritacea* syn. *A. yedoensis*
Deutscher Name: Perlkörbchen
Andere Arten/Sorten: *A. m. cinnamomea, A. m. yedoensis*
Beschreibung: Staude mit graugrünen, lanzettförmigen Blättern mit silbernem Rand und silbrig pelziger Unterseite. Die aufrechten Stängel tragen dichte Büschel aus papierartigen Blüten. Gute Trockenblume.
Höhe x Breite: 60 – 75 x 60 cm
Blütezeit: Spätsommer bis Frühherbst
Boden: Gut drainiert, aber Feuchtigkeit speichernd.

5-8

Botanischer Name: *Daboecia cantabrica* „Alba"
Deutscher Name: Irische Glockenheide
Andere Arten/Sorten: „Snowdrift"
Beschreibung: Immergrüner kleiner Strauch mit flachen breiten Büscheln aus hellgrünen nadelförmigen Blättern. Büschel aus kleinen Glockenblüten. Für kräftigen Austrieb im Frühling stark zurückschneiden.
Höhe x Breite: 45 x 60 cm
Blütezeit: Spätfrühling bis Herbstmitte
Boden: Sauer, Feuchtigkeit speichernd.

Hintergrund

5-9

Botanischer Name: *Clematis* „Alba Luxurians"
Deutscher Name: Klematis, Waldrebe
Andere Arten/Sorten: Keine
Beschreibung: Kletterpflanze mit ovalen Blättern und zarten, nickenden vierblättrigen Blüten. Kann im Winter/Vorfrühling stark zurückgeschnitten werden. Kann früh blühende Sträucher im Sommer mit seiner Blüte verzieren.
Höhe x Breite: 3,5 x 3,5 m
Blütezeit: Sommermitte bis Frühherbst
Boden: Feuchtigkeit speichernd, mit reichlich organischem Material.

6-10

Botanischer Name: *Romneya coulteri*
Deutscher Name: Baummohn
Andere Arten/Sorten: „White Cloud", *R. trichocalyx*
Beschreibung: Basal verholzte Staude mit tief zerteilten graugrünen Blättern. Große Blüten mit seidenpapierartigen Blütenblättern und einer erhabenen goldenen Mitte. Duftend. Kann wuchern.
Höhe x Breite: 2 x 2 m
Blütezeit: Spätsommer bis Frühherbst
Boden: Tiefgründig, fruchtbar, Feuchtigkeit speichernd.

Mitte

Botanischer Name: *Galtonia candicans*
Deutscher Name: Kaphyazinthe
Andere Arten/Sorten: Keine
Beschreibung: Zwiebelpflanze mit herabhängenden riemenförmigen Blättern. Die hohen aufrechten Stängel tragen hübsche hängende Glockenblüten. Schöne Samenkapseln. Kann sich stark ausbreiten.
Höhe x Breite: 120 x 60 cm
Blütezeit: Spätsommer
Boden: Tiefgründig, fruchtbar, gut kultiviert. Flache Sandböden meiden.

6-9

Botanischer Name: *Yucca flaccida* „Ivory"
Deutscher Name: Yucca, Palmlilie
Andere Arten/Sorten: *Y. f.* „Golden Sword", *Y. f. major*
Beschreibung: Immergrüne Staude mit einer Rosette aus schmalen, schwertförmigen graugrünen Blättern. Hohe Blütenstände mit fast horizontal stehenden Glockenblüten.
Höhe x Breite: 90 x 75 cm
Blütezeit: Sommermitte bis Spätsommer
Boden: Gut drainiert.

4-10

Vordergrund

4-10

Botanischer Name: *Tanacetum parthenium (Chrysanthemum parthenium)*
Deutscher Name: Mutterkraut
Andere Arten/Sorten: „Aureum", „Rowallane", „White Bonnet"
Beschreibung: Immergrüne buschige Staude mit fein zerteilten Blättern und einer Fülle von margeritenartigen Blüten. Kurzlebig, aber selbst aussäend. Für üppige überwinternde Blattbüschel stark zurückschneiden.
Höhe x Breite: 20 – 45 x 20 – 45 cm
Blütezeit: Sommer bis Frühherbst
Boden: Mäßig drainiert.

4-10

Botanischer Name: *Liriope spicata* „Alba"
Deutscher Name: Liliengras
Andere Arten/Sorten: *L. muscari* „Monroe White"
Beschreibung: Immergrüne Staude, breitet sich durch unterirdische Rhizome aus. Dichte Büschel aus breiten grasartigen Blättern mit Ähren winziger Glockenblüten. Attraktives Blattwerk im Winter.
Höhe x Breite: 30 x 30 – 40 cm
Blütezeit: Spätsommer
Boden: Gut drainiert.

Hintergrund

8-10

Botanischer Name: *Olearia* „Talbot de Malahide" syn. *O. albida*
Deutscher Name: Baumaster
Andere Arten/Sorten: *O. avicenniifolia, O. a.* „White Confusion", *O.* x *haastii*
Beschreibung: Immergrüner Strauch mit dichtem rundlichem Wuchs. Ideal für milde Regionen und windige Küstenstandorte. Graugrüne wellenrandige Blätter mit weißer Unterseite und duftenden weißlichen Blüten.
Höhe x Breite: 3 x 5 m
Blütezeit: Spätsommer
Boden: Gut drainiert.

5-9

Botanischer Name: *Buddleia davidii* (Kultivar)
Deutscher Name: Sommerflieder, Schmetterlingsstrauch
Andere Arten/Sorten: „Peace", „White Profusion", „White Bouquet", *B. fallowiana* var. *alba*
Beschreibung: Strauch mit aufrechten, in große, spitze graugrüne Blätter gekleideten Trieben. Endständige Blütenähren mit Honigduft. Lockt Schmetterlinge an. Für kräftiges Astwerk im Frühling stark zurückschneiden.
Höhe x Breite: 4 x 4 m (ohne Rückschnitt)
Blütezeit: Sommermitte bis Spätsommer
Boden: Gut drainiert. Beste Blüte auf relativ nährstoffarmen Böden.

Mitte

9-10

Botanischer Name: *Argyranthemum frutescens (Chrysanthemum frutescens)*
Deutscher Name: Strauchmargerite
Andere Arten/Sorten: „Chelsea Girl", „Edelweiß", „Qinta White", „Royal Haze"
Beschreibung: Halbstrauch oder frostempfindliche Staude mit buschigem verzweigtem Wuchs und fein zerteilten graugrünen Blättern. Zarte weiße Margeritenblüten mit gelber Mitte.
Höhe x Breite: 90 x 90 cm
Blütezeit: Frühling bis Herbst
Boden: Gut drainiert.

7-10

Botanischer Name: *Hebe salicifolia*
Deutscher Name: Hebe, Strauchveronika
Andere Arten/Sorten: *H.* x *kirkii, H.* „White Gem"
Beschreibung: Immergrüner Strauch mit langen, schmalen weidenartigen Blätter in glänzendem Hellgrün. Spitz zulaufende Blütenstände in Weiß oder einem blassen Malventon. Für kompakten Wuchs im Frühling beschneiden. Gute Küstenpflanze.
Höhe x Breite: 1,2 x 1,8 m
Blütezeit: Sommer bis Frühherbst
Boden: Gut drainiert.

Vordergrund

4-10

Botanischer Name: *Tanacetum parthenium* „White Gem" syn. *Matricaria* „White Gem"
Deutscher Name: Mutterkraut
Andere Arten/Sorten: „Snow Puffs", „Rowallane", „White Bonnet"
Beschreibung: Immergrüne aromatische Staude, gewöhnlich als bedingt frostharte Einjährige kultiviert. Fein zerteilte Blätter und knopfförmige Blütenköpfchen.
Höhe x Breite: 30 x 30 cm
Blütezeit: Frühsommer bis Herbstmitte
Boden: Gut drainiert.

Botanischer Name: *Limonium sinuatum*
Deutscher Name: Statice, Meerlavendel
Andere Arten/Sorten: „Fortress"
Beschreibung: Staude, gewöhnlich als bedingt frostharte Einjährige kultiviert. Dunkelgrüne lanzettförmige Blätter und dichte Büschel aus papierartigen Blüten. Schöne Trockenblume.
Höhe x Breite: 60 x 30 cm
Blütezeit: Sommer bis Herbstmitte
Boden: Gut drainiert.

Hintergrund

5-9

Botanischer Name: *Abelia* x *grandiflora*
Deutscher Name: Abelie
Andere Arten/Sorten: *A.* x *g.* „Francis Mason"
Beschreibung: Strauch, je nach Temperaturen immergrün oder Laub abwerfend. Dicht in kleine glänzende Blätter gekleidet. Die rosafarbenen Knospen öffnen sich zu Büscheln aus glockenförmigen Blüten. Sprödes Astwerk, deshalb windige Standorte meiden.
Höhe x Breite: 1,5 + x 1,8 + m
Blütezeit: Sommer bis Herbst
Boden: Fruchtbar, gut drainiert. Extrem trockene oder alkalisch Böden meiden.

6-7

Botanischer Name: *Sorbaria tomentosa* var. *angustifolia* syn. *S. aitchinsonii*
Deutscher Name: Fiederspiere
Andere Arten/Sorten: *S. sorbifolia*
Beschreibung: Strauch mit kräftigen aufrechten Ästen, großen gefiederten Blättern und fedrigen cremeweißen Blütenbüscheln. Für große Areale und Naturgärten geeignet. Unter idealen Bedingungen wuchernd.
Höhe x Breite: 3 x 4 m und breiter
Blütezeit: Spätsommer bis Frühherbst
Boden: Relativ tolerant, aber bevorzugt tiefgründige, fruchtbare Feuchtigkeit speichernde Böden.

Mitte

3-10

Botanischer Name: *Campanula persicifolia* „Alba"
Deutscher Name: Glockenblume
Andere Arten/Sorten: „Hampstead White", „White Knight", „Wedgwood White"
Beschreibung: Staude mit einer immergrünen Rosette aus lanzettförmigen Blättern. Die aufrechten Stängel tragen große nickende Glockenblüten. Selbst aussäend.
Höhe x Breite: 90 x 30 cm
Blütezeit: Sommer
Boden: Gut drainiert.

7-9

Botanischer Name: *Senecio smithii*
Deutscher Name: Greiskraut
Andere Arten/Sorten: Keine
Beschreibung: Staude mit einem groben Büschel aus breiten, glänzenden graugrünen Blättern. Große Büschel aus weißen margeritenartigen Blüten mit gelber Mitte. Gedeiht am besten in Klimaten mit kühlem Sommer.
Höhe x Breite: 120 x 60 cm
Blütezeit: Sommer
Boden: Fruchtbar, feucht

Vordergrund

Botanischer Name: *Euphorbia marginata*
Deutscher Name: Wolfsmilch, Schnee auf dem Berge
Andere Arten/Sorten: „Summer Icicle"
Beschreibung: Bedingt frostharte Einjährig mit buschigem aufrechtem Wuchs. Wirtelig angeordnete grün-weiß panaschierte Blätter und unbedeutende Blüten. Schönes Beiwerk für Blumensträuße, Stängel sollten jedoch versiegelt werden (hautreizender Milchsaft).
Höhe x Breite: 60 x 30 cm
Blütezeit: Sommer
Boden: Gut drainiert.

10

Botanischer Name: *Pelargonium* (Kultivar)
Deutscher Name: Pelargonie (volkstüml. Geranie)
Andere Arten/Sorten: „La Paloma"
Beschreibung: Frostempfindliche immergrüne Staude mit großen, runden tief gesägten Blättern. Trichterförmige Blüten, oftmals mit dunklerer Zeichnung im Schlund und auffälligen Staubblättern.
Höhe x Breite: 30 – 45 x 30 cm
Blütezeit: Sommer
Boden: Gut drainiert.

Hintergrund

6-10

Botanischer Name: *Pileostegia viburnoides* syn. *Schizophragma viburnoides*
Deutscher Name: Botanischer Name
Andere Arten/Sorten: *Schizophragma hydrangeoides*
Beschreibung: Immergrüne Kletterpflanze, schlingt sich mittels Luftwurzeln an Mauern und Bäumen empor. Elegante spitze Blätter mit ledriger Oberfläche und spitzenartige Büschel aus cremeweißen Blüten. Junge Pflanzen stützen. Anfänglich langsames Wachstum.
Höhe x Breite: 5,5 x 5,5 m
Blütezeit: Spätsommer bis Herbst
Boden: Feuchtigkeit speichernd.

5-9

Botanischer Name: *Hydrangea quercifolia*
Deutscher Name: Eichenblättrige Hortensie
Andere Arten/Sorten: „Snowflake", „Snow Queen"
Beschreibung: Strauch mit ausladendem Wuchs und schönen gelappten Blättern. Die lockeren pyramidenförmigen Blütenköpfe nehmen in der Spätsaison eine zarte Rosatönung an.
Höhe x Breite: 1,5 x 1,8 m
Blütezeit: Sommermitte bis Frühherbst
Boden: Verträgt viele verschiedene Bedingungen.

Mitte

5-8

Botanischer Name: *Lilium* „Olivia"
Deutscher Name: Lilien-Hybride
Andere Arten/Sorten: „Casa Blanca", „Sterling Silver"
Beschreibung: Zwiebelpflanze mit langen, in lanzettförmige Blätter gekleideten Stängeln. Die großen aufwärts gerichteten Blüten haben sechs gekräuselte und zurückgebogene weiße Blütenblätter mit einem gelben Streifen und auffälligen dunkelbraunen Staubbeuteln.
Höhe x Breite: 90 x 120 cm
Blütezeit: Frühsommer
Boden: Gut drainert, aber Feuchtigkeit speichernd und humos.

5-9

Botanischer Name: *Lilium longiflorum*
Deutscher Name: Osterlilie
Andere Arten/Sorten: *L. candidum, L. regale*
Beschreibung: Zwiebelpflanze mit langen Stängeln und lanzettförmigen Blättern. Nach außen gerichtete reinweiße Trompetenblüten mit orangefarbenen Staubbeuteln. Stark duftend. Einfache Vermehrung durch Sämlinge.
Höhe x Breite: 30 – 90 cm
Blütezeit: Frühling oder Sommer
Boden: Gut drainiert, Feuchtigkeit speichernd, humos.

Vordergrund

Botanischer Name: *Petunia hybrida*
Deutscher Name: Petunie
Andere Arten/Sorten: Multiflora- und Floribunda-Formen
Beschreibung: Bedingt frostharte Einjährige mit aufrechtem buschigem bis breitem kuppelförmigem Wuchs. Ovale bis lanzettförmige „klebrige" Blätter und viele trompetenförmige Blüten. Welke Blüten entfernen.
Höhe x Breite: 23 – 45 x 23 – 30 cm
Blütezeit: Sommer bis Frühherbst
Boden: Gut drainiert. Verträgt keinen starken Regen, aber braucht Feuchtigkeit.

6-8

Botanischer Name: *Salvia argentea*
Deutscher Name: Silberblattsalbei
Andere Arten/Sorten: Keine
Beschreibung: Kurzlebige Staude, gewöhnlich als Zweijährige wegen ihrer Rosette aus breiten, filzigen silberweißen Blättern kultiviert. An den hohen verzweigten Stängeln wachsen weiße Blüten mit zarter Violett-Tönung.
Höhe x Breite: 38 – 45 x 38 – 45 cm
Blütezeit: Sommermitte bis Spätsommer
Boden: Gut drainiert.

Hintergrund

6-9

Botanischer Name: *Hydrangea macrophylla* (Kultivar)
Deutscher Name: Gartenhortensie
Andere Arten/Sorten: „Veitchii", „White Wave", „Lanarth White"
Beschreibung: Rundlicher Strauch mit üppigen breiten Blättern und kuppelförmigen Köpfen aus winzigen fruchtbaren Blüten (rosa auf alkalischen und blau auf sauren Böden), die von prächtigen, weißen sterilen Blüten umgeben sind.
Höhe x Breite: 1,6 x 1,8 m
Blütezeit: Spätsommer bis Frühherbst
Boden: Tiefgründig, Feuchtigkeit speichernd.

6-9

Botanischer Name: *Hibiscus syriacus* „Red Heart"
Deutscher Name: Hibiskus, Straucheibisch
Andere Arten/Sorten: „Jeanne d'Arc", William R. Smith"
Beschreibung: Rundlicher Strauch mit aufrechten Trieben. Bildet erst im Frühsommer seine Blätter. Große Blüten mit auffälligen Staubblättern und einem roten Fleck auf jedem Blütenblatt.
Höhe x Breite: 1,5 x 1,5 m
Blütezeit: Spätsommer bis Herbstmitte
Boden: Gut drainiert, durchlässig, sauer bis leicht alkalisch.

Mitte

2-9

Botanischer Name: *Actaea alba* syn. *A. pachypoda*
Deutscher Name: Weißes Christophskraut
Andere Arten/Sorten: Keine
Beschreibung: Staude mit farnartigen Blättern und weißen Blütenähren, die zu weißen oder rosa getönten giftigen Beeren heranreifen. Ideal für Natur- oder Gehölzgärten.
Höhe x Breite: 90 x 45 cm
Blütezeit: Spätfrühling bis Frühsommer (Beeren im Spätsommer)
Boden: Humos, sauer.

3-9

Botanischer Name: *Cimicifuga simplex* „Elstead"
Deutscher Name: Silberkerze
Andere Arten/Sorten: *C. simplex* und *C. s.* Atropurpurea-Gruppe, *C. s.* „White Pearl"
Beschreibung: Gruppen bildende Staude mit farnartigen Blättern und schlanken Ähren mit duftenden weißen Blüten. Spät blühend. Es gibt auch Sorten mit einer Höhe von bis zu 2,1 m, die ebenfalls nicht gestützt werden müssen.
Höhe x Breite: 120 x 60 cm
Blütezeit: Herbstmitte
Boden: Feuchtigkeit speichernd bis feucht.

Vordergrund

5-9

Botanischer Name: *Dendranthema* (Kultivar)
Deutscher Name: Herbstchrysantheme
Andere Arten/Sorten: „White Gloss", „Wedding Day"
Beschreibung: Staude mit verschiedenartig geformten Korbblüten und gelappten Blättern. Gute Schnittblume. Im Winter mit einer Mulchschicht abdecken oder Wurzeln aus der Erde nehmen und in Pflanzkompost einlagern.
Höhe x Breite: 45 – 60 + x 45 cm
Blütezeit: Spätsommer bis Herbstmitte
Boden: Gut drainiert, fruchtbar.

4-10

Botanischer Name: *Sedum spectabile* „Stardust"
Deutscher Name: Fetthenne
Andere Arten/Sorten: „Iceberg"
Beschreibung: Staude mit fleischigen, runden graugrünen Blättern und kuppelförmigen Köpfen aus dichten grünen Knospen im Sommer, die sich zu weißlichen Blüten öffnen.
Höhe x Breite: 45 x 45 cm
Blütezeit: Spätsommer bis Spätherbst
Boden: Gut drainiert, auch karge und trockene Böden.

Hintergrund

4-8

Botanischer Name: *Hydrangea paniculata* (Kultivar)
Deutscher Name: Rispenhortensie
Andere Arten/Sorten: „Unique", „Floribunda", „Grandiflora", „Praecox", „Kyushu"
Beschreibung: Aufrechter Strauch mit kegelförmigen Blütenständen aus winzigen fruchtbaren Blüten und großen sterilen Brakteen. Kann im Frühling zurückgeschnitten werden, um weniger Blüten zu bilden, die aber dafür größer werden.
Höhe x Breite: 3 x 3 m
Blütezeit: Sommermitte bis Spätsommer
Boden: Fruchtbar, Feuchtigkeit speichernd. Stark alkalische Böden meiden.

7-10

Botanischer Name: *Yucca gloriosa* „Nobilis"
Deutscher Name: Yucca, Palmlilie, Spanischer Dolch
Andere Arten/Sorten: *Y. gloriosa*, *Y. g.* „Variegata"
Beschreibung: Strauch mit einer Rosette aus dunkelgrünen, schwertförmigen und sehr spitzen Blättern. Der kräftige Stängel trägt rosa getönte Knospen, die sich zu cremeweißen Blüten öffnen. „Nobilis" blüht bereits im Spätsommer und entgeht somit der Frostgefahr.
Höhe x Breite: 1,8 x 1,8 m
Blütezeit: Spätsommer
Boden: Gut drainiert, auch trockene Böden.

Mitte

3-10

Botanischer Name: *Aster ericoides*
Deutscher Name: Myrtenaster, Septemberkraut
Andere Arten/Sorten: „White Heather"
Beschreibung: Staude mit feinen Trieben und winzigen Korbblüten. Die kleinen lanzettförmigen Blätter sind im Sommer sehr attraktiv. Erst im Frühling zurückschneiden.
Höhe x Breite: 75 x 45 cm
Blütezeit: Sommermitte bis Herbstmitte
Boden: Gut drainiert, auch nährstoffarme Böden.

8-9

Botanischer Name: *Gaultheria mucronata* „Snow White"
Deutscher Name: Scheinbeere
Andere Arten/Sorten: „White Pearl", „Alba"
Beschreibung: Immergrüner Strauch mit kleinen, dunkelgrünen stacheligen Blättern und Büscheln aus glockenförmigen Blüten im Frühsommer, die bei weiblichen Pflanzen und Zwittern zu weißen Beeren heranreifen.
Höhe x Breite: 75 x 120 cm (im Schatten höher)
Blütezeit: Frühsommer, Beeren im Spätsommer und Winter
Boden: Neutral bis sauer, humos.

Vordergrund

3-9

Botanischer Name: *Hosta plantaginea*
Deutscher Name: Funkie
Andere Arten/Sorten: „Aphrodite" (gefüllt), „Royal Standard"
Beschreibung: Staude mit einem Büschel aus großen, glänzenden, herzförmigen Blättern in leuchtendem Grün. Hohe Stängel mit duftenden trompetenförmigen Blüten, die sich am Abend öffnen. Möglichst warmer Standort.
Höhe x Breite: 60 x 60 cm
Blütezeit: Spätsommer bis Frühherbst
Boden: Feuchtigkeit speichernd, humos.

5-8

Botanischer Name: *Colchicum speciosum* „Album"
Deutscher Name: Herbstzeitlose
Andere Arten/Sorten: *C. autumnale* „Alboplenum", *C. a.* „Album
Beschreibung: Knollenstaude. Die nackten Stängel tragen große, becherförmige, sehr wetterbeständige Blüten. Im Spätwinter oder Vorfrühling bilden sich große aufrechte Blätter. Hochgiftig.
Höhe x Breite: 15 – 20 x 15 – 20 cm
Blütezeit: Frühherbst bis Herbstmitte
Boden: Gut drainiert.

BLAU

Reines Blau ist in der Welt der Gartenpflanzen nur selten zu finden. Violette Blautöne oder graues Stahlblau sind viel häufiger anzutreffen als reines Dunkel- oder Himmelblau. Blüten oder Beeren in reinem Blau erregen daher besondere Aufmerksamkeit. Dennoch besitzt Blau eine weniger auffällige Wirkung als Rot oder Weiß. Beete, die in einem weichen malvenfarbenen Blauton oder rauchigem Grau gehalten sind, erinnern vielmehr an nebelverhangene Berge am fernen Horizont. Wenn Sie diese Farben weiter vom Haus entfernt platzieren, erscheint Ihr Garten optisch länger.

Beete mit ausschließlich blauer Farbgebung lassen sich recht schwierig anlegen, da es nur relativ wenige Pflanzen gibt, die eine ganze Saison lang durchhalten. Außerdem erscheinen Arrangements, die gänzlich in Blautönen gehalten sind, meist langweilig und uninteressant. Mit ein paar violettblauen Blüten und Akzenten in Weiß, sanftem Rosa, Purpurrot, Kirschrot und Samtviolett erhält Ihr Arrangement hingegen mehr Tiefe und Ausstrahlung und wirkt insgesamt kühl und beruhigend. Als Blattwerk eignen sich weiß gemusterte, silbrige, graue und violettblättrige Pflanzen. Reine Blautöne harmonieren auch ausgezeichnet mit gelben, goldenen und roten Herbsttönen. Zum Glück gibt es für den Herbst eine Reihe von geeigneten Pflanzen. Im Sommer lässt sich mit einjährigen Pflanzen problemlos ein schönes Arrangement aus leuchtendem Blau und Orange oder Zitronengelb anlegen.

Links: Eine klassische Landhaus-Rabatte mit hohem blauem Rittersporn, Rosen, Glockenblumen und Berufskraut.

Hintergrund

8-10

Botanischer Name: *Ceanothus impressus*
Deutscher Name: Säckelblume
Andere Arten/Sorten: „Puget Blue", „Concha", „Dark Star"
Beschreibung: Immergrüner schnellwüchsiger Strauch mit ausbreitendem Wuchs. Faltige dunkelgrüne Blätter und kurze Rispen aus blauen Blüten mit dunkleren Knospen. In kälteren Regionen an eine geschützte sonnige Mauer pflanzen.
Höhe x Breite: 1,8 x 2,7 m
Blütezeit: Frühlingsmitte bis Frühsommer
Boden: Fruchtbar, tiefgründig, gut drainiert.

8-10

Botanischer Name: *Ceanothus* (Kultivar)
Deutscher Name: Säckelblume
Andere Arten/Sorten: „A. T. Johnson", „Burkwoodii", „Cascade", „Southmead", „Delight"
Beschreibung: Immergrüner Strauch mit kleinen, dunkelgrünen glänzenden Blättern und einer Fülle aus hell- bis mittelblauen Blüten. Unter idealen Bedingungen schnellwüchsig. Kalte Frühlingswinde können die Blätter ausdörren.
Höhe x Breite: 3 – 4 x 3 – 4 m
Blütezeit: Spätfrühling bis Frühsommer
Boden: Fruchtbar, tiefgründig, gut drainiert.

Mitte

Botanischer Name: *Borago officinalis*
Deutscher Name: Borretsch
Andere Arten/Sorten: Keine
Beschreibung: Einjähriges Kraut mit großen, groben, haarigen Blättern (hautreizend) und Büscheln aus hängenden dunkelblauen Sternblüten. Selbst aussäend.
Höhe x Breite: 90 x 30 cm
Blütezeit: Sommer bis Frühherbst
Boden: Gut drainiert.

8-10

Botanischer Name: *Cerinthe major* „Purpurascens"
Deutscher Name: Große Wachsblume
Andere Arten/Sorten: Keine
Beschreibung: Staude aus der Familie der Borretschgewächse, kann problemlos aus Samen gezogen werden. Blaugrüne Blätter und herabhängende Blütenköpfe mit blassvioletten Blüten und auffälligen blauvioletten Brakteen.
Höhe x Breite: 30 – 60 x 45 cm
Blütezeit: Sommer
Boden: Gut drainiert. Wurzeln unbedingt vor Winternässe schützen, damit Pflanze überleben kann.

Vordergrund

4-8

Botanischer Name: *Muscari armeniacum*
Deutscher Name: Traubenhyazinthe
Andere Arten/Sorten: „Blue Spike", „Early Giant", „Heavenly Blue"
Beschreibung: Zwiebelpflanze mit Büscheln aus ausdauernden grasartigen Blättern, eignet sich gut als Bodendecker oder zur Randbepflanzung von Rabatten. Die zahlreichen Stängel tragen Ähren aus winzigen tiefblauen Glockenblüten. Honigduft.
Höhe x Breite: 15 – 20 x 8 – 10 cm
Blütezeit: Frühlingsmitte bis Spätfrühling
Boden: Gut drainiert.

3-10

Botanischer Name: *Ajuga reptans*
Deutscher Name: Günsel
Andere Arten/Sorten: „Atropurpurea", „Braunherz", „Catlin's Giant"
Beschreibung: Bodendeckende Staude mit halbimmergrünen Blattrosetten. Nach der Blüte bilden sich Ausläufer mit neuen Blattrosetten. Kurze Ähren aus blauen zweilippigen Blüten. Bei trockenen Bedingungen mehltauanfällig.
Höhe x Breite: 15 x 90 cm
Blütezeit: Frühlingsmitte
Boden: Feuchtigkeit speichernd.

Hintergrund

3-10

Botanischer Name: *Baptisia australis*
Deutscher Name: Indigolupine
Andere Arten/Sorten: „Exaltata"
Beschreibung: Schmetterlingsblütige Staude mit schönen blaugrünen gefiederten Blättern und Ähren aus indigoblauen lupinenartigen Blüten. Vor dem ersten Frost ganz zurückschneiden. Braucht Ruhe.
Höhe x Breite: 120 x 60 cm
Blütezeit: Spätfrühling bis Frühsommer
Boden: Fruchtbar, tiefgründig, nicht zu trocken.

3-10

Botanischer Name: *Cichorium intybus*
Deutscher Name: Wegwarte, Zichorie
Andere Arten/Sorten: Keine
Beschreibung: Staude, in freier Natur an Wegrändern zu finden. Schlanke aufrechte Stängel mit Büscheln aus himmelblauen Blüten, die sich nach dem Mittag schließen. Grundständige Blattrosette.
Höhe x Breite: 120 x 45 cm
Blütezeit: Frühsommer bis Herbst
Boden: Gut drainiert, besonders Kalkboden.

Mitte

3-10

Botanischer Name: *Iris pallida*
Deutscher Name: Schwertlilie
Andere Arten/Sorten: *I. p.* „Variegata", *I. p.* „Argenta Variegata"
Beschreibung: Staude mit unterirdischen Rhizomen. Blaugrüne schwertförmige Blätter und duftende zartblaue Blüten an kräftigen verzweigten Stängeln. Schöne gelb und weiß panaschierte Formen erhältlich.
Höhe x Breite: 70 – 90 cm
Blütezeit: Spätfrühling bis Frühsommer
Boden: Fruchtbar, gut drainiert. Verträgt Kalk.

4-10

Botanischer Name: *Iris sibirica*
Deutscher Name: Sibirische Schwertlilie
Andere Arten/Sorten: „Heavenly Blue", „Cambridge", „Sea Shadows"
Beschreibung: Staude mit unterirdischen Rhizomen. Bildet dichte Büschel aus schmalen Blättern. Schlanke Stängel und spitze Knospen. Muss im Gegensatz zu anderen Arten nicht so häufig geteilt werden. Schöne Samenkapseln.
Höhe x Breite: 50 – 120 cm x unbestimmte Breite
Blütezeit: Spätfrühling bis Frühsommer
Boden: Verträgt viele verschiedene Bedingungen, aber bevorzugt Feuchtigkeit speichernde bis feuchte Böden.

Vordergrund

6-10

Botanischer Name: *Viola* „Belmont Blue", syn. „Boughton Blue"
Deutscher Name: Hornveilchen
Andere Arten/Sorten: „Lilacina", „Maggie Mott"
Beschreibung: Staude mit flachen Büscheln aus kleinen herzförmigen Blättern und aufrechten Stängeln. Kleine, duftende wickenartige Blüten. Für kräftigen Wuchs nach der Blüte zurückschneiden.
Höhe x Breite: 7 – 15 x 30 cm
Blütezeit: Frühlingsmitte bis Frühherbst
Boden: Gut drainiert, aber Feuchtigkeit speichernd.

Botanischer Name: *Viola wittrockiana* (Varietät)
Deutscher Name: Gartenstiefmütterchen
Andere Arten/Sorten: „Joker Light Blue" F2, „Ullswater Blue"
Beschreibung: Einjährige oder kurzlebige Staude mit herzförmigen Blättern und großen flachen Blüten mit Honigduft. Für längere Blütezeit welke Blüten entfernen und in trockenen Perioden gut wässern.
Höhe x Breite: 15 – 25 x 30 cm
Blütezeit: Je nach Sorte, fast ganzjährig
Boden: Gut drainiert, aber Feuchtigkeit speichernd.

Hintergrund

3-10

Botanischer Name: *Delphinium* (Kultivar)
Deutscher Name: Rittersporn
Andere Arten/Sorten: „Lord Butler", „Chelsea Star", „Blue Nile", „Bluebird", „Summer Skies"
Beschreibung: Staude mit einem grundständigen Büschel aus tief zerteilten Blättern. Die aufrechten Stängel tragen Ähren aus blauen geöffneten Blüten mit auffälliger gelber Mitte.
Höhe x Breite: 15 – 180 x 75 – 90 cm
Blütezeit: Sommer
Boden: Fruchtbar, humos, Feuchtigkeit speichernd.

3-10

Botanischer Name: *Delphinium* „Blue Dawn"
Deutscher Name: Rittersporn
Andere Arten/Sorten: „Galahad", „King Arthur", „Dreaming Spires"
Beschreibung: Staude mit einem grundständigen Büschel aus tief zerteilten Blättern. Die aufrechten Stängel tragen Ähren aus blauen geöffneten Blüten mit auffälliger dunkelbrauner Mitte.
Höhe x Breite: 180 – 220 x 75 – 90 cm
Blütezeit: Sommer
Boden: Fruchtbar, humos, Feuchtigkeit speichernd.

Mitte

8-10

Botanischer Name: *Ceanothus thrysiflorus* var. *repens*
Deutscher Name: Säckelblume
Andere Arten/Sorten: *C. griseus* var. *horizontalis* „Yankee Point"
Beschreibung: Immergrüner Strauch mit breitem hügeligem Wuchs, tiefgrünen, glänzenden ovalen Blättern und fingerhutförmigen pastellblauen Blütenständen.
Höhe x Breite: 90 – 120 x 180 – 300 cm
Blütezeit: Frühsommer
Boden: Gut drainiert.

4-10

Botanischer Name: *Catanache caerulea*
Deutscher Name: Rasselblume
Andere Arten/Sorten: „Major"
Beschreibung: Kurzlebige Staude mit drahtartigen verzweigten Stängeln, langen, schmalen graugrünen Blättern und einer Fülle aus hellblauen Korbblüten, die sich zur Mittagszeit schließen.
Höhe x Breite: 45 – 60 x 60 cm
Blütezeit: Sommer
Boden: Leicht, gut drainiert, auch karge Böden.

Vordergrund

6-9

Botanischer Name: *Scilla peruviana*
Deutscher Name: Blaustern
Andere Arten/Sorten: *Brodiaea coronaria*
Beschreibung: Zwiebelpflanze mit einem Büschel aus schmalen Blättern. Die Stängel tragen breite konische Köpfe aus winzigen violettblauen Blüten. Gedeiht gut auf Hochbeeten.
Höhe x Breite: 10 – 25 x 15 – 20 cm
Blütezeit: Frühsommer (in milden Regionen ab Spätfrühling)
Boden: Gut drainiert.

3-10

Botanischer Name: *Veronica chamaedrys*
Deutscher Name: Gamander-Ehrenpreis
Andere Arten/Sorten: *V. prostrata* und Kultivare
Beschreibung: Matten bildende Staude, breitet sich gut auf Rasen aus. Kleine ovale Blätter mit welligem Rand. Die feinen rötlichen Stängel tragen leuchtend blaue Blüten mit weißer Mitte. Ideal für Naturgärten.
Höhe x Breite: 2,5 x 30 cm
Blütezeit: Frühsommer
Boden: Gut drainiert.

Hintergrund

3-10

Botanischer Name: *Delphinium* „Centurion Sky Blue"
Deutscher Name: Rittersporn
Andere Arten/Sorten: „Galahad", „King Arthur", „Dreaming Spires"
Beschreibung: Staude mit einem grundständigen Büschel aus zerteilten Blättern. Die aufrechten Stängel tragen Ähren aus blauen offenen Blüten mit hellblauer Mitte.
Höhe x Breite: 150 – 180 x 75 – 90 cm
Blütezeit: Sommer
Boden: Fruchtbar, humos, Feuchtigkeit speichernd.

7-10

Botanischer Name: *Passiflora caerulea*
Deutscher Name: Passionsblume
Andere Arten/Sorten: „Constance Elliot"
Beschreibung: Immergrüne oder halbimmergrüne Kletterpflanze mit gefingerten Blättern und Ranken. Die großen exotischen Blüten können zu gelben eiförmigen Früchten heranreifen.
Höhe x Breite: 6 x 6 m
Blütezeit: Sommermitte bis Spätsommer
Boden: Gut drainiert.

4-9

Botanischer Name: *Lupinus* (Kultivar)
Deutscher Name: Lupine
Andere Arten/Sorten: Russel-Hybriden, Gallery-Serie
Beschreibung: Staude mit einem großen Büschel aus schönen gefingerten Blättern. Die kräftigen Stängel tragen Ähren aus wickenartigen, oftmals zweifarbigen Blüten. Anfällig für Blattläuse.
Höhe x Breite: 90 – 120 x 45 cm
Blütezeit: Sommer
Boden: Fruchtbar, gut drainiert.

Mitte

6-10

Botanischer Name: *Campanula lactiflora*
Deutscher Name: Glockenblume
Andere Arten/Sorten: „Prichard's Variety"
Beschreibung: Staude mit lanzettförmigen Blättern und verzweigten Büschel aus lilablauen glockenförmigen Blüten. Muss vor allem an windigen Standorten gestützt werden.
Höhe x Breite: 120 – 150 x 60 cm
Blütezeit: Frühsommer bis Spätherbst
Boden: Fruchtbar, gut drainiert.

Vordergrund

4-10

Botanischer Name: *Geranium himalayense* „Gravetye"
Deutscher Name: Storchschnabel
Andere Arten/Sorten: „Irish Blue", „Gravetye", *G.* „Johnson's Blue"
Beschreibung: Staude mit fein zerteilten und gefingerten Blättern. Oftmals schöne Herbstfärbung. Schalenförmige intensiv violettblaue Blüten mit starker Äderung.
Höhe x Breite: 30 x 60 cm
Blütezeit: Frühsommer
Boden: Gut drainiert.

Botanischer Name: *Echium* „Blue Ball"
Deutscher Name: Natternkopf
Andere Arten/Sorten: „Blue Bedder"
Beschreibung: Frostharte Einjährige mit schmalen lanzettförmigen Blättern. Die aufwärts gerichteten blauen Glockenblüten sind von fedrigen Deckblättern umgeben. Lockt Bienen an.
Höhe x Breite: 23 – 30 x 23 cm
Blütezeit: Sommer
Boden: Leicht, gut drainiert.

Hintergrund

9-10

Botanischer Name: *Plumbago auriculata* syn. *P. capensis*
Deutscher Name: Bleiwurz
Andere Arten/Sorten: Keine
Beschreibung: Immergrüne verholzende Kletterpflanze. Die wüchsigen grünen Triebe sind in kleine lanzettförmige Blätter gekleidet. Kuppelförmige Büschel aus hellblauen fünfblättrigen Blüten.
Höhe x Breite: 3 – 5 x 3 – 5 m
Blütezeit: Frühlingsmitte bis Spätherbst
Boden: Gut drainiert.

8-10

Botanischer Name: *Ceanothus arboreus*
Deutscher Name: Säckelblume
Andere Arten/Sorten: „Trewithen Blue"
Beschreibung: Sehr großer immergrüner Strauch oder kleiner Baum mit fingerhutförmigen zartblauen Blütenständen. Große, kräftig grüne ovale Blätter mit flaumiger Unterseite.
Höhe x Breite: 6 x 8 m
Blütezeit: Spätfrühling und erneut im Sommer
Boden: Gut drainiert.

Mitte

3-10

Botanischer Name: *Campanula* „Kent Belle"
Deutscher Name: Glockenblume
Andere Arten/Sorten: *C. persicifolia* und Sorten
Beschreibung: Staude mit lanzettförmigen Blättern. Die langen aufrechten Stängel tragen eine Reihe von röhren- bis glockenförmigen Blüten in kräftigem Violettblau.
Höhe x Breite: 120 x 60 cm
Blütezeit: Frühsommer bis Sommermitte
Boden: Fruchtbar, gut drainiert.

Botanischer Name: *Nicandra physalodes*
Deutscher Name: Giftbeere
Andere Arten/Sorten: Keine
Beschreibung: Einjährige mit verzweigtem aufrechtem Wuchs und ovalen Blättern. Die violettblauen Glockenblüten haben einen weißen Schlund und halten nur einen Tag. Runde grüne Früchte mit violetten Deckblättern. Selbst aussäend.
Höhe x Breite: 90 x 30 cm
Blütezeit: Sommer bis Frühherbst
Boden: Fruchtbar, gut drainiert.

Vordergrund

4-7

Botanischer Name: *Veronica austriaca* subsp. *teucrium* syn. *V. teucrium*
Deutscher Name: Polster-Ehrenpreis
Andere Arten/Sorten: „Crater Lake Blue", „Royal Blue"
Beschreibung: Matten bildende Staude mit kleinen, graugrünen zerteilten Blättern und schlanken aufrechten Ähren aus leuchtend blauen Blüten. In vielen veredelten Sorten erhältlich.
Höhe x Breite: 30 – 60 x 30 – 60 cm
Blütezeit: Frühsommer bis Sommermitte
Boden: Gut drainiert.

Botanischer Name: *Nigella damascena*
Deutscher Name: Jungfer im Grün
Andere Arten/Sorten: „Miss Jekyll"
Beschreibung: Frostharte Einjährige mit fein zerteilten Blättern in leuchtendem Grün. Die himmelblauen Blüten reifen zu ballonartigen grünen und später braunen Samenkapseln heran. Gute Trockenblume.
Höhe x Breite: 60 x 20 cm
Blütezeit: Sommer
Boden: Gut drainiert.

Hintergrund

6-9

Botanischer Name: *Hydrangea macrophylla* „Blue Wave"
Deutscher Name: Gartenhortensie
Andere Arten/Sorten: „Teller Blau", *H. serrata* „Bluebird", *H.* „Blue Deckle"
Beschreibung: Großer kuppelförmiger Strauch mit großen, ovalen spitz zulaufenden Blättern und flach gewölbten Köpfen aus winzigen fruchtbaren Blüten, die von auffälligen sterilen Brakteen umgeben sind. Auf neutralen bis alkalischen Böden sind die Blüten rosafarben und auf sauren Böden blau.
Höhe x Breite: 1,8 x 3,5 m
Blütezeit: Sommermitte bis Frühherbst
Boden: Fruchtbar, humos, Feuchtigkeit speichernd.

6-9

Botanischer Name: *Hydrangea* „Blue Deckle"
Deutscher Name: Gartenhortensie
Andere Arten/Sorten: *H. m.* „Teller Blau", *H. m.* „Blue Wave", *H. serrata* „Bluebird"
Beschreibung: Großer kuppelförmiger Strauch mit breiten lanzettförmigen Blättern, die eine rötliche Herbstfärbung annehmen. Flach gewölbte Köpfe aus winzigen fruchtbaren Blüten mit einem Kragen aus auffälligen sterilen Brakteen.
Höhe x Breite: 1,8 x 3,5 m
Blütezeit: Sommermitte bis Frühherbst
Boden: Fruchtbar, humos, Feuchtigkeit speichernd.

Mitte

4-10

Botanischer Name: *Eryngium bourgatii*
Deutscher Name: Edeldistel, Mannstreu
Andere Arten/Sorten: *E. alpinum, E.* x *tripartitum*
Beschreibung: Staude, vor allem wegen ihrer marmorierten Blätter beliebt. Rosette aus weiß geäderten graugrünen Blättern. Die schmalen Stängel tragen Köpfchen aus blaugrünen Distelblüten.
Höhe x Breite: 60 x 30 cm
Blütezeit: Sommermitte bis Spätsommer
Boden: Fruchtbar, gut drainiert. Verträgt auch karge steinige Böden.

3-10

Botanischer Name: *Eryngium alpinum*
Deutscher Name: Alpendistel, Alpenmannstreu
Andere Arten/Sorten: *E.* x *oliverianum, E.* x *zabelii* und Sorten (z. B. „Violetta")
Beschreibung: Staude mit ledrigen, runden bis herzförmigen gezähnten Blättern. Die schlanken blauen Stängel tragen große fingerhutförmige lilablaue Blütenköpfchen mit einer Manschette aus spitzen Brakteen.
Höhe x Breite: 75 – 90 x 60 cm
Blütezeit: Sommer
Boden: Fruchtbar, gut drainiert.

Vordergrund

Botanischer Name: *Lobelia erinus* „Crystal Palace"
Deutscher Name: Lobelie, Männertreu
Andere Arten/Sorten: Royal-Hybriden, „Blue Moon"
Beschreibung: Bedingt frostharte Einjährige mit büscheligem Wuchs. Kleine ovale bis lanzettförmige Blätter in bronzenem Grün und eine Fülle von tiefblauen Blüten. Braucht Feuchtigkeit.
Höhe x Breite: 10 – 20 x 10 – 15 cm
Blütezeit: Sommer bis Herbst
Boden: Fruchtbar, Feuchtigkeit speichernd.

3-10

Botanischer Name: *Campanula carpatica*
Deutscher Name: Karpaten-Glockenblume
Andere Arten/Sorten: „Jewel", „Blue Clips", „Blue Carpet"
Beschreibung: Matten bildende Staude mit einem breiten Büschel aus ovalen gezähnten Blättern und einer Fülle von offenen glockenförmigen Blüten.
Höhe x Breite: 8 – 10 x 30 cm
Blütezeit: Sommermitte bis Spätsommer
Boden: Fruchtbar, gut drainiert.

Hintergrund

9-10

Botanischer Name: *Ipomoea indica* syn. *I. acuminata, I. learii*
Deutscher Name: Prunkwinde
Andere Arten/Sorten: *I. tricolor* „Heavenly Blue", *Thunbergia grandiflora*
Beschreibung: Kletterpflanze mit großen herzförmigen oder runden Blättern. Die blauen Trichterblüten gehen in einen Magentaton über und halten nur einen Tag. In warmen Klimaten stark wuchernd.
Höhe x Breite: 4 – 5 m
Blütezeit: Frühsommer bis Spätherbst
Boden: Humos, gut drainiert.

2-9

Botanischer Name: *Aconitum* „Newry Blue" (hochgiftig)
Deutscher Name: Eisenhut
Andere Arten/Sorten: *A.* „Bressingham Spire", *A. carmichaelii* „Barker's Variety"
Beschreibung: Gruppen bildende Staude. Die aufrechten Stängel sind in tief zerteilte, glänzende dunkelgrüne Blätter gehüllt. Unverzweigt Ähren aus blauvioletten Blüten.
Höhe x Breite: 120 – 150 x 45 cm
Blütezeit: Sommer
Boden: Fruchtbar, humos, Feuchtigkeit speichernd, aber gut drainiert.

Mitte

Botanischer Name: *Centaurea annua*
Deutscher Name: Kornblume
Andere Arten/Sorten: Keine
Beschreibung: Frostharte Einjährige mit schmalen lanzettförmigen Blättern an aufrechten unverzweigten Stängeln. Gefüllte Korbblüten in kräftigem Blau. Gute Schnittblume. Selbst aussäend.
Höhe x Breite: 90 x 3 cm
Blütezeit: Frühling oder Sommer bis Herbst
Boden: Gut drainiert, aber nicht trocken.

3-9

Botanischer Name: *Aconitum* x *cammarum* „Bicolor" (hochgiftig)
Deutscher Name: Eisenhut
Andere Arten/Sorten: „Eleonara", „Blue Sceptre"
Beschreibung: Gruppen bildende Staude mit tief zerteilten, glänzenden dunkelgrünen Blättern. Aufrechte unverzweigte Stängel mit behelmten blauen Blüten mit weißer Schattierung.
Höhe x Breite: 90 – 120 x 45 cm
Blütezeit: Sommermitte bis Spätsommer
Boden: Humos, Feuchtigkeit speichernd, aber gut drainiert.

Vordergrund

Botanischer Name: *Nigella hispanica*
Deutscher Name: Jungfer im Grün
Andere Arten/Sorten: *N. damascena* und Unterarten
Beschreibung: Frostharte Einjährige mit fein zerschlitzten Blättern. Die verzweigten Stängel tragen große blaue Blüten mit rotbrauner Mitte und roten Staubbeuteln. Welke Blüten regelmäßig entfernen. Hübsche Samenkapseln.
Höhe x Breite: 45 – 60 x 25 cm
Blütezeit: Sommer
Boden: Humos, gut drainiert, aber Feuchtigkeit speichernd.

Botanischer Name: *Nigella damascena* „Moody Blue"
Deutscher Name: Jungfer im Grün
Andere Arten/Sorten: „Persian Jewels", „Miss Jekyll"
Beschreibung: Frostharte Einjährige mit fein zerschlitzten Blättern. Die verzweigten Stängel tragen violettblaue Blüten, in ein lichtes Hellblau verblassend. Hübsche Samenkapseln.
Höhe x Breite: 38 – 25 cm
Blütezeit: Sommer
Boden: Humos, Feuchtigkeit speichernd, aber gut drainiert.

Hintergrund

5-9

Botanischer Name: *Clematis* „Perle d'Azur"
Deutscher Name: Klematis, Waldrebe
Andere Arten/Sorten: „Beauty of Worchester", „Elsa Späeth", „Lasurstern"
Beschreibung: Kletterpflanze mit gefiederten Blättern und rankenden Blattstielen. Braucht ein feinmaschiges Drahtgerüst als Kletterhilfe. Bringt eine Fülle von sechsblättrigen hellblauen Blüten mit violett getönter Mitte und grünlichen Staubblättern hervor.
Höhe x Breite: 3 x 1 m
Blütezeit: Sommer
Boden: Humos, Feuchtigkeit speichernd, gut drainiert.

7-10

Botanischer Name: *Ceanothus* x *delileanus* „Gloire de Versailles"
Deutscher Name: Säckelblume
Andere Arten/Sorten: „Indigo", „Henri Desfosse", „Topaz"
Beschreibung: Wüchsiger Strauch mit aufrechter buschiger Form, ovalen mittelgrünen Blättern und einer Fülle aus fingerhutförmigen flauschigen Blütenständen in sanftem pudrigem Blau. Lange Blühdauer. Duftend.
Höhe x Breite: 1,5 x 1,5 m
Blütezeit: Sommermitte bis Frühherbst
Boden: Gut drainiert.

Mitte

3-9

Botanischer Name: *Malva sylvestris* „Primley Blue"
Deutscher Name: Wilde Malve
Andere Arten/Sorten: Keine
Beschreibung: Zweijährige oder kurzlebige Staude mit gelappten Blättern. Ungefüllte fünfblättrige Blüten in blassem Blaugrau mit dunkleren Streifen. Sollte für aufrechten Wuchs gestützt werden.
Höhe x Breite: 90 – 120 x 45 cm
Blütezeit: Sommer bis Frühherbst
Boden: Gut drainiert.

3-10

Botanischer Name: *Scabiosa caucasica*
Deutscher Name: Kaukasus-Skabiose
Andere Arten/Sorten: „Clive Greaves", „Moerheim Blue"
Beschreibung: Gruppen bildende Staude mit gelappten Blättern. Die langen Stängel tragen große flache Blüten mit nadelkissenförmiger Mitte.
Höhe x Breite: 60 – 75 x 60 cm
Blütezeit: Frühling bis Spätsommer.
Boden: Fruchtbar, gut drainiert. Bevorzugt alkalische Bedingungen.

Vordergrund

Botanischer Name: *Convolvulus tricolor* „Blue Ensign"
Deutscher Name: Dreifarbige Winde
Andere Arten/Sorten: „Royal Ensign", *C. sabatius*
Beschreibung: Frostharte Einjährige mit buschigem kuppelförmigem Wuchs und Trompetenblüten mit weißem Schlund. Im Frühling einzeln unter Glas aussäen und nach dem Frost auspflanzen.
Höhe x Breite: 30 x 23 cm
Blütezeit: Sommermitte bis Frühherbst
Boden: Gut drainiert, aber nicht zu fruchtbar.

Botanischer Name: *Anchusa capensis* „Blue Angel"
Deutscher Name: Ochsenzunge
Andere Arten/Sorten: „Blue Bird", „Bedding Blue"
Beschreibung: Frostharte Einjährige mit kleinen Büscheln aus schmalen haarigen Blättern und einer Fülle von kräftig blauen Blüten. Ideal als Kübelpflanze und zur Randbepflanzung von Rabatten. Nach der ersten Blüte zurückschneiden.
Höhe x Breite: 25 x 25 cm
Blütezeit: Frühsommer bis Frühherbst
Boden: Gut drainiert, aber nicht zu trocken oder zu fruchtbar.

Hintergrund

Botanischer Name: *Ipomoea tricolor* „Heavenly Blue“
Deutscher Name: Prunkwinde
Andere Arten/Sorten: *I. purpurea*
Beschreibung: Bedingt frostharte Kletterpflanze mit großen herzförmigen Blättern in hellem Grün. Die windenden Triebe brauchen Halt. Die blauen Trichterblüten haben einen weißen Schlund und schließen sich am Nachmittag.
Höhe x Breite: 3 m
Blütezeit: Frühsommer bis Frühherbst
Boden: Gut drainiert, humos.

2-9

Botanischer Name: *Aconitum napellus*
Deutscher Name: Eisenhut
Andere Arten/Sorten: *A. cammarum* „Bicolor“, *A.* „Newry Blue“
Beschreibung: Staude mit hohen aufrechten Stängeln und Ähren aus behelmten indigoblauen Blüten. Grundständiger Büschel aus tief zerteilten Blättern.
Höhe x Breite: 150 x 30 cm
Blütezeit: Spätsommer
Boden: Gut drainiert, humos, Feuchtigkeit speichernd.

Mitte

8-10

Botanischer Name: *Agapanthus* „Headbourne-Hybriden“
Deutscher Name: Schmucklilie
Andere Arten/Sorten: *A. campanulatus* und Sorten
Beschreibung: Gruppen bildende Staude mit schön gebogenen riemenförmigen Blättern. Die blattlosen Stängel tragen Dolden aus mittelblauen Röhrenblüten. In kalten Klimaten mit Mulch abdecken.
Höhe x Breite: 75 x 45 cm
Blütezeit: Spätsommer
Boden: Gut drainiert, aber Feuchtigkeit speichernd.

3-10

Botanischer Name: *Echinops ritro*
Deutscher Name: Kugeldistel
Andere Arten/Sorten: „Veitch's Blue“, „Taplow Blue“, *E. ruthenicus*
Beschreibung: Staude mit großen gezähnten, unterseitig grauen Blättern. Die hohen silbergrauen Stängel tragen runde blaue Blütenköpfe.
Höhe x Breite: 120 x 60 cm
Blütezeit: Spätsommer
Boden: Gut drainiert.

Vordergrund

Botanischer Name: *Salvia farinacea* „Strata“
Deutscher Name: Mehlsalbei
Andere Arten/Sorten: „Blue and White“, „Blue Bedder“
Beschreibung: Bedingt frostharte Einjährige mit buschigem aufrechtem Wuchs. Die steifen Stängel sind in kleine lanzettförmige Blätter gekleidet. Die weißen Knospen öffnen sich zu blauen Blüten und verleihen den weißstämmigen Ähren einen zweifarbigen Effekt.
Höhe x Breite: 45 x 60 cm
Blütezeit: Sommer bis Herbst
Boden: Gut drainiert.

9-10

Botanischer Name: *Felicia amelloides*
Deutscher Name: Kapaster
Andere Arten/Sorten: „Santa Anita“, „Variegata“, *F. bergeriana*
Beschreibung: Frostempfindliche Staude mit buschigem gewölbtem Wuchs und kleinen lanzettförmigen Blättern. Die drahtartigen Stängel tragen runde Knospen, die sich zu himmelblauen Korbblüten mit gelber Mitte öffnen.
Höhe x Breite: 30 – 60 x 30 – 60 cm
Blütezeit: Spätfrühling bis Herbst
Boden: Gut drainiert.

Hintergrund

5-10

Botanischer Name: *Clematis x durandii*
Deutscher Name: Klematis, Waldrebe
Andere Arten/Sorten: Keine
Beschreibung: Staude mit langen schlaffen Trieben, die entweder als Kriechpflanze belassen oder an einem Klettergerüst hochgezogen werden können. Große, in ovale Blättchen zerteilte Blätter und nickende vierblättrige Blüten in dunklem Violettblau.
Höhe x Breite: 1,8 x 1 m
Blütezeit: Sommermitte bis Spätsommer
Boden: Fruchtbar, humos, Feuchtigkeit speichernd.

8-10

Botanischer Name: *Eucalyptus gunnii*
Deutscher Name: Eucalyptusbaum
Andere Arten/Sorten: *E. pauciflora* subsp. *niphophila*
Beschreibung: Wächst in unbeschnittenem Zustand zu einem schlanken immergrünen Baum heran, kann aber jedes Jahr weit zurückgeschnitten werden, um die Bildung von jungen, silbrig blauen runden Blättern anzuregen. Ältere Blätter sind sichelförmig.
Höhe x Breite: 150 – 180 x 90 – 120 cm
Blütezeit: Sommermitte bis Spätsommer
Boden: Leicht, gut drainiert.

Mitte

3-10

Botanischer Name: *Clematis heracleifolia* var. *davidiana*
Deutscher Name: Klematis, Waldrebe
Andere Arten/Sorten: „Wyvale", „Campanile", „Côte d'Azur"
Beschreibung: Basal verholzte Staude mit vielen weichen, aufrechten belaubten Trieben. Büschel aus duftenden, vierblättrigen hellblauen Blüten, die zu flaumigen silbrigen Samenkapseln heranreifen.
Höhe x Breite: 90 x 75 cm
Blütezeit: Spätsommer
Boden: Fruchtbar, humos, Feuchtigkeit speichernd. Durch eine Mulchschicht feucht halten.

8-10

Botanischer Name: *Agapanthus* „Liliput"
Deutscher Name: Schmucklilie
Andere Arten/Sorten: „Blue Imp", „Baby Blue"
Beschreibung: Zwergform der Schmucklilie mit einem Büschel aus gebogenen grasartigen Blättern. Die glatten blattlosen Stängel tragen nahezu runde Blütenstände.
Höhe x Breite: 60 x 25 cm
Blütezeit: Spätsommer
Boden: Gut drainiert, aber nicht trocken.

Vordergrund

Botanischer Name: *Viola* x *wittrockiana* (Varietät)
Deutscher Name: Gartenstiefmütterchen
Andere Arten/Sorten: F1-Hybriden
Beschreibung: Kurzlebige Staude, gewöhnlich als einjährige Beetpflanze kultiviert. Dunkelgrüne, herzförmige gezähnte Blätter und große, fast kreisrunde Blüten in dunklem Blau. Welke Blüten abschneiden.
Höhe x Breite: 15 – 25 x 25 – 30 cm
Blütezeit: Frühling bis Herbstmitte (in milden Klimaten bis Winter)
Boden: Fruchtbar, gut drainiert, aber Feuchtigkeit speichernd.

6-10

Botanischer Name: *Geranium wallichianum* „Buston's Variety"
Deutscher Name: Storchschnabel
Andere Arten/Sorten: *G.* „Johnson's Blue"
Beschreibung: Staude mit ausbreitendem Wuchs, tief zerteilten gefingerten Blättern und einer Fülle von relativ kleinen Blüten in klarem Blau mit weißer Mitte und dunklen Staubblättern.
Höhe x Breite: 30 x 90 cm
Blütezeit: Sommermitte bis Herbst
Boden: Fruchtbar, gut drainiert.

Hintergrund

6-9

Botanischer Name: *Hydrangea macrophylla* „Générale Vicomtesse de Vibraye"
Deutscher Name: Gartenhortensie
Andere Arten/Sorten: „Blue Deckle", „Altona"
Beschreibung: Strauch mit spitz auslaufenden breiten Blättern und runden Köpfen aus sterilen Blüten. Auf saurem Boden haben die Blüten eine himmelblaue Färbung und dunkeln im Herbst grünlich blau nach, und alkalische Böden haben rosa Blüten zur Folge.
Höhe x Breite: 1,5 x 1,5 m
Blütezeit: Sommermitte bis Frühherbst
Boden: Fruchtbar, humos, Feuchtigkeit speichernd, aber nicht nass.

6-9

Botanischer Name: *Hydrangea macrophylla* (Kultivar)
Deutscher Name: Gartenhortensie
Andere Arten/Sorten: „Blue Deckle", „Altona"
Beschreibung: Rundlicher Strauch mit spitz auslaufenden breiten Blättern. Die großen runden Blütenköpfe bestehen hauptsächlich aus prächtigen sterilen Blüten, die auf sauren Böden blau und auf alkalischen rosa sind.
Höhe x Breite: 1,5 x 1,5 m
Blütezeit: Sommermitte bis Frühherbst
Boden: Fruchtbar, humos, Feuchtigkeit speichernd, aber nicht nass.

Mitte

6-9

Botanischer Name: *Caryopteris x clandonensis*
Deutscher Name: Bartblume
Andere Arten/Sorten: „Heavenly Blue", „Kew Blue", „Fendown", „Arthur Simmonds"
Beschreibung: Strauch mit kuppelförmigem Wuchs, graugrünen aromatischen Blättern und Blütenbüscheln in den Blattachseln. Vor dem Blattaustrieb stark zurückschneiden.
Höhe x Breite: 70 x 80 cm
Blütezeit: Spätsommer bis Frühherbst
Boden: Gut drainiert. Gedeiht gut auf alkalischen Böden.

5-10

Botanischer Name: *Perovskia atriplicifolia*
Deutscher Name: Blauraute
Andere Arten/Sorten: „Blue Spire"
Beschreibung: Halbstrauch mit einer Fülle von aufrechten grauweißen Trieben, die auch im Winter einen schönen Anblick bieten. Aromatische graugrüne Blätter und lockere lavendelfarbene Blütenähren. Im Frühling bis zum Boden zurückschneiden.
Höhe x Breite: 120 x 45 cm
Blütezeit: Frühsommer bis Frühherbst
Boden: Gut drainiert, aber nicht zu fruchtbar.

Vordergrund

7-10

Botanischer Name: *Ceratostigma willmottianum*
Deutscher Name: Enzianbleiwurz
Andere Arten/Sorten: *C. griffithii, C. plumbaginoides*
Beschreibung: Strauch mit einem flachen Büschel aus zweigigen Trieben mit spitzen Blättern und kleinen enzianblauen Blüten in der Spätsaison. Schöne Herbstfärbung. Kann im Winter absterben, aber treibt wieder gut aus.
Höhe x Breite: 60 x 60 cm
Blütezeit: Spätsommer bis Herbst
Boden: Fruchtbar, tief kultiviert, gut drainiert.

5-10

Botanischer Name: *Ceratostigma plumbaginoides*
Deutscher Name: Bleiwurz
Andere Arten/Sorten: *C. willmottianum, C. griffithii*
Beschreibung: Halbstrauch, idealer Bodendecker. Kann sich unter manchen Bedingungen aber extrem ausbreiten. Das schöne Herbstlaub bildet einen guten Kontrast zu den Blüten. Stirbt im Winter gewöhnlich bis zum Boden ab.
Höhe x Breite: 30 x 45 cm
Blütezeit: Herbst
Boden: Fruchtbar, tief kultiviert, gut drainiert.

Hintergrund

5-8

Botanischer Name: *Hibiscus syriacus* „Oiseau Blue" syn. „Bluebird"
Deutscher Name: Hibiskus, Straucheibisch
Andere Arten/Sorten: Keine
Beschreibung: Aufrechter kelchförmiger Strauch mit gelappten Blättern und Hibiskusblüten. Karge trockene Böden verlangsamen das Wachstum und verursachen Chlorose. Im Frühling mulchen, in trockenen Perioden gut wässern und regelmäßig düngen.
Höhe x Breite: 1,5 – 1,8 x 1,5 – 1,8 m
Blütezeit: Spätsommer bis Herbstmitte
Boden: Fruchtbar, Feuchtigkeit speichernd. Mit Kompost mulchen.

9-10

Botanischer Name: *Salvia guaranitica*
Deutscher Name: Ziersalbei
Andere Arten/Sorten: *Salvia uliginosa, S. azurea*
Beschreibung: Halbstrauch mit aufrechten Trieben und dunkelgrünen Blättern. Kräftig blaue helmförmige Blüten mit dunklerem Kelch. Braucht zum Überwintern einen warmen geschützten Standort.
Höhe x Breite: 150 x 90 cm
Blütezeit: Frühherbst bis Herbstmitte
Boden: Gut drainiert.

Mitte

5-9

Botanischer Name: *Gentiana asclepiadea*
Deutscher Name: Schwalbenwurz-Enzian
Andere Arten/Sorten: „Knightshayes", „Phyllis"
Beschreibung: Staude mit gebogenen Trieben, weidenartigen Blättern und trompetenförmigen Blüten in den Blattachseln. Braucht Ruhe und einen kühlen Standort.
Höhe x Breite: 90 x 60 cm
Blütezeit: Frühherbst
Boden: Feuchtigkeit speichernd und humos. Verträgt Kalk.

3-9

Botanischer Name: *Clematis heracleifolia*
Deutscher Name: Staudenklematis, Waldrebe
Andere Arten/Sorten: „Campanile", „Côte d'Azur", *C. h.* var. *davidiana*
Beschreibung: Staude mit aufrechten, in zerteilte Blätter gekleideten Trieben und Büscheln aus duftenden Blüten, die zu hübschen silbrigen Samenkapseln heranreifen.
Höhe x Breite: 90 x 150 cm
Blütezeit: Spätsommer
Boden: Fruchtbar, gut drainiert. Gedeiht gut auf Kalkboden.

Vordergrund

6-9

Botanischer Name: *Gentiana sino-ornata*
Deutscher Name: Herbstenzian
Andere Arten/Sorten: „Angel Wings", „Edelstein Blue"
Beschreibung: Gruppen bildende Hochgebirgspflanze mit großen leuchtend blauen Trompetenblüten. Die Stängel sind in schmale Blätter gehüllt. Für kräftigen Wuchs ungefähr alle drei Jahre teilen und erneut einpflanzen.
Höhe x Breite: 5 – 15 x 30 – 40 cm
Blütezeit: Herbst
Boden: Sauer, torfig und feucht.

8-10

Botanischer Name: *Convolvulus sabatius*, syn. *C. mauritanicus*
Deutscher Name: Winde, Blaue Mauritius
Andere Arten/Sorten: *C. s.* dunkle Form
Beschreibung: Immergrüne Staude mit rankenden Trieben und graugrünen Blättern. Die lilablauen Trompetenblüten schließen sich bei trübem Wetter. Lockerer Bodendecker. Im Spätwinter stark zurückschneiden.
Höhe x Breite: 15 – 20 x 30 cm
Blütezeit: Sommer bis Frühherbst
Boden: Gut drainiert, vor allem im Winter.

GELB

Es gibt kühle und warme Gelbtöne, deren Spektrum von grellen Schattierungen (mit viel Grün und ohne Rotanteil) bis hin zu goldenen Tönen (mit etwas Rot, aber nicht so viel, dass es Orange wirkt). Ebenso wie bei den meisten anderen Farben, harmonieren diese beiden Extreme der gelben Skala sehr gut miteinander. Es gibt auch eine Fülle von Gelbtönen mit einem Weißanteil, deren weiche, cremige Schattierungen sich hervorragend zur Auflockerung von schweren Arrangements aus Violett und Dunkelblau eignen.

Gelb erinnert an Sonnenschein und belebt trübe und schattige Stellen im Garten. Versuchen Sie es doch einmal mit einer schwungvollen Mischung aus Gelbtönen und einem Hauch Weiß, Hellgrün und leuchtendem Orange.

Zitronengelbe Töne, Orange und Terrakotta verleihen einer warmen, sonnigen Rabatte ein wahres Mittelmeerflair. Mit einem blauen Spalier oder ein paar schönen blau glasierten Töpfen zwischen den Blumen können Sie eine wirklich erstaunliche Wirkung erzielen.

Eine ausschließlich in Gelb gehaltene Rabatte lässt sich ohne Weiteres anlegen, da es das ganze Jahr über eine Fülle von geeigneten Blumen und Blattpflanzen gibt. Wie bei den meisten anderen Farben, sei aber auch hier vor einem Übermaß gewarnt. Da eine rein gelbe Rabatte unter voller Sonneneinstrahlung zu übermächtig wirken kann, sollte das Arrangement durch den Kontrast dunkelvioletter und kirschroter Blüten sowie Blattwerk in saftigem Grün oder Graugrün ein wenig abgekühlt werden. Mit Feuerrot, Orange und Bronze können Sie die Rabatte hingegen noch stärker zum Glühen bringen.

Links: Dieses Trio aus gelb blühenden Pflanzen (Ätna-Ginster, Fuchsschwanz-Lilie, goldener Blumenoregano) vereint sich zu einer auffälligen Komposition.

Hintergrund

6-8

Botanischer Name: *Corylopsis sinensis* var. *calvescens*, syn. *C. platypetala*
Deutscher Name: Scheinhasel
Andere Arten/Sorten: „Spring Purple", *C. spicata*, *C. pauciflora*
Beschreibung: Strauch, braucht meist etwas länger bis zur richtigen Entfaltung und Blütenbildung. Schöne Pflanze für Gehölzgärten. Runde Blätter und duftende kätzchenartige Blütenstände in Blassgelb.
Höhe x Breite: 4 x 4 m
Blütezeit: Vorfrühling bis Frühlingsmitte
Boden: Sauer, fruchtbar, humos, Feuchtigkeit speichernd.

6-8

Botanischer Name: *Corylopsis pauciflora*
Deutscher Name: Scheinhasel
Andere Arten/Sorten: *C. sinensis* und Formen, *C. spicata*
Beschreibung: Strauch mit einer Fülle von duftenden blassgelben Glockenblüten an nackten Trieben. Ovale gezähnte Blätter mit schöner Herbstfärbung.
Höhe x Breite: 1,8 x 1,8 m
Blütezeit: Frühlingsmitte
Boden: Sauer, fruchtbar, humos, Feuchtigkeit speichernd.

Mitte

5-8

Botanischer Name: *Lysichiton americanus*
Deutscher Name: Scheinkalla, Riesenaronstab
Andere Arten/Sorten: Keine
Beschreibung: Staude für nasse Standorte oder zur Uferbepflanzung. Schöne Blätter und große leuchtend gelbe Blüten mit einem unangenehmen Geruch.
Höhe x Breite: 1,2 x 1,8 m
Blütezeit: Vorfrühling
Boden: Feucht bis nass.

5-8

Botanischer Name: *Mahonia aquifolium*
Deutscher Name: Mahonie
Andere Arten/Sorten: „Apollo", „Atropurpurea"
Beschreibung: Immergrüner niedriger Strauch mit gefiederten stacheligen Blättern in glänzendem Dunkelgrün. Die dichten rundlichen Büschel aus winzigen gelben Blüten reifen zu blauschwarzen Beeren heran.
Höhe x Breite: 90 x 300 cm
Blütezeit: Vorfrühling
Boden: Gut drainiert, aber mäßig Feuchtigkeit speichernd.

Vordergrund

3-7

Botanischer Name: *Eranthis hyemalis*
Deutscher Name: Winterling
Andere Arten/Sorten: *E. h.* Tubergenii-Gruppe „Guinea Gold"
Beschreibung: Knollenstaude mit gelbgoldenen becherförmigen Blüten mit einer Manschette aus zerteilten hellgrünen Brakteen. Ideal zum Auswildern unter Laub abwerfenden Sträuchern.
Höhe x Breite: 5 – 10 x 8 – 10 cm
Blütezeit: Spätwinter
Boden: Humos, Feuchtigkeit speichernd, aber gut drainiert.

3-7

Botanischer Name: *Eranthis hyemalis* Tubergenii-Gruppe „Guinea Gold"
Deutscher Name: Winterling
Andere Arten/Sorten: *E. hyemalis*
Beschreibung: Knollenstaude, kann unmittelbar nach der Blüte geteilt werden. Die gelben Blüten sind größer und prächtiger als die von *E. hyemalis.*
Höhe x Breite: 8 – 10 x 8 – 10 cm
Blütezeit: Spätwinter
Boden: Humos, Feuchtigkeit speichernd, aber gut drainiert.

Hintergrund

6-7

Botanischer Name: *Taxus baccata* „Standishii“
Deutscher Name: Gemeine Eibe
Andere Arten/Sorten: „Fastigiata Aurea“
Beschreibung: Immergrüner Strauch (giftig) mit sehr schmalem aufrechtem Wuchs. Die Nadeln sind bei voller Sonne leuchtend goldgelb. Rote runde Früchte.
Höhe x Breite: 120 – 150 x 30 cm
Blütezeit: Unbedeutend.
Boden: Gut drainiert.

8-10

Botanischer Name: *Acacia pravissima*
Deutscher Name: Akazie
Andere Arten/Sorten: *A. baileyana, A. longifolia*
Beschreibung: Immergrüner ausladender Strauch mit flauschigen gelben Blüten. Die dreieckigen Phyllodien verleihen den Ästen ein gezacktes Aussehen.
Höhe x Breite: 4,5 x 4,5 m
Blütezeit: Spätwinter bis Vorfrühling
Boden: Gut drainiert.

Mitte

4-10

Botanischer Name: *Yucca filamentosa* „Variegata“
Deutscher Name: Yucca, Adamsnadel, Fädige Palmlilie
Andere Arten/Sorten: „Bright Edge“, *Y. flaccida* „Golden Sword“, *Y. gloriosa* „Variegata“
Beschreibung: Immergrüne Pflanze, bildet eine Rosette aus spitzen schwertförmigen Blättern mit breitem cremeweißem Rand und gelockten Fäden. Der kräftige aufrechte Stängel (1,8 m) trägt weiße glockenförmige Blüten.
Höhe x Breite: 1,8 x 1,5 m
Blütezeit: Sommermitte bis Spätsommer
Boden: Gut drainiert.

5-8

Botanischer Name: *Ilex crenata* „Golden Gem“
Deutscher Name: Japanische Stechpalme
Andere Arten/Sorten: „Variegata“
Beschreibung: Immergrüner Strauch mit flachem breitem Wuchs. Die Zweige sind dicht mit kleinen goldgrünen Blättern bedeckt. Kann in Form geschnitten werden. Unscheinbare Blüten.
Höhe x Breite: 75 x 120 cm
Blütezeit: Spätfrühling bis Frühsommer
Boden: Fruchtbar, Feuchtigkeit speichernd, gut drainiert.

Vordergrund

5-7

Botanischer Name: *Narcissus cyclamineus*
Deutscher Name: Alpenveilchen-Narzisse
Andere Arten/Sorten: „February Gold“, „Peeping Tom“, „Tête a Tête“, „Jumblie“
Beschreibung: Zwergwüchsige Zwiebelpflanze mit Büscheln aus schmalen grasartigen Blättern. Die gelbgoldenen nickenden Blüten haben eine schmale Röhre und nach hinten geschlagene Blütenblätter.
Höhe: 15 cm
Blütezeit: Spätwinter bis Vorfrühling
Boden: Feucht, sauer, humos, gut drainiert.

3-9

Botanischer Name: *Primula polyantha* Rainbow-Serie „Cream Shades“
Deutscher Name: Primel
Andere Arten/Sorten: „Crescendo“
Beschreibung: Kurzlebige Staude, gewöhnlich als zweijährige für Frühbeete kultiviert. Bildet Rosetten aus knittrigen grünen Blättern aus denen kräftige Stängel mit gestielten kreisrunden Blüten wachsen.
Höhe x Breite: 23 – 30 x 30 cm
Blütezeit: Spätwinter bis Spätfrühling
Boden: Feuchtigkeit speichernd, aber gut drainiert.

Hintergrund

5-8

Botanischer Name: *Rhododendron* „Champagne“
Deutscher Name: Rhododendron
Andere Arten/Sorten: „Virginia Richards“, „Unique“, „Crest“, „Ode Wright“
Beschreibung: Immergrüner Strauch mit buschigem, leicht ausbreitendem Wuchs und länglichen spitzen Blättern in dunklem Grün. Große endständige Büschel aus blassen cremegelben Trichterblüten.
Höhe x Breite: 3 x 3,7 m
Blütezeit: Frühsommer
Boden: Sauer, humos, Feuchtigkeit speichernd, aber gut drainiert.

5-10

Botanischer Name: *Hedera helix* „Goldheart“, syn. „Oro di Bogliasco“
Deutscher Name: Goldherzefeu
Andere Arten/Sorten: *H. colchica* „Sulphur Heart“, *H.* „Buttercup“
Beschreibung: Selbst anheftende Kletterpflanze. Glänzende tiefgrüne Blätter mit unregelmäßiger gelbgoldener Mitte. Entwickelt seine Farbe in voller Sonne.
Höhe x Breite: 7,6 x 6 m
Blütezeit: Herbst bis Frühling
Boden: Gut drainiert, aber Feuchtigkeit speichernd.

Mitte

4-9

Botanischer Name: *Doronicum plantagineum*
Deutscher Name: Gemswurz
Andere Arten/Sorten: „Excelsum“, „Harpur Crewe“
Beschreibung: Staude mit einem Büschel aus herzförmigen Blättern in leuchtendem Mittelgrün. Die blattlosen Stängel tragen große, goldgelbe Korbblüten.
Höhe x Breite: 75 x 30 cm
Blütezeit: Frühling
Boden: Gut drainiert, Feuchtigkeit speichernd. Verträgt auch trockene schattige Standorte.

2-7

Botanischer Name: *Ribes alpinum* „Aureum“
Deutscher Name: Alpenjohannisbeere
Andere Arten/Sorten: *R. sanguineum, R. odoratum*
Beschreibung: Strauch mit niedrigem breitem Wuchs. Die gelappten Blätter sind im Frühling leuchtend gelb, im Sommer grünlich und im Herbst gelb. Kleine herabhängende Blütentrauben im Frühling. Rote Früchte an weiblichen Pflanzen.
Höhe x Breite: 90 – 120 x 150 cm
Blütezeit: Vorfrühling
Boden: Mäßig fruchtbar, gut drainiert.

Vordergrund

4-8

Botanischer Name: *Crocus* x *luteus* „Golden Yellow“, syn. „Dutch Yellow“
Deutscher Name: Krokus
Andere Arten/Sorten: *Crocus chrysanthus* (Kultivare)
Beschreibung: Robuste Knollenpflanze, wildert leicht auf Rasen aus. Große wetterbeständige Blüten in leuchtendem Gelb und schmale grasartige Blätter.
Höhe x Breite: 8 – 10 cm
Blütezeit: Vorfrühling
Boden: Gut drainiert.

9-10

Botanischer Name: *Freesia* (Kultivar)
Deutscher Name: Freesie
Andere Arten/Sorten: „Bergunden Yellow“, „Yellow River“, *F. armstrongii*
Beschreibung: Zwiebelpflanze mit schmalen schwertförmigen Blättern. Die schlanken Stängel tragen gebogene Blütenstände mit stark duftenden Trichterblüten. Kann mit dünnen Zweigen oder Stöcken abgestützt werden.
Höhe x Breite: 30 x 4 – 6 cm
Blütezeit: Winter/Frühling, je nach Pflanzzeit
Boden: Gut drainiert.

Hintergrund

Botanischer Name: *Forsythia* „Beatrix Farrand"
Deutscher Name: Forsythie, Goldglöckchen
Andere Arten/Sorten: *F.* x *intermedia* (Kultivare)
Beschreibung: Buschiger Strauch mit aufrechtem bis leicht ausladendem Wuchs. Die blattlosen braunen Triebe sind im zeitigen Frühling mit kräftig gelben Blüten bedeckt. Hellgrüne ovale Blätter. Die Blüten sind größer als üblich.
Höhe x Breite: 2,2 x 2,2 m
Blütezeit: Vorfrühling bis Frühlingsmitte
Boden: Mäßig gut drainiert, auch Lehmboden.

4-9

Botanischer Name: *Forsythia* x *intermedia* „Lynwood"
Deutscher Name: Forsythie, Goldglöckchen
Andere Arten/Sorten: *F.* x *intermedia* (Kultivare), z. B. „Spectabilis"
Beschreibung: Buschiger Stauch mit aufrechtem bis leicht ausladendem Wuchs. Im zeitigen Frühling sind die nackten braunen Triebe mit Blüten bedeckt. Hellgrüne ovale Blätter mit leichter Herbstfärbung. Größere blütenreiche Sorte.
Höhe x Breite: 4 x 3,5 m
Blütezeit: Vorfrühling bis Frühlingsmitte
Boden: Gut drainiert.

4-9

Mitte

8-10

Botanischer Name: *Phormium cookianum* „Cream Delight"
Deutscher Name: Neuseeländer Flachs
Andere Arten/Sorten: *P.* „Yellow Wave"
Beschreibung: Staude, bildet einen Büschel aus breiten gebogenen Riemenblättern mit einem großen cremegelbem Mittelstreifen. Die hohen Stängel tragen orangegelbe nektarreiche Röhrenblüten.
Höhe x Breite: 90 x 90 cm
Blütezeit: Sommermitte
Boden: Gut drainiert.

5-7

Botanischer Name: *Fritillaria imperialis* „Lutea Maxima"
Deutscher Name: Kaiserkrone
Andere Arten/Sorten: Keine
Beschreibung: Zwiebelpflanze mit hohen aufrechten Stängeln und Wirteln aus lanzettförmigen Blättern. Die endständigen Blütenbüschel bestehen aus bis zu fünf herabhängenden Glockenblüten mit hervorstehenden Staubblättern und tragen eine grüne „Krone" aus Blättern.
Höhe x Breite: 120 – 150 x 90 cm
Blütezeit: Frühling
Boden: Gut drainiert.

Vordergrund

4-8

Botanischer Name: *Narcissus* „Rip van Winkle", syn. *N. pumilus* „Plenus"
Deutscher Name: Narzisse
Andere Arten/Sorten: Keine
Beschreibung: Zwiebelpflanze mit einem Büschel aus schmalen bandförmigen Blättern. Die nackten Stängel tragen goldgelbe Blüten mit vielen Blütenblättern.
Höhe: 15 cm
Blütezeit: Vorfrühling
Boden: Gut drainiert, aber Feuchtigkeit speichernd.

Botanischer Name: *Narcissus* „Peeping Tom"
Deutscher Name: Narzisse
Andere Arten/Sorten: „February Gold", „Jetfire", „Little Witch"
Beschreibung: Zwiebelpflanze mit einem Büschel aus schmalen Blättern. Die goldgelben Blüten besitzen zurückgebogene Blütenblätter und eine ungewöhnlich lange schmale Röhre.
Höhe: 38 cm
Blütezeit: Vorfrühling
Boden: Gut drainiert, aber Feuchtigkeit speichernd.

4-9

Hintergrund

8-10

Botanischer Name: *Jasminum mesnyi* syn. *J. primulinum*
Deutscher Name: Primeljasmin
Andere Arten/Sorten: *J. fructicans, J. humile revolutum*
Beschreibung: Immergrüner Strauch mit langen schlaffen Trieben, grünen dreifiedrigen Blättern und großen ungefüllten oder halb gefüllten Blüten. Für ausreichenden Schutz und eine kräftige Blüte an einer warmen Wand hochziehen.
Höhe x Breite: 1,8 – 3 x 1,8 – 3 m
Blütezeit: Spätfrühling
Boden: Gut drainiert. Verträgt auch relativ karge Böden.

8-10

Botanischer Name: *Azara serrata*
Deutscher Name: Azara
Andere Arten/Sorten: *A. microphylla, A. dentata, A. lanceolata, A. petiolaris*
Beschreibung: Immergrüner Strauch mit kleinen, glänzenden gesägten Blättern. Flauschige Blüten mit süßem Vanilleduft. In kalten Regionen für zusätzlichen Schutz an einer warmen Wand hochziehen.
Höhe x Breite: 2,4 – 3,6 x 2,4 – 3,6 m
Blütezeit: Frühling
Boden: Fruchtbar, gut drainert und gut kultiviert.

Mitte

3-10

Botanischer Name: *Paeonia mlokosewitschii*
Deutscher Name: Päonie, Pfingstrose
Andere Arten/Sorten: Keine
Beschreibung: Staude mit gefiederten graugrünen Blättern und schalenförmigen Blüten. Junge Triebe sind rosarot. Blüht sehr früh, neue Triebe frostempfindlich.
Höhe x Breite: 90 x 60 cm
Blütezeit: Frühlingsmitte
Boden: Gut drainiert, Feuchtigkeit speichernd. Verträgt Kalk.

10

Botanischer Name: *Euryops pectinatus*
Deutscher Name: Goldmargerite
Andere Arten/Sorten: *E. chrysanthemoides*
Beschreibung: Frostempfindliche Staude/Halbstrauch mit aufrechtem verzweigtem Wuchs und fein zerteilten graugrünen Blättern. Gelbe Margeritenblüten. Für einen schönen buschigen Wuchs im Frühling stark zurückschneiden.
Höhe x Breite: 90 x 60 cm
Blütezeit: Spätfrühling bis Herbstmitte
Boden: Gut drainiert.

Vordergrund

4-9

Botanischer Name: *Narcissus* „Cheerfulness"
Deutscher Name: Narzisse
Andere Arten/Sorten: „Yellow Cheerfulness", „Tahiti", „Unique"
Beschreibung: Zwiebelpflanze mit schmalen riemenförmigen Blättern. Die aufrechten Stängel tragen gefüllte duftende Blüten in Blassgelb. Welke Blüten entfernen. Blattstängel und Blätter absterben lassen.
Höhe: 38 cm
Blütezeit: Frühlingsmitte
Boden: Feuchtigkeit speichernd.

4-9

Botanischer Name: *Meconopsis cambrica*
Deutscher Name: Gelber Scheinmohn
Andere Arten/Sorten: „Flore Pleno"
Beschreibung: Kurzlebige Staude mit farnartigem Blattwerk in frischem Grün. Die schlanken Stängel tragen schalenförmige Blüten in Orange oder Gelb. Selbst aussäend, auch in dunklem Schatten.
Höhe x Breite: 45 x 30 cm
Blütezeit: Spätfrühling
Boden: Humos, Feuchtigkeit speichernd.

Hintergrund

8-9

Botanischer Name: *Piptanthus nepalensis*, syn. *P. laburnifolius*
Deutscher Name: Botanischer Name
Andere Arten/Sorten: Keine
Beschreibung: Immergrüner bis Laub abwerfender Strauch mit schwach verzweigtem aufrechtem Wuchs und großen, glänzenden dreifiedrigen Blättern mit matter graugrüner Unterseite. Wickenartige Blüten. Leichte Herbstfärbung. Erfrorene Pflanzen können von unten her wieder austreiben.
Höhe x Breite: 3 x 2,5 m
Blütezeit: Frühlingsmitte bis Spätfrühling
Boden: Fruchtbar, gut drainiert. Verträgt stark alkalische Böden.

5-9

Botanischer Name: *Rosa* „Canary Bird"
Deutscher Name: Strauchrose
Andere Arten/Sorten: „Helen Knight", „Cantabrigiensis"
Beschreibung: Strauch mit überhängenden Trieben und farnartigen Blättern. Bildet im Frühjahr eine Fülle von kleinen, duftenden wildrosenartigen Blüten in Gelb.
Höhe x Breite: 2,7 x 3,5 m
Blütezeit: Frühling
Boden: Fruchtbar, humos, gut drainiert.

Mitte

4-8

Botanischer Name: *Berberis thunbergii* „Aurea"
Deutscher Name: Goldberberitze
Andere Arten/Sorten: Keine
Beschreibung: Zweigiger Strauch mit bedornten Ästen. Die kleinen löffelförmigen Blätter sind im Frühling leuchtend lindgrün bis blassgelb und dunkeln später nach. Kann in voller Sonne versengen. Herbstfärbung.
Höhe x Breite: 90 x 120 cm
Blütezeit: Vorfrühling bis Frühlingsmitte
Boden: Fruchtbar. Sehr trockene oder nasse Bedingungen meiden.

4-9

Botanischer Name: *Lysmachia punctata*
Deutscher Name: Goldfelberich
Andere Arten/Sorten: *L. ciliata*
Beschreibung: Staude mit ausbreitendem Wurzelstock. Viele aufrechte Stängel mit lanzettförmigen mittelgrünen Blättern und leuchtend gelben Blütenähren. In Gruppen schön für Natur- oder Sumpfgärten. Wuchernd.
Höhe x Breite: 90 x 60 cm
Blütezeit: Frühsommer bis Sommermitte
Boden: Feuchtigkeit speichernd.

Vordergrund

3-9

Botanischer Name: *Tulipa* „Golden Memory"
Deutscher Name: Tulpe
Andere Arten/Sorten: „Bellona", „Sunray", Golden Apeldoorn", „Mamasa", „West Point"
Beschreibung: Zwiebelpflanze mit breiten riemenförmigen Blättern. Die aufrechten Stängel tragen eine kegelförmige Knospe, die sich in voller Sonne zu einer becherförmigen Blüte öffnet. Welke Blüten entfernen, aber Stängel und Blätter absterben lassen.
Höhe x Breite: 50 x 60 cm
Blütezeit: Frühlingsmitte bis Spätfrühling
Boden: Gut drainiert.

7-9

Botanischer Name: *Genista lydia*
Deutscher Name: Ginster
Andere Arten/Sorten: *Cytisus procumbens, Cytisus* x *kewensis*
Beschreibung: Immergrüner Strauch mit dünnen, graugrünen kaskadenförmig überhängenden Ästen, die mit leuchtend gelben wickenartigen Blüten bedeckt sind. Spärliches Blattwerk.
Höhe x Breite: 30 – 60 x 180 cm
Blütezeit: Spätfrühling bis Frühsommer
Boden: Gut drainiert, sauer oder alkalisch.

Hintergrund

8-9

Botanischer Name: *Cytisus battandieri*
Deutscher Name: Geißklee
Andere Arten/Sorten: „Yellow Tail“
Beschreibung: Halbimmergrüner Strauch mit aufrechten fruchtig duftenden Blütenähren. Die silbrig grünen Blätter sind mit weichen Härchen bedeckt. Kann als Solitärstrauch gepflanzt oder für zusätzlichen Schutz an einer Mauer hochgezogen werden.
Höhe x Breite: 5 x 4 m
Blütezeit: Frühsommer bis Sommermitte
Boden: Verträgt alle Bedingungen, außer schlecht drainierte und extrem alkalische Böden.

3-9

Botanischer Name: *Robinia pseudoacacia* „Sunshine“ (syn. *Senecio)*
Deutscher Name: Robinie, Falsche Akazie
Andere Arten/Sorten: *Gleditsia triacanthos* „Sunburst“
Beschreibung: Kleiner Baum mit später Blattbildung. Die kräftig gelbgrünen Blätter leuchten besonders im Frühling. Weiße wickenartige Blüten. Brüchiges Astwerk, daher windige Standorte meiden.
Höhe x Breite: 6+ x 4 m
Blütezeit: Sommermitte
Boden: Fruchtbar, Feuchtigkeit speichernd. Nährstoffarme und stark alkalische Böden meiden.

Mitte

3-10

Botanischer Name: *Digitalis grandiflora* syn. *D. ambigua*
Deutscher Name: Fingerhut
Andere Arten/Sorten: „Temple Bells“, *D. lanata, D. lutea, D. davisiana*
Beschreibung: Kurzlebige Staude mit einem grundständigen Büschel aus immergrünen tief geäderten Blättern. Schlanke aufrechte Ähren aus Röhrenblüten mit ausgestellter Öffnung.
Höhe x Breite: 75 x 30 cm
Blütezeit: Frühsommer
Boden: Fruchtbar, humos.

8-10

Botanischer Name: *Brachyglottis* „Sunshine“, syn. *Senecio*
Deutscher Name: Greiskraut
Andere Arten/Sorten: *B. greyi, B. laxifolia*
Beschreibung: Immergrüner Strauch mit niedrigem breitem Wuchs und silbergrauen Blätter. Die gelben margeritenartigen Blüten wachsen in Büscheln an zweijährigem Holz. Im Frühling einige dieser älteren Äste bis zum Boden zurückschneiden. Gute Küstenpflanze.
Höhe x Breite: 90 x 150 cm
Blütezeit: Frühsommer
Boden: Gut drainiert.

Vordergrund

7-10

Botanischer Name: *Iris* (Xiphium-Typ)
Deutscher Name: Schwertlilie (Xiphium-Iris)
Andere Arten/Sorten: „Golden Harvest“
Beschreibung: Zwiebelpflanze mit langen schmalen Blättern. Die kräftigen Stängel tragen eine bis zwei Blüten. Für ein schönes Frühsommerbeet in Gruppen zwischen niedrigere Stauden und Sträucher pflanzen.
Höhe x Breite: 80 x 15 cm
Blütezeit: Spätfrühling bis Frühsommer
Boden: Gut drainiert. Gedeiht gut auf alkalischen Böden.

3-9

Botanischer Name: *Allium moly*
Deutscher Name: Goldlauch
Andere Arten/Sorten: „Jeannine“
Beschreibung: Gruppen bildende Zwiebelpflanze mit grasartigen graugrünen Blättern. Die Stängel tragen kuppelförmige Büschel aus bis zu 40 Blütensternen.
Höhe x Breite: 10 – 35 x 10 – 12 cm
Blütezeit: Frühsommer
Boden: Gut drainiert.

Hintergrund

6-8

Botanischer Name: *Lonicera* x *tellmanniana*
Deutscher Name: Geißblatt
Andere Arten/Sorten: *L. tragophylla, L. japonica* „Halliana"
Beschreibung: Kletterpflanze mit langen rankenden Trieben und ovalen grünen Blättern. Große Büschel aus gelben Röhrenblüten mit orangefarbener Schattierung. Nicht duftend. Wurzeln kühl halten, im Schatten benachbarter Sträucher.
Höhe x Breite: 3,5 – 4,5 x 3,5 – 4,5 m
Blütezeit: Sommer
Boden: Fruchtbar, Feuchtigkeit speichernd, mit organischem Mulch.

6-9

Botanischer Name: *Lonicera tragophylla*
Deutscher Name: Geißblatt
Andere Arten/Sorten: *L.* x *tellmanniana, L. japonica* „Halliana"
Beschreibung: Große wüchsige Kletterpflanze mit langen rankenden Trieben und großen Büscheln aus leuchtend gelben Blüten. Bronze schattierte Blätter mit grauer Unterseite. Kann wuchern.
Höhe x Breite: 9 – 12 x 6 – 9 m
Blütezeit: Frühsommer bis Sommermitte
Boden: Fruchtbar, Feuchtigkeit speichernd.

Mitte

8-10

Botanischer Name: *Phlomis fruticosa*
Deutscher Name: Brandkraut
Andere Arten/Sorten: „Edward Bowles"
Beschreibung: Immergrüner Strauch mit Wirteln aus behelmten Blüten, die zu hübschen ausdauernden Samenkapseln heranreifen. Die Blätter und Stängel sind mit grauem Flaum bedeckt. Fast weiße Blattunterseite.
Höhe x Breite: 1 x 1,2 m
Blütezeit: Frühsommer bis Sommermitte
Boden: Bevorzugt leichten, gut drainierten Boden, vor allem in kühleren Regionen.

3-10

Botanischer Name: *Hemerocallis* „Wind Song"
Deutscher Name: Taglilie
Andere Arten/Sorten: „Whichford", „Marion Vaughn", „Favorite Things"
Beschreibung: Staude mit dichten Büscheln aus gebogenen grasartigen Blättern. Die großen weit ausgestellten Trompetenblüten haben gekräuselte Blütenblätter und halten nur einen Tag.
Höhe x Breite: 70 x 75 cm
Blütezeit: Sommermitte
Boden: Fruchtbar, Feuchtigkeit speichernd. Sehr trockene oder sehr nasse Standorte meiden.

Vordergrund

3-10

Botanischer Name: *Hemerocallis* „Corky"
Deutscher Name: Taglilie
Andere Arten/Sorten: „Stella de Oro", „Happy Returns", *H. dumortieri*
Beschreibung: Staude mit endständigen Büscheln aus rot schattierten Knospen und gelben Trompetenblüten, die jeweils nur einen Tag lang halten. Auffällige dunkle Stängel und schöne grasartige Blätter.
Höhe x Breite: 45 x 45 cm
Blütezeit: Spätfrühling bis Frühsommer
Boden: Fruchtbar, Feuchtigkeit speichernd. Trockene oder nasse Standorte meiden.

5-10

Botanischer Name: *Helianthemum* „Wisley Primrose"
Deutscher Name: Sonnenröschen
Andere Arten/Sorten: „Amy Baring", „Ben Nevis", „Jubilee"
Beschreibung: Immergrüner Strauch mit graugrünen Blättern. Die Büschel aus nickenden Knospen öffnen sich zu kreisrunden Blüten. Nach der Blüte leicht stutzen. Braucht einen gut drainierten Boden und gedeiht am besten in voller Sonne.
Höhe x Breite: 20 x 90 cm
Blütezeit: Frühsommer bis Sommermitte
Boden: Gut drainiert bis trocken, auch karge steinige Böden. Stark alkalische Böden meiden.

Hintergrund

5-9

Botanischer Name: *Rosa* „Golden Wings“
Deutscher Name: Strauchrose
Andere Arten/Sorten: Keine
Beschreibung: Buschige Strauchrose mit hellgrünen gefiederten Blättern. Die großen, ungefüllten becherförmigen Blüten sind blassgelb und haben eine dunklere Mitte aus goldenen Staubblättern. Mäßig duftend.
Höhe x Breite: 2 x 1,5 m
Blütezeit: Sommer bis Herbst
Boden: Fruchtbar, gut drainiert, aber Feuchtigkeit speichernd.

5-8

Botanischer Name: *Cytisus scoparius* f. *andreanus*
Deutscher Name: Besenginster
Andere Arten/Sorten: „Cornish Cream“, „Golden Cascade“, „Gold Finch“, „Moonlight“
Beschreibung: Immergrüner Strauch mit peitschenförmigen aufrechten Zweigen und kleinen, spärlich gesäten dreifiedrigen Blättern. Bildet eine Fülle von wickenartigen Blüten mit goldgelben „Flügeln“ und braunen „Kielen“.
Höhe x Breite: 3 x 2,5 m
Blütezeit: Frühling bis Frühsommer
Boden: Gut drainiert, möglichst neutral bis sauer.

Mitte

9-10

Botanischer Name: *Coronilla valentina* subsp. *glauca* syn. *C. glauca*
Deutscher Name: Kronwicke
Andere Arten/Sorten: „Citrina“, „Variegata“
Beschreibung: Immergrüner Strauch mit buschigem rundlichem Wuchs. Die blaugrauen Blätter bilden einen schönen Kontrast zu den süßlich duftenden goldgelben Wickenblüten, die nahezu ganzjährig erscheinen.
Höhe x Breite: 90 x 90 cm
Blütezeit: Frühling, Sommer bis Herbst
Boden: Gut drainiert.

7-10

Botanischer Name: *Alstroemeria* „Cyprus“
Deutscher Name: Inkalilie
Andere Arten/Sorten: Butterfly-Hybriden, Princess-Serie, Ligtu-Hybriden
Beschreibung: Knollenpflanze mit schmalen lanzettförmigen Blättern. Die orchideenartigen Blüten in blassrosa getöntem Weiß sind gelb abgesetzt, stellenweise dunkel gestreift und besitzen einen tiefgelben Fleck. Gute Schnittblume.
Höhe x Breite: 90 – 120 x 60 – 90 cm
Blütezeit: Sommer
Boden: Gut drainiert. Im Winter mit organischem Mulch abdecken.

Vordergrund

9-10

Botanischer Name: *Clivia miniata* var. *citrina*
Deutscher Name: Klivie, Riemenblatt
Andere Arten/Sorten: *C. miniata* (Hybriden)
Beschreibung: Immergrüne Gruppen bildende Staude mit unterirdischen Rhizomen. Breite gebogene Riemenblätter und Büschel aus großen trichterförmigen Blüten.
Höhe x Breite: 40 x 30 – 60 cm
Blütezeit: Herbst, Winter oder Frühling
Boden: Gut drainiert.

4-10

Botanischer Name: *Sedum aizoon*
Deutscher Name: Fetthenne
Andere Arten/Sorten: „Aurantiacum“ („Euphorbioides“)
Beschreibung: Immergrüne Staude mit aufrechten Stängeln und fleischigen gesägten Blättern in leuchtendem Grün. Flache Köpfchen aus winzigen goldgelben Sternblüten.
Höhe x Breite: 45 x 45 cm
Blütezeit: Sommer
Boden: Gut drainiert.

Hintergrund

7-9

Botanischer Name: *Lonicera nitida* „Baggesen's Gold"
Deutscher Name: Geißblatt
Andere Arten/Sorten: Keine
Beschreibung: Immergrüner Strauch mit aufrechtem bis ausladendem Wuchs. Sehr kleine, dicht gesäte goldgelbe Blätter. Nicht der vollen Sonne aussetzen, da die Blätter sonst ausbleichen oder ausdörren können. Gute Heckenpflanze.
Höhe x Breite: 1,2 x 1,5 m
Blütezeit: Unbedeutend
Boden: Gut drainiert, aber nicht trocken oder nass.

9-10

Botanischer Name: *Metrosideros excelsa* „Aureus"
Deutscher Name: Eisenholzbaum
Andere Arten/Sorten: „Moon Maiden"
Beschreibung: Immergrüner Strauch mit endständigen flauschigen Büscheln aus cremegelben Blüten, die hauptsächlich aus Staubblättern bestehen. Die ovalen glänzenden Blätter in dunklem Grün sind unterhalb mit weißem Flaum bedeckt.
Höhe x Breite: 8 x 6 m
Blütezeit: Sommer
Boden: Fruchtbar, gut drainiert.

Mitte

3-10

Botanischer Name: *Hemerocallis* „Dubloon"
Deutscher Name: Taglilie
Andere Arten/Sorten: „Corky", „Golden Chimes", „Favorite Things"
Beschreibung: Staude mit einem Büschel aus langen schmalen Blättern, die vor allem im Frühling besonders leuchten. Die schlanken Stängel tragen Büschel aus Knospen und sternförmigen Blüten mit schmalen Blütenblättern.
Höhe x Breite: 75 x 45 cm
Blütezeit: Sommer
Boden: Gut drainiert, aber Feuchtigkeit speichernd.

3-10

Botanischer Name: *Hemerocallis* „Azur"
Deutscher Name: Taglilie
Andere Arten/Sorten: „Golden Chimes", „Corky", „Favorite Things"
Beschreibung: Staude mit einem Büschel aus langen schmalen Blättern, die vor allem im Frühling besonders attraktiv sind. Die schlanken Stängel tragen Büschel aus Knospen und Blüten mit breiten, leicht gerüschten Blütenblättern.
Höhe x Breite: 90 x 60 cm
Blütezeit: Sommer
Boden: Gut drainiert, aber Feuchtigkeit speichernd.

Vordergrund

Botanischer Name: *Viola* x *wittrockiana* Universal-Serie F1
Deutscher Name: Gartenstiefmütterchen
Andere Arten/Sorten: F1-Hybriden-Serie
Beschreibung: Zweijährige, oftmals als einjährige Beet- und Kübelpflanze verwendet. Runde bis herzförmige gezähnte Blätter und große, fast kreisrunde Blüten, oftmals süß duftend.
Höhe x Breite: 15 – 25 x 25 – 30 cm
Blütezeit: Je nach Varietät und Aussaat unterschiedlich.
Boden: Gut drainiert, aber Feuchtigkeit speichernd.

3-9

Botanischer Name: *Lysmachia nummularia* „Aurea"
Deutscher Name: Pfennigkraut
Andere Arten/Sorten: *L. nummularia*
Beschreibung: Kriechende Staude mit kleinen, runden buttergelben Blättern und becherförmigen goldgelben Blüten. Die verzweigten Triebe verwurzeln im Boden. Guter Bodendecker für feuchte schattige Standorte.
Höhe x Breite: 2,5 cm Höhe, Breite unbestimmt
Blütezeit: Sommer
Boden: Feuchtigkeit speichernd bis feucht.

Hintergrund

5-9

Botanischer Name: *Verbascum bombyciferum*
Deutscher Name: Königskerze
Andere Arten/Sorten: *V.* „Gainsborough"
Beschreibung: Immergrüne Zweijährige mit breiten silbergrünen Blättern in einem grundständigen Büschel und an den Stängeln. Die kräftigen Ähren aus gelben Blüten sind in silbrig weißen Flaum gehüllt. Selbstaussaat möglich.
Höhe x Breite: 120 – 180 x 60 cm
Blütezeit: Sommer
Boden: Gut drainiert.

4-9

Botanischer Name: *Lilium* (Hybride)
Deutscher Name: Lilien-Hybride
Andere Arten/Sorten: Golden-Splendor, Aurelian-Hybriden
Beschreibung: Zwiebelpflanze. Die hohen Stängel sind in schmale Blätter gehüllt und tragen große trompetenförmige Blüten. Auf Mischrabatten in Gruppen zwischen niedrigen Sträuchern und krautigen Stauden pflanzen.
Höhe x Breite: 102 – 210 x 30 cm
Blütezeit: Sommer
Boden: Fruchtbar, durchlässig, gut drainiert, aber humos.

Mitte

10

Botanischer Name: *Zantedeschia elliottiana*
Deutscher Name: Gelbe Kalla
Andere Arten/Sorten: Neuseeland-Hybriden
Beschreibung: Immergrüne Knollenstaude, bildet einen Büschel aus breiten, pfeilförmigen grünen Blättern mit silbernen Sprenkeln. Große wachsartige spatenförmige Blüten. Zahlreiche Kultivare.
Höhe x Breite: 60 – 90 x 45 – 60 cm
Blütezeit: Sommer
Boden: Gut drainiert, aber Feuchtigkeit speichernd.

3-10

Botanischer Name: *Solidago* „Laurin"
Deutscher Name: Goldrute
Andere Arten/Sorten: „Goldenmosa", „Citronella"
Beschreibung: Staude mit einem breiten Büschel aus aufrechten Trieben, die in schmale grüne Blätter gekleidet sind. Überhängende verzweigte Blütenstände aus winzigen gelben Blüten. Einige Varietäten breiten sich stark aus.
Höhe x Breite: 60 – 75 x 45 cm
Blütezeit: Spätsommer
Boden: Mäßig gut drainiert.

Vordergrund

6-9

Botanischer Name: *Santolina rosmarinifolia* (syn. *S. virens*) „Primrose Gem"
Deutscher Name: Heiligenkraut
Andere Arten/Sorten: *S. rosmarinifolia, S. chamaecyparissus*
Beschreibung: Immergrüner Strauch mit kuppelförmigem Wuchs. Dichte dunkelgrüne Triebe mit verholzter Basis und stark zergliederte Blätter. Kleine, knopfartige gelbe Blüten.
Höhe x Breite: 60 – 90 cm
Blütezeit: Sommer
Boden: Gut drainiert, nicht zu fruchtbar.

6-9

Botanischer Name: *Santolina pinnata* ssp. *neapolitana* „Sulphurea"
Deutscher Name: Heiligenkraut
Andere Arten/Sorten: *S. rosmarinifolia* „Primros Gem", *S. chamaecyparissus*
Beschreibung: Immergrüner aromatischer Strauch mit kuppelförmigem Wuchs und graugrünen zergliederten Blättern. Blassgelbe knopfartige Blüten. Für dichten Wuchs im Frühling stark zurückschneiden.
Höhe x Breite: 60 x 90 cm
Blütezeit: Sommermitte
Boden: Gut drainiert, nicht zu fruchtbar.

Hintergrund

4-10

Botanischer Name: *Ligularia stenocephala*
Deutscher Name: Ligularie, Kreuzkraut, Goldkolben
Andere Arten/Sorten: *L. przewalskii* „The Rocket"
Beschreibung: Gruppen bildende Staude mit breiten, runden gesägten Blättern. Die hohen purpur getönten Stängel tragen Ähren aus orangegelben margeritenartigen Blüten. Im Frühling vor Schneckenbefall schützen.
Höhe x Breite: 120 x 60 cm
Blütezeit: Sommermitte bis Spätsommer
Boden: Feuchtigkeit speichernd bis nass.

8-10

Botanischer Name: *Fremontodendron* „California Glory"
Deutscher Name: Flanellstrauch
Andere Arten/Sorten: *F. californicum*
Beschreibung: Immergrüner bis halbimmergrüner kurzlebiger Strauch mit gelappten Blättern und großen wachsartigen Blüten. Über eine warme sonnige Mauer ziehen oder in frostfreien Gebieten als Solitärstrauch pflanzen. Hautreizende Härchen.
Höhe x Breite: 6 x 5,5 m
Blütezeit: Spätfrühling bis Herbstmitte
Boden: Gut drainiert. Zu fruchtbarer Boden mindert die Frosthärte.

Mitte

3-10

Botanischer Name: *Coreopsis verticillata*
Deutscher Name: Mädchenauge
Andere Arten/Sorten: „Golden Shower", „Zagreb", „Moonbeam"
Beschreibung: Krautige Staude mit fadenförmigen Blättern und einer Fülle von goldgelben Sternblüten. Für kräftigen Wuchs im Frühling teilen und wieder einpflanzen.
Höhe x Breite: 60 – 75 x 45 cm
Blütezeit: Sommer bis Herbstmitte
Boden: Fruchtbar, Gut drainiert.

5-9

Botanischer Name: *Rosa* „Peaudouce" syn. „Elina", „Dicjana"
Deutscher Name: Beetrose (Teehybride)
Andere Arten/Sorten: „King's Ransom", „Sunblest", „Grandpa Dickson"
Beschreibung: Wüchsige aufrechte Beetrose mit schönen dunklen Blättern. Die großen gefüllten Blüten sind cremeweiß mit zitronengelber Mitte. Leicht duftend.
Höhe x Breite: 105 x 75 cm
Blütezeit: Frühling bis Herbst
Boden: Fruchtbar, Feuchtigkeit speichernd. humos. Dünne kalkhaltige Böden meiden.

Vordergrund

Botanischer Name: *Calendula officinalis*
Deutscher Name: Ringelblume
Andere Arten/Sorten: „Lemon Queen"
Beschreibung: Frostharte Einjährige mit buschigem Wuchs. Hellgrüne Blätter mit beißendem Geruch. Je nach Sorte ungefüllte oder gefüllte Blüten in Gelb oder Orange. Welke Blüten regelmäßig entfernen.
Höhe x Breite: 30 – 60 x 20 – 30 cm
Blütezeit: Sommer bis Frühherbst (in warmen Gegenden ab Frühling)
Boden: Gut drainiert.

Botanischer Name: *Antirrhinum majus*
Deutscher Name: Löwenmaul
Andere Arten/Sorten: Coronet-Serie, „Golden Monarch"
Beschreibung: Bedingt frostharte Einjährige mit buschigem Wuchs und kleinen schmalen Blättern. Die verzweigten Blütenähren nach der Blüte abschneiden, um die Bildung von Seitentrieben anzuregen. Für buschigen Wuchs Sämlinge auskneifen.
Höhe x Breite: 30 – 60 x 30 cm
Blütezeit: Frühsommer bis durch den Herbst
Boden: Gut drainiert. Sehr schwere und schlecht drainierte Böden meiden.

Hintergrund

Botanischer Name: *Helianthus annus*
Deutscher Name: Sonnenblume
Andere Arten/Sorten: „Lemon Queen", „Titan", „Mammoth Russian"
Beschreibung: Frostharte Einjährige. Der aufrechte Stängel trägt eine riesige Blüte mit großer erhabener Mitte, die von gelben Blütenblättern umringt ist. Im Herbst locken die Sonnenblumenkerne Vögel an.
Höhe x Breite: 120 – 150 x 40 cm
Blütezeit: Sommer
Boden: Gut drainiert.

Botanischer Name: *Helianthus annuus* „Moonwalker"
Deutscher Name: Sonnenblume
Andere Arten/Sorten: „Lemon Queen"
Beschreibung: Bedingt frostharte Einjährige. Der einzelne Stängel trägt mehrere große Blüten mit blassgelben Blütenblättern und dunkelbrauner Mitte.
Höhe x Breite: 120 – 150 x 50 cm
Blütezeit: Sommer
Boden: Gut drainiert.

Mitte

3-10

Botanischer Name: *Anthemis tinctoria* „E. C. Buxton"
Deutscher Name: Färber-Hundskamille
Andere Arten/Sorten: „Sauce"
Beschreibung: Frostharte Staude mit fein zerteilten Blättern und einer Fülle von Korbblüten in kühlem Zitronengelb. Es gibt auch hellere und dunklere Kultivare.
Höhe x Breite: 75 x 45 cm
Blütezeit: Sommer
Boden: Gut drainiert.

4-8

Botanischer Name: *Lilium* „Destiny"
Deutscher Name: Lilie
Andere Arten/Sorten: „Concorde", „Connecticut King", „Sun Ray"
Beschreibung: Zwiebelpflanze mit langen aufrechten Stängeln und schmalen lanzettförmigen Blättern. Die aufrechten becherförmigen Blüten haben zurückgebogene Blütenblätter und einen gefleckten Schlund.
Höhe x Breite: 90 x 120 cm
Blütezeit: Frühsommer bis Sommermitte
Boden: Fruchtbar, gut drainiert, aber Feuchtigkeit speichernd und humos.

Vordergrund

Botanischer Name: *Helianthus annus* (Varietät)
Deutscher Name: Zwergsonnenblume
Andere Arten/Sorten: „Big Smile", „Music Box Mixed", „Sunspot", „Teddy Bear",
Beschreibung: Bedingt frostharte buschige Einjährige mit sehr großen Einzelblüten. Kann einzeln als Topfpflanze verwendet oder auf Rabatten für mehr Fülle zwischen zartere Einjährige gepflanzt werden. Sehr gute Schnittpflanze.
Höhe x Breite: 45 – 75 x 45 cm
Blütezeit: Sommer
Boden: Gut drainiert.

Botanischer Name: *Chrysanthemum coronarium* „Primrose Gem"
Deutscher Name: Wucherblume
Andere Arten/Sorten: „Golden Gem"
Beschreibung: Frostharte Einjährige mit buschigem Wuchs und fein zerteilten Blättern. Viele gefüllte blassgelbe Blüten mit dunklerer Mitte. „Golden Gem" hat einen etwas dunkleren Gelbton.
Höhe x Breite: 30 – 45 x 30 cm
Blütezeit: Sommer
Boden: Gut drainiert.

Hintergrund

4-8

Botanischer Name: *Lonicera periclymenum* „Graham Thomas"
Deutscher Name: Geißblatt
Andere Arten/Sorten: *L. periclymenum*
Beschreibung: Kletterpflanze mit rankenden Trieben und paarigen graugrünen Blättern. Klettert zunächst ganz an seinem Gerüst empor und breitet sich dann aus. Einige Varietäten haben violett schattierte rosa Blüten. Am Abend stark duftend.
Höhe x Breite: 3,5 – 6 x 3,5 – 6 m
Blütezeit: Sommer bis Herbst
Boden: Feuchtigkeit speichernd. Auf dünnen trockenen Böden verstärkt mehltauanfällig.

8-10

Botanischer Name: *Spartium junceum*
Deutscher Name: Binsenginster
Andere Arten/Sorten: Keine
Beschreibung: Aufrechter Strauch mit langen, dünnen peitschenartigen Trieben und sehr spärlichem Blattwerk. Die Triebe sind mit wickenartigen Blüten bedeckt. Sehr gute Küstenpflanze für windige Standorte. Im Frühling leicht zurückschneiden.
Höhe x Breite: 3 x 2 m
Blütezeit: Sommer bis Herbst
Boden: Gut drainiert. Gedeiht gut auf alkalischen Böden.

Mitte

7-10

Botanischer Name: *Alstroemeria aurea*
Deutscher Name: Inkalilie
Andere Arten/Sorten: *Alstroemeria*-Hybriden, z. B. „Princess Sophie"
Beschreibung: Staude mit hohen, in schmale Blätter gekleideten Trieben und Büscheln aus gestreiften und gepunkteten Lilienblüten. Kann sich stark ausbreiten. Die frostempfindlicheren Hybriden mit einer Mulchschicht schützen.
Höhe x Breite: 90 x 30 cm
Blütezeit: Sommer
Boden: Leicht, gut drainiert, aber Feuchtigkeit speichernd.

3-9

Botanischer Name: *Centaurea macrocephala*
Deutscher Name: Gelbe Riesenflockenblume
Andere Arten/Sorten: *C. ruthenica*
Beschreibung: Staude mit groben Blättern und großen distelartigen Blütenköpfen aus papierartigen braunen Brakteen und einem Büschel gelber Blütenblätter. Nach der Blüte gut zum Trocknen geeignet.
Höhe x Breite: 90 – 120 x 60 cm
Blütezeit: Sommer
Boden: Gut drainiert, bevorzugt steinige kalkhaltige Böden.

Vordergrund

Botanischer Name: *Rudbeckia* „Toto"
Deutscher Name: Sonnenhut
Andere Arten/Sorten: „Nutmeg", „Goldilocks", „Becky", „Sonora"
Beschreibung: Bedingt frostharte zwergwüchsige Einjährige mit buschigem Wuchs. Große, goldene Korbblüten mit kuppelförmiger brauner Mitte.
Höhe x Breite: 20 – 30 x 30 cm
Blütezeit: Sommermitte bis Herbst
Boden: Gut drainiert, aber Feuchtigkeit speichernd.

4-10

Botanischer Name: *Oenothera fruticosa glauca*, syn. *O. tetragona*
Deutscher Name: Nachtkerze
Andere Arten/Sorten: „Yellow River", „Feuerwerk" („Fyrverkeri")
Beschreibung: Staude mit Büscheln aus dunklen Blättern. Die rot getönten Knospen öffnen sich zu einer Fülle von gelben becherförmigen Blüten. „Feuerwerk" besitzt purpurrot getönte Blätter.
Höhe x Breite: 45 x 30 cm
Blütezeit: Frühsommer bis Sommermitte
Boden: Gut drainiert.

Hintergrund

9-10

Botanischer Name: *Cestrum aurantiacum*
Deutscher Name: Hammerstrauch
Andere Arten/Sorten: *C. parqui, C. diurnum*
Beschreibung: Immergrüne bis Laub abwerfende halbkletternde Pflanze, kann bei jährlichem Rückschnitt als Strauch gezogen werden. Breite ovale Blätter und Bündel aus gelborangen Röhrenblüten mit sternförmigen Blütenblättern. Geschützter Standort.
Höhe x Breite: 2 x 2 m
Blütezeit: Sommer
Boden: Fruchtbar, gut drainiert.

9-10

Botanischer Name: *Grevillea juniperina* f. *sulphurea*
Deutscher Name: Grevillee, Silbereiche
Andere Arten/Sorten: Keine
Beschreibung: Immergrüner Strauch mit sehr schmalen nadelförmigen Blättern und endständigen Trauben aus blassgelben spinnenartigen Blütenköpfen. Verträgt keine kalkhaltigen Böden.
Höhe x Breite: 120 x 120 cm
Blütezeit: Frühling bis Sommer
Boden: Gut drainiert, neutral bis sauer.

Mitte

5-9

Botanischer Name: *Rosa* „Peer Gynt"
Deutscher Name: Beetrose (Teehybride)
Andere Arten/Sorten: „Sunblest", „King's Ransom", „Grandpa Dickson", „Freedom"
Beschreibung: Beetrose mit schönen Blättern in sattem Grün. Die großen gelben Blüten sind rötlich schattiert und wachsen einzeln oder in Büscheln.
Höhe x Breite: 80 x 60 cm
Blütezeit: Spätfrühling bis Herbstmitte
Boden: Fruchtbar, Feuchtigkeit speichernd. Gedeiht gut auf fruchtbaren Lehmböden.

6-9

Botanischer Name: *Primula florindae*
Deutscher Name: Tibetprimel
Andere Arten/Sorten: *P. sikkimensis*
Beschreibung: Staude mit einem Büschel aus breiten ovalen Blättern. Die aufrechten Stängel tragen Büschel aus nickenden, duftenden gelben Glockenblüten.
Höhe x Breite: 60 – 90 x 30 – 60 cm
Blütezeit: Sommer
Boden: Feuchtigkeit speichernd bis feucht, humos.

Vordergrund

Botanischer Name: *Eschscholzia californica*
Deutscher Name: Schlafmützchen, Kalifornischer Goldmohn
Andere Arten/Sorten: „Golden Values", *E. lobbii* „Moonlight", *E. caespitosa* „Sundew"
Beschreibung: Frostharte Einjährige mit fein zerteilten, farnartigen blaugrauen Blättern. Ungefüllte Blüten mit seidenpapierartigen Blütenblättern. Für längere Blühdauer welke Blüten regelmäßig entfernen. Selbst aussäend. Verträgt Trockenheit.
Höhe x Breite: 30 x 15 cm
Blütezeit: Frühsommer bis Frühherbst
Boden: Gut drainiert.

Botanischer Name: *Limonium sinuatum* (Varietät)
Deutscher Name: Statice, Meerlavendel
Andere Arten/Sorten: „Forever Gold", „Gold Coast"
Beschreibung: Frostharte Einjährige mit einer grundständigen Blattrosette und gebogenen Blütenständen. Winzige Blüten mit papierartigen Blütenblättern.
Höhe x Breite: 30 – 60 x 30 cm
Blütezeit: Sommermitte bis Herbstmitte
Boden: Gut drainiert.

Hintergrund

7-10

Botanischer Name: *Aucuba japonica* „Crotonfolia"
Deutscher Name: Aukube
Andere Arten/Sorten: „Variegata"
Beschreibung: Immergrüner Strauch mit großen, ledrigen goldgelb panaschierten Blättern. „Crotonfolia" ist ein weibliches Kultivar und bringt im Herbst rote Beeren hervor.
Höhe x Breite: 3 x 3 m
Blütezeit: Unbedeutend
Boden: Fruchtbar, gut drainiert. Ältere Pflanzen vertragen Trockenheit im Schatten.

10

Botanischer Name: *Allamanda cathartica* „Hendersonii"
Deutscher Name: Allamande, Goldtrompete
Andere Arten/Sorten: Keine
Beschreibung: Immergrüne verholzende Kletterpflanze mit Wirteln aus lanzettförmigen Blättern und großen leuchtend gelben Trompetenblüten.
Höhe x Breite: 4,8 m
Blütezeit: Sommer bis Herbst
Boden: Gut drainiert, aber Feuchtigkeit speichernd, möglichst neutral bis sauer.

Mitte

3-10

Botanischer Name: *Hemerocallis* „Golden Chimes"
Deutscher Name: Taglilie
Andere Arten/Sorten: „Marion Vaughn", „Hyperion", „Brocaded Gown"
Beschreibung: Staude mit einem Büschel aus langen Blättern und dunklen schlanken Stängeln. Die Knospen öffnen sich zu goldgelben Trompetenblüten mit bronzenem Nacken.
Höhe x Breite: 75 x 60 cm
Blütezeit: Frühsommer bis Sommermitte
Boden: Fruchtbar, Feuchtigkeit speichernd bis feucht.

3-10

Botanischer Name: *Achillea* „Coronation Gold"
Deutscher Name: Schafgarbe
Andere Arten/Sorten: *A. filipendulina* „Gold Plate", *A. millefolium* „Hoffnung"
Beschreibung: Staude mit einem grundständigen Büschel aus fein zerteilten graugrünen Blättern. Die aufrechten Stängel tragen flache, tellerförmige Blütenköpfe. Gute Schnitt- und Trockenpflanze.
Höhe x Breite: 90 x 45 cm
Blütezeit: Frühsommer bis Sommermitte
Boden: Gut drainiert, aber Feuchtigkeit speichernd.

Vordergrund

Botanischer Name: *Tagetes patula* (Varietät)
Deutscher Name: Studentenblume
Andere Arten/Sorten: „Yellow Jacket", „Safari", Serie „Petite Boy"
Beschreibung: Bedingt frostharte Einjährige mit buschigem Wuchs, aromatischen geteilten Blättern und einer Fülle von ungefüllten oder gefüllten Blüten. Für längere Blüte welke Blüten regelmäßig abschneiden und vor Schneckenbefall schützen.
Höhe x Breite: 25 x 25 m
Blütezeit: Sommer bis Herbstmitte
Boden: Gut drainiert.

4-10

Botanischer Name: *Solidaster luteus,* syn. x *S. hybridus*
Deutscher Name: Goldruten-Aster
Andere Arten/Sorten: „Lemore"
Beschreibung: Staude mit büscheligem Wuchs und schmalen Blättern. Die schlanken drahtartigen Stängel tragen dichte Büschel aus leuchtenden Blütensternen. Lange Blühdauer. Mehltauanfällig.
Höhe x Breite: 60 x 75 cm
Blütezeit: Sommermitte bis Herbst
Boden: Fruchtbar, gut drainiert.

Hintergrund

8-10

Botanischer Name: *Choisya ternata* „Sundance"
Deutscher Name: Orangenblume
Andere Arten/Sorten: Keine
Beschreibung: Immergrüner Strauch mit aromatischen dreifiedrigen Blättern, die im Frühling gelbgrün sind und sich im Herbst goldgrün färben. Büschel aus weißen orangenblütenartigen Blüten. Junge Blatttriebe sind frostempfindlich.
Höhe x Breite: 1,2 x 1,2 m
Blütezeit: Spätfrühling bis Frühsommer
Boden: Fruchtbar, Feuchtigkeit speichernd, aber gut drainiert. Alkalische Böden meiden.

7-10

Botanischer Name: *Elaeagnus pungens* „Frederici"
Deutscher Name: Ölweide
Andere Arten/Sorten: „Maculata", „Dicksonii"
Beschreibung: Immergrüner verzweigter Strauch mit ovalen cremegelb panaschierten Blättern. Winzige, blassgelbe süßlich duftende Blüten im Herbst.
Höhe x Breite: 2 – 3 x 2 – 3 m
Blütezeit: Herbstmitte bis Herbstende
Boden: Gut drainiert. Sehr trockene oder sehr alkalische Böden meiden.

Mitte

4-9

Botanischer Name: *Inula hookeri*
Deutscher Name: Alant
Andere Arten/Sorten: Keine
Beschreibung: Staude mit ausbreitendem Wurzelstock und Büscheln aus breiten Blättern. Grünlich gelbe Korbblüten mit feinen Blütenblättern.
Höhe x Breite: 75 x 60 cm
Blütezeit: Spätsommer
Boden: Fruchtbar, Feuchtigkeit speichernd bis feucht.

4-9

Botanischer Name: *Spiraea japonica* „Goldflame"
Deutscher Name: Spierstrauch
Andere Arten/Sorten: „Golden Princess"
Beschreibung: Dichter verzweigter Strauch mit goldgelben Blättern. Junge Blatttriebe sind orangerot getönt. Flache rosa Blütenköpfe im Sommer. Im Frühling bis zum Boden zurückschneiden.
Höhe x Breite: 75 x 75 cm
Blütezeit: Frühsommer bis Sommermitte
Boden: Fruchtbar, Feuchtigkeit speichernd. Verträgt keine kargen trockenen Böden.

Vordergrund

9-10

Botanischer Name: *Gazania* „Dorothy"
Deutscher Name: Gazanie, Mittagsgold
Andere Arten/Sorten: „Mini-star Yellow", *G. uniflora* „Royal Gold", „Gold Rush"
Beschreibung: Frostempfindliche Staude, normalerweise als bedingt frostharte Einjährige kultiviert. Bildet Matten aus grünen lanzettförmigen Blättern. Die großen Korbblüten öffnen sich nur an schönen hellen Tagen und schließen sich am Abend.
Höhe x Breite: 22 x 20 – 30 cm
Blütezeit: Frühsommer bis Herbstmitte
Boden: Gut drainiert. Gedeiht gut auf kargen trockenen Böden und in Küstengebieten.

9-10

Botanischer Name: *Gazania* „Silvery Beauty"
Deutscher Name: Gazanie, Mittagsgold
Andere Arten/Sorten: „Lemon Beauty", „Mini-star Yellow", „Dorothy", *G. uniflora*
Beschreibung: Frostempfindliche Staude, normalerweise als bedingt frostharte Einjährige kultiviert. Bildet Matten aus silbergrauen Blättern. Große gelbe Margeritenblüten mit dunklem Mittelring. Blüten bleiben an trüben Tagen geschlossen.
Höhe x Breite: 22 x 20 – 30 cm
Blütezeit: Frühsommer bis Herbstmitte
Boden: Gut drainiert. Gedeiht gut auf kargen trockenen Böden und in Küstengebieten.

Hintergrund

3-10

Botanischer Name: *Achillea filipendulina* „Gold Plate"
Deutscher Name: Schafgarbe
Andere Arten/Sorten: „Parker's Variety", „Cloth of Gold"
Beschreibung: Staude mit fedrigen grünen Blättern. Die aufrechten Stängel tragen große, flache goldgelbe Blütenköpfe. Als Schnittblume vor allem ohne Blätter lange haltbar. Gute Trockenblume.
Höhe x Breite: 120 x 50 cm
Blütezeit: Frühsommer bis Sommermitte
Boden: Gut drainiert, aber Feuchtigkeit speichernd.

4-9

Botanischer Name: *Inula magnifica*
Deutscher Name: Alant
Andere Arten/Sorten: *I. helenium*
Beschreibung: Große Staude mit breiten groben Blättern. Die kräftigen Stängel tragen leuchtend gelbe Korbblüten mit feinen, strahlenförmigen leicht herabhängenden Blütenblättern. Für Natur- oder Sumpfgärten geeignet. Geschützter Standort.
Höhe x Breite: 180 – 240 x 90 cm
Blütezeit: Spätsommer bis Frühherbst
Boden: Feuchtigkeit speichernd bis feucht.

Mitte

3-7

Botanischer Name: *Potentilla fruticosa* „Primrose Beauty"
Deutscher Name: Fingerkraut
Andere Arten/Sorten: „Moonlight", „Goldfinger", „Klondike"
Beschreibung: Strauch mit dichtem buschigem Wuchs, winzigen, gefiederten graugrünen Blättern und einer Fülle aus kleinen kreisrunden Blüten.
Höhe x Breite: 1,2 x 1,2 m
Blütezeit: Frühsommer bis Frühherbst
Boden: Gut drainiert. Sehr trockene oder nasse Böden meiden.

9-10

Botanischer Name: *Argyranthemum frutescens* „Jamaica Primrose"
Deutscher Name: Strauchmargerite
Andere Arten/Sorten: „Lemon Meringue", „Penny", „Yellow Star" („Etoile d'Or")
Beschreibung: Staude/Halbstrauch mit buschigem Wuchs und langstieligen Margeritenblüten. Im Herbst Stecklinge nehmen oder die Pflanzen bei 7 – 10 °C überwintern lassen.
Höhe x Breite: 90 x 90 cm
Blütezeit: Sommermitte bis Herbstmitte
Boden: Fruchtbar, gut drainiert.

Vordergrund

otanischer Name: *Tagetes* „Lemon Gem"
eutscher Name: Studentenblume (Zwergform)
ndere Arten/Sorten: „Golden Gem", „Ursula"
eschreibung: Bedingt frostharte Einjährige mit breiten Büscheln aus filigranen lättern und einer Fülle aus kleinen Blüten. Ideal zur Wegrandbepflanzung im ommer.
öhe x Breite: 15 – 20 x 20 cm
lütezeit: Frühsommer bis Herbstmitte
oden: Fruchtbar, gut drainiert.

Botanischer Name: *Tropaeolum majus* „Tip Top Alaska Gold"
Deutscher Name: Kapuzinerkresse
Andere Arten/Sorten: „Tip Top Gold", „Peach Melba", Jewel-Serie (gold oder gelb blühend)
Beschreibung: Frostharte Einjährige mit buschigen Wuchs. Ungewöhnliche weiß marmorierte Blätter und weit geöffneten Blüten. Fruchtbare Böden sorgen für eine verstärkte Blattbildung auf Kosten der Blüte. Anfällig für Blattläuse und Raupen.
Höhe x Breite: 20 – 30 x 30 cm
Blütezeit: Frühsommer bis Herbstmitte
Boden: Gut drainiert. Gedeiht am besten auf nährstoffärmeren Böden.

Hintergrund

4-7

Botanischer Name: *Hypericum* „Hidcote“
Deutscher Name: Johanniskraut
Andere Arten/Sorten: „Rowallane“
Beschreibung: Halbimmergrüner Strauch mit rundlichem Wuchs und mittelgrünen lanzettförmigen Blättern. Scheibenförmige Blüten mit einer erhabenen Mitte aus goldenen Staubblättern. Widerstandsfähige „Stadtpflanze“
Höhe x Breite: 120 x 120 cm
Blütezeit: Frühsommer bis Spätherbst
Boden: Gut drainiert, aber Feuchtigkeit speichernd.

3-10

Botanischer Name: *Rudbeckia laciniata*
Deutscher Name: Sonnenhut
Andere Arten/Sorten: „Hortensia“, *R. submentosa, R. maxima,* „Herbstsonne“
Beschreibung: Staude mit tief zerteilten Blättern. Die hohen aufrechten Stängel tragen große gelbe Margeritenblüten mit kegelförmiger grünlicher Mitte.
Höhe x Breite: 180 – 210 x 60 cm
Blütezeit: Sommermitte bis Spätsommer
Boden: Fruchtbar, gut drainiert, aber Feuchtigkeit speichernd.

Mitte

6-10

Botanischer Name: *Kniphofia* „Gold Else“
Deutscher Name: Fackellilie
Andere Arten/Sorten: „Buttercup“, „Candlelight“, „Sunningdale Yellow“, „Gold Mine“, „Ada“
Beschreibung: Staude mit kleinen Büscheln aus grasartigen Blättern und aufrechten nackten Ähren mit gelben Röhrenblüten. Wurzeln im Winter mit einer Mulchschicht abdecken.
Höhe x Breite: 75 x 45 cm
Blütezeit: Sommermitte
Boden: Gut drainiert, vor allem im Winter.

7-10

Botanischer Name: *Dendranthema* „Sea Urchin“
Deutscher Name: Herbstchrysantheme
Andere Arten/Sorten: „Yellow Triumph“, „Golden Mound“
Beschreibung: Staude. Vermehrung durch Stecklinge vom vorjährigen Wurzelstock, der geschützt überwintert wurde. Muss gestützt und regelmäßig mit Nährstoffen und Wasser versorgt werden.
Höhe x Breite: 120 x 60 – 75 cm
Blütezeit: Spätsommer bis Herbstmitte
Boden: Leicht, gut drainiert, aber Feuchtigkeit speichernd.

Vordergrund

Botanischer Name: *Cladanthus arabicus*
Deutscher Name: Astblume
Andere Arten/Sorten: Keine
Beschreibung: Frostharte Einjährige mit Büscheln aus farnartigen aromatischen Blättern und duftenden Korbblüten. Im Frühling aussäen oder für ungestörtes Auswurzeln einzeln in Gefäße pflanzen.
Höhe x Breite: 60 x 30 cm
Blütezeit: Sommer bis Frühherbst.
Boden: Sehr gut drainiert.

6-10

Botanischer Name: *Kniphofia* „Little Maid“
Deutscher Name: Fackellilie
Andere Arten/Sorten: „Gold Else“, „Buttercup“, „Candlelight“
Beschreibung: Staude mit grasartigen Blattbüscheln und schlanken Trieben mit blassgelben Röhrenblüten, die als Knospen grün sind. Blüht bis weit in den Herbst. Mit Mulch schützen.
Höhe x Breite: 60 x 45 cm
Blütezeit: Spätsommer bis Herbstmitte
Boden: Gut drainiert.

Hintergrund

8-10

Botanischer Name: *Genista aetnensis*
Deutscher Name: Ätna-Ginster
Andere Arten/Sorten: Keine
Beschreibung: Strauch oder kleiner Baum mit lockerem Wuchs, peitschenartigen Ästen, spärlichem Blattwerk und einer Fülle von duftenden wickenartigen Blüten im Sommer.
Höhe x Breite: 3,5 – 4,2 x 3,5 – 4,2 m
Blütezeit: Sommermitte
Boden: Gut drainiert.

4-9

Botanischer Name: *Heliopsis helianthoides* „Light of Loddon"
Deutscher Name: Sonnenauge
Andere Arten/Sorten: „Sommersonne", „Sonnenglut"
Beschreibung: Staude mit hohen festen Stängeln, groben Blättern und vielen großen gefüllten Margeritenblüten in Orangegelb. Stark wuchernd, Braucht Pflege.
Höhe x Breite: 120 – 150 x 60 cm
Blütezeit: Sommermitte bis Spätsommer
Boden: Fruchtbar.

Mitte

6-10

Botanischer Name: *Kniphofia* „Candlelight"
Deutscher Name: Fackellilie
Andere Arten/Sorten: „Buttercup", „Gold Else"
Beschreibung: Staude mit kleinen grasartigen Büscheln und aufrechten nackten Trieben mit Ähren aus herabhängenden gelben Röhrenblüten. Wurzeln mit einer Mulchschicht vor Frost schützen.
Höhe x Breite: 90 x 45 cm
Blütezeit: Sommermitte
Boden: Gut drainiert, vor allem im Winter.

3-10

Botanischer Name: *Hemerocallis* (Kultivar)
Deutscher Name: Taglilie
Andere Arten/Sorten: „Whichford", „Golden Chimes", „Golden Scroll"
Beschreibung: Staude mit einem Büschel aus langen schmalen Blättern und hohen Stängeln. Die Knospen öffnen sich nacheinander zu duftenden trompetenförmigen Blüten, die nur einen Tag lang halten.
Höhe x Breite: 75 – 90 x 75 cm
Blütezeit: Sommermitte
Boden: Feuchtigkeit speichernd bis feucht.

Vordergrund

9-10

Botanischer Name: *Osteospermum* „Buttermilk"
Deutscher Name: Kapmargerite, Kapkörbchen
Andere Arten/Sorten: „Anglia Yellow", „Zulu"
Beschreibung: Frostempfindliche Staude mit einem Büschel aus gezähnten Blättern. Die langen Stängel tragen große Margeritenblüten mit dunkler Mitte. Im Spätsommer Stecklinge nehmen oder die gesamte Pflanze überwintern.
Höhe x Breite: 60 x 30 cm
Blütezeit: Frühling bis Herbst
Boden: Gut drainiert.

8-10

Botanischer Name: *Bidens ferulifolia*
Deutscher Name: Zweizahn
Andere Arten/Sorten: „Golden Goddess", *B. aurea*
Beschreibung: Frostempfindliche wuchernde Staude, für den Rabattenvordergrund oder zur Kübelbepflanzung geeignet. Lange Triebe mit farnartigen Blättern und einer Fülle von gelben Blüten mit Honigduft. Erholt sich nach trockenen Perioden wieder.
Höhe x Breite: 45 – 60 x 30 – 45 cm
Blütezeit: Sommer bis Herbst
Boden: Fruchtbar, gut drainiert.

Hintergrund

7-10

Botanischer Name: *Bupleurum fruticosum*
Deutscher Name: Hasenohr
Andere Arten/Sorten: Keine
Beschreibung: Immergrüner Strauch, als neutraler Hintergrund für andere Blumen geeignet. Lockere grünliche Dolden und schöne graugrüne Blätter. Ideal für ungeschützte Küstenstandorte.
Höhe x Breite: 1,5 x 1,5 m
Blütezeit: Sommermitte bis Frühherbst
Boden: Verträgt viele Bedingungen.

7-9

Botanischer Name: *Pyracantha rogersiana* „Flava"
Deutscher Name: Feuerdorn
Andere Arten/Sorten: „Golden Charmer", „Soleil d'Or"
Beschreibung: Immergrüner bis halbimmergrüner Strauch mit ausladenden, in kleine dunkelgrüne Blätter gehüllten Ästen. Blüht cremeweiß. Trauben aus leuchtend gelben Beeren vom Frühherbst bis zur Wintermitte.
Höhe x Breite: 3,5 x 2 m
Blütezeit: Frühsommer
Boden: Stark alkalische Böden meiden.

Mitte

5-9

Botanischer Name: *Rosa* „Korresia" syn. „Friesia"
Deutscher Name: Rose
Andere Arten/Sorten: Viele Sorten, z. B. „Zonta Rose", „Chinatown", „Mountbatten"
Beschreibung: Rose mit aufrechtem buschigen Wuchs und gesunden schönen Blättern. Büscheln aus stark duftenden tiefgelben Blüten mit gewellten Blütenblättern.
Höhe x Breite: 75 x 60 cm
Blütezeit: Frühsommer bis Spätherbst
Boden: Fruchtbar, humos, Feuchtigkeit speichernd. Stark alkalische Böden meiden.

7-10

Botanischer Name: *Phygelius aequalis* „Yellow Trumpet"
Deutscher Name: Kapfuchsie
Andere Arten/Sorten: „Moonraker"
Beschreibung: Staude mit endständigen Büscheln aus cremefarbenen Röhrenblüten. Geschützter Standort, z. B. an einer sonnigen Mauer. Unter frostfreien Bedingungen immergrün bis halbimmergrün.
Höhe x Breite: 90 x 45 cm
Blütezeit: Sommermitte bis Herbstmitte
Boden: Fruchtbar, gut drainiert, aber Feuchtigkeit speichernd. Im Sommer gut wässern.

Vordergrund

9-10

Botanischer Name: *Dahlia* „Yellow Hammer"
Deutscher Name: Dahlie
Andere Arten/Sorten: Viele Kultivare mit unterschiedlichen Blütenformen
Beschreibung: Knollenpflanze mit schönen violettgrünen Blättern. Große, ungefüllte gelbe Blüten mit charakteristischem Duft. In Regionen mit Winterfrost Knollen aus dem Boden nehmen und frostfrei überwintern.
Höhe x Breite: 30 – 40 x 30 – 40 cm
Blütezeit: Sommermitte bis Frühherbst
Boden: Fruchtbar, Feuchtigkeit speichernd, aber gut drainiert.

5-9

Botanischer Name: *Dendranthema* (Kultivar)
Deutscher Name: Chrysantheme
Andere Arten/Sorten: „Yellow Delight", „Yellow Daphne", „Golden Bowl"
Beschreibung: Staude mit margeritenartigen Blüten und gelappten Blättern. Gute Schnittblume. Im Winter mit einer Mulchschicht abdecken oder aus der Erde nehmen und in Kompost einlagern.
Höhe x Breite: 45 – 60+ x 45 cm
Blütezeit: Spätsommer bis Herbstmitte
Boden: Gut drainiert, fruchtbar.

Hintergrund

7-9

Botanischer Name: *Mahonia* x *media* „Charity“
Deutscher Name: Mahonie
Andere Arten/Sorten: „Buckland“, „Lionel Fortescue“, „Winter Sun“, „Underway“
Beschreibung: Immergrüner Strauch oder kleiner Baum mit aufrechtem Wuchs. Endständige Trauben aus leuchtend gelben duftenden Blüten. Große gefiederte Blätter in dunklem glänzendem Grün.
Höhe x Breite: 3 x 1,8 m
Blütezeit: Spätherbst bis Wintermitte
Boden: Locker, humos. Trockene und stark alkalische Böden meiden.

6-9

Botanischer Name: *Clematis rehderiana*
Deutscher Name: Klematis, Waldrebe
Andere Arten/Sorten: Keine
Beschreibung: Wüchsige Kletterpflanze, kann über Mauern und Zäunen oder in großen Sträuchern gezogen werden. Cremegelbe Glockenblüten und elegante Blätter. Geschützter Standort. Triebe festbinden.
Höhe x Breite: 3,5 x 3,5 m
Blütezeit: Spätsommer bis Herbstmitte
Boden: Humos, Feuchtigkeit speichernd.

Mitte

4-10

Botanischer Name: *Solidago* „Goldenmosa“
Deutscher Name: Goldrute
Andere Arten/Sorten: „Cloth of Gold“, „Golden Dwarf“
Beschreibung: Kompakte Staude mit flauschigen mimosenartigen Blütenständen in kräftigem Gelb. Aufrechte unverzweigte Triebe und schmale gelblich grüne Blätter.
Höhe x Breite: 90 x 60 cm
Blütezeit: Spätsommer bis Frühherbst
Boden: Gut drainiert.

6-10

Botanischer Name: *Kniphofia* „Percy's Pride“
Deutscher Name: Fackellilie
Andere Arten/Sorten: „Primrose Yellow“, „Goldmine“, „Ada“, „Yellow Hammer“
Beschreibung: Staude mit dichten cremegelben bis grünlichen Blütenständen. Grundständiger Büschel aus steifen grasartigen Blättern. Wurzelhals rechtzeitig mit einer Mulchschicht vor Kälte und Winternässe schützen.
Höhe x Breite: 90 x 45 – 50 cm
Blütezeit: Spätsommer bis Herbstmitte
Boden: Gut drainiert, vor allem im Winter.

Vordergrund

6-9

Botanischer Name: *Sternbergia lutea*
Deutscher Name: Goldkrokus, Gewitterblume
Andere Arten/Sorten: Keine
Beschreibung: Zwiebelpflanze mit leuchtend gelben Krokusblüten und grasartigen Blättern. Ungestört und unter geeigneten Bedingungen wachsen die Büschel stetig.
Höhe x Breite: 2 – 15 x 7 – 10 cm
Blütezeit: Frühherbst bis Herbstmitte
Boden: Gut drainiert.

3-10

Botanischer Name: *Achillea* „Moonshine“
Deutscher Name: Schafgarbe
Andere Arten/Sorten: „Taygetea“ (sehr ähnlich)
Beschreibung: Staude mit flachen schwefelgelben Blütenköpfen und weichen, zerteilten graugrünen Blättern. Immergrün bis halbimmergrün. „Moonshine“ muss im Gegensatz zu höher wachsenden Formen nicht gestützt werden.
Höhe x Breite: 60 x 50 cm
Blütezeit: Frühsommer bis Frühherbst
Boden: Fruchtbar, gut drainiert.

Hintergrund

4-9

Botanischer Name: *Heliopsis helianthoides* „Hohlspiegel“
Deutscher Name: Sonnenauge
Andere Arten/Sorten: „Sonnenglut“, „Light of Loddon“, „Goldgefieder“
Beschreibung: Staude mit groben Blättern, aufrechten Stängeln und gefüllten goldgelben Blüten. Widerstandsfähige unkomplizierte Pflanze, muss nicht gestützt werden.
Höhe x Breite: 1,2 x 0,6 m
Blütezeit: Spätsommer
Boden: Fruchtbar.

5-9

Botanischer Name: *Clematis tangutica*
Deutscher Name: Goldwaldrebe
Andere Arten/Sorten: *C. orientalis,* „Bill MacKenzie“, „Aureolin“
Beschreibung: Kletterpflanze mit hellgrünen farnartigen Blättern und einer Fülle von gelben nickenden Glockenblüten, die zu schönen silbrigen Samenkapseln heranreifen. Braucht Halt, schattige Wurzeln und kann im Frühling stark zurückgeschnitten werden.
Höhe x Breite: 3,5 – 5,5 x 3,5 – 5,5 m
Blütezeit: Sommermitte bis Spätherbst
Boden: Feuchtigkeit speichernd, humos.

Mitte

8-10

Botanischer Name: *Pleioblastus auricoma* syn. *P. viridistraiatus*
Deutscher Name: Bambus
Andere Arten/Sorten: Keine
Beschreibung: Immergrüner Bambus mit aufrechten Trieben und länglichen, gelb gestreiften spitzen Blättern. Für kräftigen Austrieb nach dem Winter bis zum Boden zurückschneiden.
Höhe x Breite: 1,2 m x unbestimmt
Blütezeit: Unzutreffend
Boden: Feuchtigkeit speichernd bis feucht.

7-9

Botanischer Name: *Hypericum* x *inodorum* „Elstead“
Deutscher Name: Johanniskraut
Andere Arten/Sorten: „Ysella“ (goldblättrig), *H. forrestii*
Beschreibung: Halbimmergrüner aufrechter Strauch mit paarigen mittelgrünen Blättern und kleinen gelben Blüten mit hervorstehenden Staubblättern. Kegelförmige Früchte in Blassrosa bis Scharlachrot.
Höhe x Breite: 90 x 90 cm
Blütezeit: Spätsommer
Boden: Fruchtbar. Trockene Böden meiden.

Vordergrund

Botanischer Name: *Zinnia elegans*
Deutscher Name: Zinnie
Andere Arten/Sorten: „Sun Bow Mixed“, „Short Stuff Gold“, „Peter Pan Gold“
Beschreibung: Einjährige mit großen, leuchtenden, oftmals pomponförmigen Blüten an steifen verzweigten Stängeln. Gedeiht am besten in heißen trockenen Sommern.
Höhe x Breite: 20 – 60 x 20 – 60 cm
Blütezeit: Sommermitte bis Frühherbst
Boden: Fruchtbar, gut drainiert, aber Feuchtigkeit speichernd. Nährstoffarme Böden meiden.

Botanischer Name: *Helichrysum bracteatum*
Deutscher Name: Strohblume, Immortelle
Andere Arten/Sorten: „Bright Bikini“
Beschreibung: Frostharte Einjährige, blüht bis in die Spätsaison hinein. Gute Schnitt- und Trockenblume. Im Herbst oder Frühling drinnen aussäen.
Höhe x Breite: 30 – 40 x 30 cm
Blütezeit: Sommermitte bis Herbstmitte
Boden: Gut drainiert.

Hintergrund

8-9

Botanischer Name: *Coronilla valentina* ssp. *glauca* „Variegata"
Deutscher Name: Kronwicke
Andere Arten/Sorten: „Citrina", *C. v.* ssp. *glauca*
Beschreibung: Strauch mit cremeweiß panaschierten graugrünen Blättern und kleinen süßlich duftenden Wickenblüten. Sehr lange Blütezeit. Die unpanaschierte Form ist etwas frosthärter.
Höhe x Breite: 1,8 x 1,8 m
Blütezeit: Frühling bis Herbst
Boden: Gut drainiert. Verträgt auch relativ stark alkalische Böden.

6-9

Botanischer Name: *Sinacalia tangutica* syn. *Senecio tanguticus*
Deutscher Name: Greiskraut
Andere Arten/Sorten: Keine
Beschreibung: Staude mit spreitenden Wurzeln und tief zerteilten Blättern. Die hohen Stängel tragen fedrige Rispen aus winzigen margeritenartigen Blüten. Elegante blasse Samenkapseln in der Spätsaison.
Höhe x Breite: 105 x 60 cm
Blütezeit: Spätsommer bis Frühherbst
Boden: Feuchtigkeit speichernd bis feucht, humos.

Mitte

5-8

Botanischer Name: *Kirengeshoma palmata*
Deutscher Name: Wachsglocke
Andere Arten/Sorten: Koreana-Gruppe
Beschreibung: Staude mit gelappten spitzrandigen Blättern. Die gebogenen Triebe tragen lockere Büschel aus großen rundlichen Knospen. Die Röhrenblüten haben schmal zulaufende fleischige Blütenblätter und eine ausgestellte Öffnung.
Höhe x Breite: 90 x 60 cm
Blütezeit: Spätsommer bis Frühherbst
Boden: Feuchtigkeit speichernd, humos, sauer.

8-10

Botanischer Name: *Helichrysum splendidum*
Deutscher Name: Strohblume
Andere Arten/Sorten: *Helichrysum italicum*
Beschreibung: Immergrüner Halbstrauch mit kuppelförmigem Wuchs und dichtem silbergrauem Blattwerk. Wenn im Frühling nicht stark zurückgeschnitten, erscheinen die kleinen goldgelben Blüten oberhalb des Blattwerks.
Höhe x Breite: 1,2 x 1,2 m
Blütezeit: Sommermitte bis Herbst
Boden: Gut drainiert. Verträgt stark alkalische Böden.

Vordergrund

Botanischer Name: *Sanvitalia procumbens*
Deutscher Name: Husarenknöpfchen
Andere Arten/Sorten: „Yellow Carpet", „Gold Braid"
Beschreibung: Frostharte Einjährige mit kriechendem/rankendem Wuchs. Guter Bodendecker. Lanzettförmige Blätter und Korbblüten mit großer dunkler Mitte. Liebt Sonne, aber gedeiht auch gut in feuchten Sommern.
Höhe x Breite: 15 x 30 – 45 cm
Blütezeit: Sommermitte bis Herbstmitte
Boden: Fruchtbar, gut drainiert.

7-9

Botanischer Name: *Crocosmia* x *crocosmiflora* „Solfaterre"
Deutscher Name: Montbretie
Andere Arten/Sorten: „Citronella"
Beschreibung: Zwiebelpflanze mit breiten, grasartigen bronze getönten Blättern. Die gebogenen Stängel tragen Ähren aus Trichterblüten in weichem, gelb getöntem Apricot.
Höhe x Breite: 60 x 50 cm
Blütezeit: Sommermitte bis Herbstmitte
Boden: Fruchtbar, Feuchtigkeit speichernd.

Hintergrund

9-10

Botanischer Name: *Citrus limon* x *meyeri* syn. *Citrus meyeri*
Deutscher Name: Meyer's Zitrone
Andere Arten/Sorten: *Citros limon* (Kultivare)
Beschreibung: Immergrüner Strauch mit kompaktem Wuchs. Bringt fast ununterbrochen Blüten und mittelgroße Zitronen hervor. Die dunklen glänzenden Blätter verströmen beim Zerreiben einen kräftigen Zitronenduft.
Höhe x Breite: 7 x 3 m
Blütezeit: Ganzjährig
Boden: Gut drainiert. Während der Fruchtbildung gut wässern.

6-9

Botanischer Name: *Chimonanthus praecox* var. *luteus* (syn. *C. p.* „Luteus")
Deutscher Name: Winterblüte
Andere Arten/Sorten: *C. praecox, C. p.* „Grandiflorus"
Beschreibung: Schwach verzweigter aufrechter Strauch. Die nackten Äste tragen duftende wachsartige Glockenblüten. Diese gelbblühende Varietät ist prächtiger als die einfache Art.
Höhe x Breite: 2,5 x 2,5 m
Blütezeit: Spätwinter
Boden: Alle Böden, bevorzugt alkalische.

Mitte

10

Botanischer Name: *Senecio grandifolius (Telanthophora grandifolia)*
Deutscher Name: Greiskraut
Andere Arten/Sorten: Keine
Beschreibung: Immergrüner Strauch mit kräftigen aufrechten Trieben und großen ovalen Blättern mit gezähntem Rand und deutlicher Äderung. Endständige, breit gewölbte goldgelbe Blütenköpfe.
Höhe x Breite: 3 – 5 x 2 – 3 m
Blütezeit: Winter bis Frühling
Boden: Gut drainiert.

7-9

Botanischer Name: *Cedrus deodara* „Aurea"
Deutscher Name: Himalajazeder
Andere Arten/Sorten: Keine
Beschreibung: Konifere mit goldgelben Blättern und elegant ausladenden Ästen. Wächst zu einem relativ hohen Strauch heran, aber kann auch auf eine niedrige Kuppelform getrimmt werden.
Höhe x Breite: 1,2 x 1,2 m
Blütezeit: Unbedeutend
Boden: Gut drainiert, Feuchtigkeit speichernd.

Vordergrund

4-9

Botanischer Name: *Primula veris* (Hybride)
Deutscher Name: Primel, Schlüsselblume
Andere Arten/Sorten: *Primula vulgaris*
Beschreibung: Staude mit einer Rosette aus ovalen Blättern. Die aufrechten Stängel tragen gestielte fünfblättrige Blüten in rosa oder orange getöntem Gelb.
Höhe x Breite: 15 – 20 x 15 – 20 cm
Blütezeit: Frühling
Boden: Humos, Feuchtigkeit speichernd, aber gut drainiert.

9-10

Botanischer Name: *Primula* x *kewensis* „Mountain Spring"
Deutscher Name: Primel, Schlüsselblume
Andere Arten/Sorten: *P* x *kewensis*
Beschreibung: Frostempfindliche Staude mit Büscheln aus bemehlten Blättern. Endständige Büschel aus duftenden tiefgelben Röhrenblüten.
Höhe x Breite: 30 x 15 – 30 cm
Blütezeit: Winter bis Vorfrühling
Boden: Gut drainiert, mit feinem Kies.

Hintergrund

5-8

Botanischer Name: *Hamamelis* x *intermedia* „Pallida“
Deutscher Name: Zaubernuss
Andere Arten/Sorten: „Arnold Promise“, *H. mollis*
Beschreibung: Lockerer ausladender Strauch, blüht im Winter auf nacktem Holz. „Pallida“ besitzt breite ovale Blätter mit schöner Herbstfärbung und duftende, blassgelbe „spinnenartige“ Blüten.
Höhe x Breite: 5 x 6 m
Blütezeit: Winter bis Vorfrühling
Boden: Neutral bis sauer, humos, Feuchtigkeit speichernd.

6-10

Botanischer Name: *Jasminum nudiflorum*
Deutscher Name: Winterjasmin
Andere Arten/Sorten: Keine
Beschreibung: Strauch mit weichen Trieben, meist an einer Mauer hochgezogen. Die tiefgelben Blüten erscheinen an den blattlosen grünen Trieben in milden Perioden während des Winters. Kleine glänzende dreifiedrige Blätter.
Höhe x Breite: 3 x 3 m
Blütezeit: Frühwinter bis Vorfrühling
Boden: Mäßig gut drainiert.

Mitte

5-8

Botanischer Name: *Rhododendron* Golden-Oriole-Gruppe
Deutscher Name: Knaphill-Azalee
Andere Arten/Sorten: „Talavera“, „Crest“, „Buttermint“, „Eldorado“, „Hotei“
Beschreibung: Immergrüner Strauch mit länglichen, abgerundeten dunkelgrünen Blättern. Büschel aus sanftgelben Glockenblüten mit auffälligen dunkelbraunen Staubbeuteln.
Höhe x Breite: 90 x 90 cm
Blütezeit: Vorfrühling
Boden: Sauer, humos, Feuchtigkeit speichernd, aber gut drainiert.

7-8

Botanischer Name: *Mahonia* x *wagneri* „Moseri“
Deutscher Name: Mahonie
Andere Arten/Sorten: *M. aquifolium* „Apollo“
Beschreibung: Langsam wachsender immergrüner Strauch. Die großen gefiederten Blätter sind im Frühling gelblich grün und gehen in ein rosiges Orange über, bevor sie nachdunkeln. Schöne gelbe Blütenbüschel
Höhe x Breite: 1,2 x 1,2 m
Blütezeit: Frühling
Boden: Gut drainiert, aber Feuchtigkeit speichernd.

Vordergrund

3-7

Botanischer Name: *Ranunculus ficaria* „Brazen Hussy“
Deutscher Name: Feigwurz, Scharbockskraut
Andere Arten/Sorten: *R. ficaria* (Kultivare)
Beschreibung: Knollen bildende Staude mit bronzevioletten herzförmigen Blättern. Goldgelbe becherförmige Blüten im Frühling. Gut für Naturgärten geeignet.
Höhe x Breite: 5 x 20 cm
Blütezeit: Vorfrühling
Boden: Feuchtigkeit speichernd, aber gut drainiert.

3-9

Botanischer Name: *Uvularia grandiflora*
Deutscher Name: Trauerglocke, Goldglocke
Andere Arten/Sorten: „Pallida“, *U. perfoliata*
Beschreibung: Staude mit aufrechten, an der Spitze überhängenden Stängeln. Unter den abwärts gerichteten lanzettförmigen Blättern hängen die blassgelben lilienartigen Blüten.
Höhe x Breite: 60 x 25 cm
Blütezeit: Frühling
Boden: Sauer, humos, Feuchtigkeit speichern, aber gut drainiert.

VIOLETT

Violett reicht von nahezu schwarzen Tönen über dunkles Kastanienbraun bis hin zu blassen Malventönen und Lila. Es gibt warme rötliche und kühle bläuliche Violetttöne. Glücklicherweise lassen sich die verschiedenen Schattierungen meist recht gut miteinander kombinieren, besonders wenn violettgrünes oder bronzeviolettes Blattwerk im Spiel ist. Dunkelviolette Blüten und Blätter ergeben zusammen mit anderen kräftigen Tönen, wie Purpurrot, Scharlachrot und Dunkelblau, eine schwere, leidenschaftliche und dramatische Mischung, die im gefleckten Sonnenlicht unter Bäumen besonders zur Geltung kommt. Etwas filigranes Silber und ein paar cremegelbe oder weiße Akzente lockern dieses Arrangement ein wenig auf und verleihen ihm einen Hauch von Romantik.

Mit dunkelvioletten Blumen, wie Tulpen, Bartlilien, Dahlien und Stiefmütterchen, sowie weißen, silbrigen oder leuchtend hellgrünen Blüten und Blättern lassen sich beeindruckende theatralische Effekte erzielen. Dunkle, glühende Violetttöne bilden auch einen schönen Kontrast zu klaren orangefarbenen Blüten, Zitronengelb und goldenen Gelbtönen.

Farbkompositionen aus pastelligen Violettönen sowie silbernem und grauem Blattwerk wirken ruhig und friedlich, können aber mit ein paar Tupfern eines kräftigeren Violettrots etwas belebt werden. Auf einer überwiegend gelben Rabatte bilden Blüten in einem weichen Violettton sowie bronzefarbene Blätter den idealen Kontrast.

Violette Blumen, Beeren, Sträucher und Stauden kommen besonders in den goldenen und feurig-orangen Farben des Herbstes voll zur Geltung. Durch das Untermischen goldblättriger oder gelb gemusterter Sträucher und Stauden können Sie im Frühjahr und Sommer eine ähnliche, aber nur annähernd so wirkungsvolle Atmosphäre schaffen.

Links: Violette Blüten und Blätter ergeben eine dunkle und dramatische Komposition – Lauch, Purpursalbei, bronzefarbener Fenchel und Lavendel.

Hintergrund

5-8

Botanischer Name: *Rhododendron mucronulatum*
Deutscher Name: Azalee
Andere Arten/Sorten: „Nana"
Beschreibung: Halbimmergrüner oder Laub abwerfender Strauch mit Büscheln aus ungefüllten leuchtend pinkfarbenen Blüten mit hervorstehenden Staubblättern. Die Blüten entstehen während des neuen Blattaustriebs. Schöne Herbstfärbung.
Höhe x Breite: 1,8 x 1,5 m
Blütezeit: Vorfrühling
Boden: Sauer, humos, Feuchtigkeit speichernd.

5-8

Botanischer Name: *Rhododendron* „Seta"
Deutscher Name: Rhododendron
Andere Arten/Sorten: „Fastuosum Flore Pleno", „Gomer Waterer", „Susan"
Beschreibung: Immergrüner aufrechter Strauch mit kleinen dunkelgrünen Blättern und Büscheln aus ungefüllten Trompetenblüten. Der weiße Hals geht bis zur Öffnung in ein Rosaviolett über. Dunkle Staubbeutel.
Höhe x Breite: 1,5 x 1,8 m
Blütezeit: Vorfrühling bis Frühlingsmitte
Boden: Sauer, Feuchtigkeit speichernd, humos.

Mitte

8-10

Botanischer Name: *Euphorbia characias* ssp. *wulfenii* „Purple and Gold"
Deutscher Name: Wolfsmilch (Achtung: hautreizend)
Andere Arten/Sorten: Keine
Beschreibung: Immergrüne Staude mit aufrechten Trieben, violettbronzenen Blättern und lindgrünen Brakteen. Nach der Blüte Stängel abschneiden.
Höhe x Breite: 90 – 120 x 120 cm
Blütezeit: Vorfrühling
Boden: Fruchtbar, gut drainiert.

5-8

Botanischer Name: *Rhododendron* (zwergwüchsig)
Deutscher Name: Zwergrhododendron
Andere Arten/Sorten: „Gristede", „Blue Diamond", „Blue Tit"
Beschreibung: Zwergwüchsiger immergrüner Strauch mit kuppelförmigem Wuchs und glänzenden Blättern. Dichte Büschel aus ungefüllten hellvioletten Blüten. Gedeiht am besten an einem geschützten Standort im Halbschatten, verträgt aber auch volle Sonne.
Höhe x Breite: 80 – 90 x 90 – 120 cm
Blütezeit: Frühlingsmitte bis Spätfrühling
Boden: Sauer, Feuchtigkeit speichernd, humos.

Vordergrund

5-8

Botanischer Name: *Rhododendron* „Bluebird"
Deutscher Name: Zwergrhododendron
Andere Arten/Sorten: „Blue Tit", „Blue Diamond"
Beschreibung: Immergrüner Strauch mit kleinen, dunkelgrünen glänzenden Blättern und dichten Büscheln aus ungefüllten Blüten in einem blassen Lavendelton. Windgeschützter Standort in hellem Schatten. In Massen gepflanzt sehr wirkungsvoll.
Höhe x Breite: 60 – 75 x 90 cm
Blütezeit: Frühlingsmitte bis Spätfrühling
Boden: Sauer, Feuchtigkeit speichernd, humos.

3-10

Botanischer Name: *Ajuga reptans* „Burgundy Glow"
Deutscher Name: Kriechgünsel
Andere Arten/Sorten: „Multicolor"
Beschreibung: Immergrüne bis halbimmergrüne Staude, breitet sich mit Ausläufern üppig aus. Rosetten aus violett, rosa und cremeweiß panaschierten Blättern und kurze aufrechte Ähren mit blauen Blüten.
Höhe x Breite: 15 x 45 cm
Blütezeit: Spätfrühling bis Frühsommer
Boden: Fruchtbar, Feuchtigkeit speichernd. Auf trockenen Böden mehltauanfällig.

Hintergrund

3-7

Botanischer Name: *Syringa vulgaris* „Vulcan"
Deutscher Name: Flieder
Andere Arten/Sorten: „Charles Joly", „Mrs. Edward Harding"
Beschreibung: Strauch oder kleiner Baum mit schönen, herzförmigen mittelgrünen Blättern und dichten konischen Blütenköpfen in kräftigem Purpurrosa. Für eine üppige Blütenpracht welke Blütenstände abschneiden. Wildtriebe entfernen.
Höhe x Breite: 2,5 – 5 x 1,5 – 3 m
Blütezeit: Frühlingsmitte bis Spätfrühling
Boden: Gut drainiert.

4-8

Botanischer Name: *Berberis thunbergii* var. *atropurpurea* „Rose Glow"
Deutscher Name: Blutberberitze
Andere Arten/Sorten: „Harlequin"
Beschreibung: Strauch mit löffelförmigen Blättern in kräftigem Violett. Die neuen Blatttriebe sind panaschiert und entwickeln im Verlauf der Saison ein rosa- und cremefarbenes Muster. Kann im Herbst rote Beeren hervorbringen.
Höhe x Breite: 2,5 x 3 m
Blütezeit: Vorfrühling bis Frühlingsmitte
Boden: Gut drainiert, aber nicht zu trocken.

Mitte

5-10

Botanischer Name: *Thalictrum aquilefolium*
Deutscher Name: Wiesenraute
Andere Arten/Sorten: „Thundercloud", „Purpureum"
Beschreibung: Staude mit akeleiartigen Blättern. Die flauschigen malvenfarbenen Blüten reifen zu schönen Samenkapseln heran. Extrem fruchtbarer Boden kann schwache Triebe hervorbringen.
Höhe x Breite: 90 x 60 cm
Blütezeit: Frühsommer
Boden: Mäßig fruchtbar.

4-10

Botanischer Name: *Weigela florida* „Foliis Purpureis"
Deutscher Name: Weigelie
Andere Arten/Sorten: „Victoria"
Beschreibung: Strauch mit violett getönten Blättern an aufrechten Zweigen und einer Fülle von blass malvenrosa Röhrenblüten. Das Blattwerk passt gut zu früh blühenden Rosen und silberblättrigen Pflanzen.
Höhe x Breite: 90 – 120 x 90 – 120 cm
Blütezeit: Frühling bis Frühsommer
Boden: Mäßig fruchtbar. Gedeiht gut auf Lehmboden.

Vordergrund

4-10

Botanischer Name: *Allium christophii*
Deutscher Name: Sternkugellauch
Andere Arten/Sorten: Keine
Beschreibung: Zwiebelpflanze, wird am bestem im Frühherbst in Gruppen zwischen niedrigen Gewächsen gepflanzt. Nach dem Absterben der Blätter entstehen die großen hellvioletten Blütenstände. Schöne Trockenpflanze.
Höhe x Breite: 60 x 75 cm
Blütezeit: Frühling bis Frühsommer
Boden: Fruchtbar, gut drainiert.

4-8

Botanischer Name: *Pulsatilla vulgaris*
Deutscher Name: Küchenschelle
Andere Arten/Sorten: Heiler-Hybriden, „Violet Bells"
Beschreibung: Krautige Staude/Hochgebirgspflanze mit fein zergliederten, in seidige Härchen gehüllten Blättern. Große, ungefüllte nickende Einzelblüten in Violett mit erhabener Mitte aus goldenen Staubblättern. Fedrige Samenkapseln.
Höhe x Breite: 15 – 22 x 15 – 22 cm
Blütezeit: Frühling
Boden: Fruchtbar, sehr gut drainiert.

Hintergrund

4-8

Botanischer Name: *Corylus maxima* „Purpurea“
Deutscher Name: Purpurhasel
Andere Arten/Sorten: Keine
Beschreibung: Strauch mit großen, runden dunkelvioletten Blättern. Im zeitigen Frühjahr entstehen an den nackten Trieben violette Kätzchen. Gelegentlich violette Haselnüsse. Alle 4 bis 5 Jahr ganz zurückschneiden.
Höhe x Breite: 3 – 4 x 3 – 5 m
Blütezeit: Vorfrühling bis Spätfrühling
Boden: Jeder gemäßigte Boden.

5-8

Botanischer Name: *Rhododendron* (Kultivar)
Deutscher Name: Rhododendron
Andere Arten/Sorten: „Purple Splendor“, „Old Port“
Beschreibung: Immergrüner Strauch mit dunkelgrünen ledrigen Blättern und großen kuppelförmigen Blütenköpfen. Vor kräftigen kalten Winden schützen. Halbschattiger oder sonniger Standort, aber reichlich wässern.
Höhe x Breite: 3 x 3 m
Blütezeit: Spätfrühling bis Frühsommer
Boden: Sauer, Feuchtigkeit speichernd, humos.

Mitte

2-9

Botanischer Name: *Dictamnus albus* var. *purpureus*, syn. *D. fraxinella*
Deutscher Name: Diptam, Flammender Busch
Andere Arten/Sorten: Keine
Beschreibung: Langlebige Staude, muss für eine üppige Blüte nicht regelmäßig geteilt werden. Elegante Blüten mit hervorstehenden Staubblättern. Bei Hitze können sich die ätherischen Öle der Samenkapseln entzünden – daher die Bezeichnung „Flammender Busch.
Höhe x Breite: 90 x 60 cm
Blütezeit: Frühsommer
Boden: Gut drainiert.

3-10

Botanischer Name: *Campanula persicifolia*
Deutscher Name: Glockenblume
Andere Arten/Sorten: „Blue Gardenia“, „Grandiflora“
Beschreibung: Staude mit einer grundständigen Rosette aus schlanken immergrünen Blättern. Lilafarbene Glockenblüten. Blüht lange. Starke Selbstaussaat.
Höhe x Breite: 90 x 30 cm
Blütezeit: Frühsommer bis Spätsommer
Boden: Fruchtbar, gut drainiert.

Vordergrund

4-9

Botanischer Name: *Aubrieta* „Greencourt Purple“
Deutscher Name: Blaukissen
Andere Arten/Sorten: „Dr. Mules“, „Gurgedyke“
Beschreibung: Immergrüne Matten bildende Staude/Hochgebirgspflanze mit kleinen graugrünen Blättern und einer Fülle aus halb gefüllten Blüten in kräftigem Violett. Nach der Blüte stark zurückschneiden.
Höhe x Breite: 8 – 10 x 30 cm
Blütezeit: Frühling
Boden: Sehr gut drainiert. Verträgt Kalk.

4-9

Botanischer Name: *Vinca minor* „Aureovariegata“
Deutscher Name: Kleines Immergrün
Andere Arten/Sorten: „Atropurpurea“, „Bowles Variety“ („La Graveana“), „Multiplex“
Beschreibung: Immergrüner Halbstrauch mit langen kriechenden Trieben, die überall Wurzeln schlagen. Guter Bodendecker. Spitz zulaufende, gelb panaschierte paarige Blätter und violettblaue Blüten.
Höhe x Breite: 15 x 90 + cm
Blütezeit: Frühlingsmitte bis Frühsommer
Boden: Feuchtigkeit speichernd.

Hintergrund

5-10

Botanischer Name: *Phlomis tuberosa*
Deutscher Name: Brandkraut, Strauchnessel
Andere Arten/Sorten: „Amazone", *P. italica*
Beschreibung: Staude mit einer grundständigen Rosette aus groben, breiten tiefgrünen Blättern. Die aufrechten Triebe tragen Wirtel aus hellviolett behelmten Blüten.
Höhe x Breite: 1,2 – 1,5 x 1 m
Blütezeit: Spätfrühling bis Frühsommer
Boden: Gut drainiert.

5-8

Botanischer Name: *Rhododendron* (Kultivar)
Deutscher Name: Rhododendron
Andere Arten/Sorten: „Blue Peter", „Susan"
Beschreibung: Immergrüner Strauch mit dunkelgrünen ledrigen Blättern und großen kuppelförmigen Blütenbüscheln. Windgeschützter Standort in voller Sonne oder hellem Schatten, aber mit viel Feuchtigkeit.
Höhe x Breite: 3 – 4 x 3 – 4 m
Blütezeit: Spätfrühling bis Frühsommer
Boden: Sauer, Feuchtigkeit speichernd, humos.

Mitte

6-9

Botanischer Name: *Lunaria annua*
Deutscher Name: Silberblatt
Andere Arten/Sorten: *L. annua* „Variegata", *L. rediva*
Beschreibung: Zweijährige mit herzförmigen geknitterten Blättern. Die hohen Stängel tragen duftende Blüten in hellem Malvenrosa bis kräftigem Violett. Ideal für schattige Ecken in Landhausgärten. Schöne silbrige Samenkapseln. Selbst aussäend, kann wuchern.
Höhe x Breite: 75 x 30 cm
Blütezeit: Frühling bis Frühsommer
Boden: Gut drainiert.

4-9

Botanischer Name: *Geranium psilostemon*, syn. *G. armenum*
Deutscher Name: Storchschnabel
Andere Arten/Sorten: Keine
Beschreibung: Staude mit geteilten gezähnten Blättern und magentavioletten Blüten mit erhabener dunkler Mitte. Mit Stöcken abstützen. Schöne Blattfärbung im Herbst.
Höhe x Breite: 1,2 x 1,2 m
Blütezeit: Frühsommer bis Sommermitte
Boden: Tiefgründig, fruchtbar, Feuchtigkeit speichernd.

Vordergrund

6-9

Botanischer Name: *Euphorbia dulcis* „Chameleon"
Deutscher Name: Wolfsmilch
Andere Arten/Sorten: *E. amygdaloides* „Purpurea"
Beschreibung: Staude mit leuchtend violettroten Blättern. Kleine gelblich grüne Blüten. Kann stark wuchern. Hautreizender Michsaft.
Höhe x Breite: 60 x 75 cm
Blütezeit: Frühlingsmitte bis Spätfrühling
Boden: Gut drainiert.

8-9

Botanischer Name: *Iris* California-Hybride (syn. Pacific-Coast-Hybride)
Deutscher Name: Schwertlilie
Andere Arten/Sorten: *I. douglasii, I. missouriensis, I. tenax* und viele andere
Beschreibung: Eine Gruppe aus krautartigen oder immergrünen Rhizomstauden mit „bartlosen" Blüten. Bildet Büschel aus gebogenen grasartigen Blättern.
Höhe x Breite: 25 – 70 cm x unbestimmter Breite
Blütezeit: Spätfrühling bis Frühsommer
Boden: Humos, drainiert, aber Feuchtigkeit speichernd, sauer bis neutral.

Hintergrund

5-9

Botanischer Name: *Buddleja alternifolia* syn. *Buddleia alternifolia*
Deutscher Name: Hängesommerflieder
Andere Arten/Sorten: „Argentea“
Beschreibung: Großer Strauch, braucht Platz für seine kaskadenförmig herabhängenden Triebe. Schmale graugrüne Blätter und kugelförmige Büschel aus duftenden Blüten. Kann fächerförmig an einer Mauer hochgezogen werden.
Höhe x Breite: 3 – 4 x 3 – 4 m
Blütezeit: Spätfrühling und Sommer
Boden: Tiefgründig, fruchtbar. Verträgt auch andere Bedingungen.

5-8

Botanischer Name: *Acer palmatum* „Dissectum Atropurpureum“
Deutscher Name: Japanischer Fächerahorn
Andere Arten/Sorten: *A. p.* „Bloodgood“, *A. p. d.* „Crimson Queen“
Beschreibung: Strauch oder kleiner Baum mit schönen gewundenen Zweigen und einer Fülle von fein zergliederten violetten Blättern, die sich im Herbst kräftig orange und rot färben. Braucht einen geschützten Standort und guten Boden.
Höhe x Breite: 3,5 x 3,5 m
Blütezeit: Frühling (unbedeutend)
Boden: Neutral bis sauer, tiefgründig, humos, Feuchtigkeit speichernd.

Mitte

3-9

Botanischer Name: *Papaver orientale* „Hadspen“
Deutscher Name: Türkischer Mohn
Andere Arten/Sorten: „Blue Moon“, „Patty's Plum“, „Lavender Glory“
Beschreibung: Staude mit tief zerteilten Blättern. Die großen runden Knospen öffnen sich zu schalenförmigen Blüten mit seidenpapierartigen Blütenblättern in einem außergewöhnlichen dunklen Violettton.
Höhe x Breite: 90 x 60 cm
Blütezeit: Frühsommer
Boden: Fruchtbar, gut drainiert.

3-10

Botanischer Name: *Iris* (Kultivar)
Deutscher Name: Schwertlilie
Andere Arten/Sorten: „Sable“, „Matinata“, „Mary Frances“
Beschreibung: Staude, breitet sich mit breiten fleischigen Rhizomen aus. Kräftige, schwertförmige weißlich grüne Blätter. Die Stängel tragen mehrere große samtige Blüten. Manche Kultivare müssen zur Blütezeit gestützt werden.
Höhe x Breite: 90 cm x Breite unbestimmt
Blütezeit: Frühling bis Frühsommer
Boden: Möglichst alkalisch bis neutral, fruchtbar, gut drainiert.

Vordergrund

5-9

Botanischer Name: *Lavandula angustifolia* „Munstead“
Deutscher Name: Zwerglavendel
Andere Arten/Sorten: „Hidcote“, „Twickle Purple“, „Royal Purple“
Beschreibung: Immergrüner buschiger Strauch mit graugrünen aromatischen Blättern. Schlanke Stängel mit kurzen duftenden Blütenähren. Leicht beschneiden.
Höhe x Breite: 20 – 75 x 60 – 75 cm
Blütezeit: Sommermitte
Boden: Gut drainiert. Gedeiht gut auf Kalkböden.

5-9

Botanischer Name: *Lavandula* „Hidcote“
Deutscher Name: Zwerglavendel
Andere Arten/Sorten: „Munstead“, „Twickle Purple“, „Royal Purple“
Beschreibung: Immergrüner buschiger Strauch mit schmalen, graugrünen aromatischen Blättern und kurzen duftenden Blütenähren in kräftigem Violett. Unmittelbar nach der Blüte leicht stutzen.
Höhe x Breite: 20 – 75 x 60 – 75 cm
Blütezeit: Sommermitte
Boden: Gut drainiert. Gedeiht gut auf Kalkböden.

Hintergrund

2-8

Botanischer Name: *Rosa glauca*
Deutscher Name: Hechtrose
Andere Arten/Sorten: Keine
Beschreibung: Strauch mit ausladenden Ästen in kräftigem Violettrot. Gefiederte Blätter mit blaugrauem Flaum, der vor allem in der Sonne auffällt. Die kleinen wildrosenartigen Blüten gehen von weiß in ein kirschrosa über. Rote Hagebutten im Herbst.
Höhe x Breite: 1,8 x 1,5 m
Blütezeit: Frühsommer
Boden: Fruchtbar. Bevorzugt im Gegensatz zu vielen anderen Rosen leichte gut drainierte Böden.

8-10

Botanischer Name: *Fabiana imbricata* „Violacea"
Deutscher Name: Botanischer Name
Andere Arten/Sorten: Keine
Beschreibung: Immergrüner Strauch mit kleinen schuppenartigen Blättern. Zur Blütezeit mit kleinen Röhrenblüten übersät. Warmer geschützter Standort in kälteren Klimaten.
Höhe x Breite: 2 x 2 m
Blütezeit: Spätfrühling bis Frühsommer
Boden: Saurer Boden erforderlich. Fruchtbar, humos, gut drainiert.

8-10

Botanischer Name: *Hebe* „E. A. Bowles"
Deutscher Name: Hebe, Strauchveronika
Andere Arten/Sorten: „Autumn Glory", „Mrs. Winder", „Bowles Hybrid"
Beschreibung: Immergrüner buschiger Strauch mit rundlichem Wuchs, kleinen Blättern und schlanken Blütenähren. Möglichst warmer geschützter Standort in kälteren Klimaten. Gute Küstenpflanze.
Höhe x Breite: 75 x 120 cm
Blütezeit: Sommermitte bis Spätherbst
Boden: Gut drainiert.

Mitte

3-10

Botanischer Name: *Geranium wlassovianum*
Deutscher Name: Storchschnabel
Andere Arten/Sorten: *G. pratense* „Plenum Violaceum", *G. maderense*
Beschreibung: Staude mit einem Büschel aus samtigen Stängeln und Blättern. Die schön zerteilten kräftig grünen Blätter bilden einen schönen Kontrast zu den dunkel geäderten violetten Blüten.
Höhe x Breite: 60 x 60 cm
Blütezeit: Frühsommer
Boden: Gut drainiert, Feuchtigkeit speichernd. Verträgt keine Staunässe.

8-10

Botanischer Name: *Brachycome multifida*
Deutscher Name: Blaues Gänseblümchen
Andere Arten/Sorten: „Blue Mist", *B. iberidifolia* „Purple Splendor", *B. i.* „Blue Star"
Beschreibung: Frostempfindliche Staude, bildet Matten aus moosartigen Blättern, die mit kleinen lilablauen Gänseblümchen übersät sind. Lange Blütezeit. Die einjährige *B. iberidifolia* lässt sich problemlos aus Samen ziehen und ist in vielen Varietäten erhältlich.
Höhe x Breite: 50 x 90 cm
Blütezeit: Frühling bis Herbst
Boden: Fruchtbar, gut drainiert, aber Feuchtigkeit speichernd.

Vordergrund

9-10

Botanischer Name: *Scaevola aemula* „Blue Fan"
Deutscher Name: Fächerblume
Andere Arten/Sorten: „Blue Wonder", „Purple Fanfare"
Beschreibung: Frostempfindliche kriechende/rankende Staude mit ledrigen gezähnten Blättern. Ungewöhnliche Blüten mit fächerförmigen Blütenblättern.
Höhe x Breite: 30 x 20 – 30 cm
Blütezeit: Sommer bis Herbst
Boden: Gemäßigt, gut drainiert.

Hintergrund

4-10

Botanischer Name: *Monarda* „Aquarius“
Deutscher Name: Indianernessel
Andere Arten/Sorten: „Blaustrumpf“, „Capricorn“, „Mahogany“, „Mohawk“, „Scorpion“, „Donnerwolke“, Kardinal“
Beschreibung: Gruppen bildende Staude mit aufrechten, in aromatische minzeähnliche Blätter gekleideten Stängeln. Wirtel aus behelmten Blüten. Kann wuchern.
Höhe x Breite: 120 x 45 – 60 cm
Blütezeit: Sommer
Boden: Fruchtbar, Feuchtigkeit speichernd. Verträgt Kalk.

6-9

Botanischer Name: *Clematis* „Etoile Violette“
Deutscher Name: Klematis, Waldrebe
Andere Arten/Sorten: „Royal Velours“, „Purpurea Plena Elegans“
Beschreibung: Kletterpflanze. Ist ein Kultivar der *C. viticella*, hat aber größere kräftig violette Blüten mit cremefarbenen Staubbeuteln. Im Frühling auf 30 cm zurückschneiden. Sehr wüchsig, kann an früh blühenden Sträuchern hochgezogen werden.
Höhe x Breite: 3 – 4 x 1,5 m
Blütezeit: Sommer bis Frühherbst
Boden: Tiefgründig, fruchtbar, Feuchtigkeit speichernd.

Mitte

8-10

Botanischer Name: *Fuchsia* „Lena“
Deutscher Name: Fuchsie
Andere Arten/Sorten: „Dollar Princess“ „Estelle Marie“
Beschreibung: Frostharter Strauch mit schlaffen Trieben und grünem Blattwerk. Die zweifarbigen Blüten sind hellrosa und leuchtend violett und besitzen hervorstehende Staubblätter. Lange Blütezeit.
Höhe x Breite: 90 x 90 cm
Blütezeit: Sommer bis Herbst
Boden: Fruchtbar, Feuchtigkeit speichernd.

3-10

Botanischer Name: *Lysmachia ciliata* „Firecracker“
Deutscher Name: Felberich
Andere Arten/Sorten: „Purpurea“, „Atropurpurea“
Beschreibung: Staude mit lanzettförmigen bronzevioletten Blättern und kleinen leuchtend gelben Blüten im Sommer. Diese relativ neue Varietät bildet einen idealen Kontrast zu Blütenpflanzen in kräftigen Farben.
Höhe x Breite: 60 – 90 x 45 – 60 cm
Blütezeit: Frühsommer bis Sommermitte
Boden: Fruchtbar, Feuchtigkeit speichernd, aber gut drainiert.

Vordergrund

5-10

Botanischer Name: *Stokesia laevis*
Deutscher Name: Kornblumenaster
Andere Arten/Sorten: „Wyoming“
Beschreibung: Staude mit einer immergrünen grundständigen Rosette aus schmalen Blättern. Die Stängel tragen große, violettblaue kornblumenartige Blüten.
Höhe x Breite: 30 – 45 x 30 – 45 cm
Blütezeit: Sommer
Boden: Gut drainiert.

6-10

Botanischer Name: *Roscoea purpurea*
Deutscher Name: Ingwerorchidee
Andere Arten/Sorten: *R. humeana, R. auriculata*
Beschreibung: Knollenpflanze, gehört zur Familie der Ingwergewächse. Die orchideenartigen Blüten bestehen aus einer helmförmigen Oberlippe und einer zweilappigen Unterlippe. Im Winter mit einer Mulchschicht vor Frost schützen.
Höhe x Breite: 30 x 30 cm
Blütezeit: Spätsommer
Boden: Humos, Feuchtigkeit speichernd. Verträgt Kalk.

Hintergrund

6-9

Botanischer Name: *Clematis* „Vyvyan Pennell"
Deutscher Name: Klematis, Waldrebe
Andere Arten/Sorten: „Beauty of Worchester", „Countess of Lovelace"
Beschreibung: Kletterpflanze mit gefüllten Blüten in einem rot schattierten Lavendelton. Die Spätsommer-Blüten sind ungefüllt. Verträgt mäßigen Schatten. Im zeitigen Frühjahr ein Drittel der vorjährigen Triebe zurückschneiden.
Höhe x Breite: 180 – 300 x 90 cm
Blütezeit: Spätfrühling bis Spätsommer
Boden: Tiefgründig, fruchtbar, Feuchtigkeit speichernd.

3-10

Botanischer Name: *Delphinium* (Kultivar)
Deutscher Name: Rittersporn
Andere Arten/Sorten: „Black Knight", „Astolat", „Bruce", „Fanfare"
Beschreibung: Gruppen bildende Staude mit tief zerteilten Blättern und hohen kräftigen Ähren aus gespornten Blüten. Muss gestützt werden. Bei Verzehr giftig.
Höhe x Breite: 120 – 240 x 90 cm
Blütezeit: Frühsommer bis Sommermitte
Boden: Fruchtbar, Feuchtigkeit speichernd, aber gut drainiert.

Mitte

4-10

Botanischer Name: *Ligularia dentata* „Desdemona"
Deutscher Name: Kreuzkraut, Ligularie
Andere Arten/Sorten: „Othello"
Beschreibung: Staude mit großen runden bis herzförmigen bronzegrünen Blättern mit mahagonivioletter Unterseite. Orangegelbe margeritenartige Blüten. Neue Triebe vor Schnecken schützen.
Höhe x Breite: 90 x 60 cm
Blütezeit: Sommermitte bis Spätsommer
Boden: Fruchtbar, feucht bis nass für üppiges Wachstum im Sommer.

Botanischer Name: *Cleome hassleriana* syn. *C. spinosa*
Deutscher Name: Spinnenpflanze
Andere Arten/Sorten: „Color Fountains Mixed", „Violet Queen"
Beschreibung: Bedingt frostharte Einjährige mit buschigem aufrechtem Wuchs. Gefingerte Blätter und exotische Blüten mit weit hervorstehenden Staubblättern. Muss an windigen Standorten evtl. gestützt werden. Duftend. Starke Selbstaussaat.
Höhe x Breite: 60 – 120 x 45 – 75 cm
Blütezeit: Frühsommer bis Herbstmitte
Boden: Fruchtbar, gut drainiert.

Vordergrund

Botanischer Name: *Dorotheanthus bellidiformis* syn. *Mesembryanthemum criniflorum*
Deutscher Name: Mittagsblume
Andere Arten/Sorten: „Magic Carpet Mixed"
Beschreibung: Bedingt frostharte Einjährige mit fleischigen Blättern und Stängeln. Große Korbblüten mit glänzenden Blütenblättern.
Höhe x Breite: 10 – 15 x 20 cm
Blütezeit: Sommermitte bis Frühherbst (oder länger)
Boden: Gut drainiert. Gedeiht auf Sandboden, verträgt karge, nährstoffarme Böden.

8-10

Botanischer Name: *Verbena rigida*, syn. *V. venosa*
Deutscher Name: Eisenkraut
Andere Arten/Sorten: „Lilacina"
Beschreibung: Frostempfindliche Knollen bildende Staude, die jedoch in milden Wintern überleben kann. Üppiges Blattwerk und aufrechte Stängel mit kleinen Büscheln aus blassvioletten Blüten.
Höhe x Breite: 45 – 60 x 30 cm
Blütezeit: Sommermitte bis Herbst
Boden: Gut drainiert.

Hintergrund

8-10

Botanischer Name: *Solanum crispum*
Deutscher Name: Nachtschatten
Andere Arten/Sorten: „Glasnevin", *S. jasminoides, S. wendlandii*
Beschreibung: Kletterpflanze mit lanzettförmigen Blättern und Büscheln aus sternförmigen malvenblauen Blüten mit erhabener Mitte aus goldgelben Staubblättern. Triebe testbinden.
Höhe x Breite: 3,5 x 3,5 m
Blütezeit: Frühsommer bis Frühherbst
Boden: Gut drainiert, aber nicht trocken. Stark alkalische Böden meiden.

Botanischer Name: *Lathyrus odoratus*
Deutscher Name: Duftwicke, Edelwicke
Andere Arten/Sorten: Continental-Hybriden, Old-Spice-Hybriden, Mammoth-Hybriden
Beschreibung: Einjährige Kletterpflanze mit verzweigten Ranken und gefiederten Blättern in hellem Graugrün. Büschel aus duftenden Wickenblüten. Zur Anregung der Blütenbildung welke Blüten entfernen oder regelmäßig beschneiden. Gedeiht am besten in Regionen mit einem langem kühlen Frühling.
Höhe x Breite: 2,7 x 1 m
Blütezeit: Sommer bis Herbst
Boden: Fruchtbar, gut drainiert und Feuchtigkeit speichernd.

Mitte

3-9

Botanischer Name: *Malva sylvestris*
Deutscher Name: Wilde Malve
Andere Arten/Sorten: *M. s.* „Brave Heart", „Zebrina"
Beschreibung: Staude, breitet sich durch Samen aus und kreuzt sich oftmals mit anderen Gartenmalven. Grobe gelappte Blätter und blasse Malvenblüten mit gestreiften Blütenblättern.
Höhe x Breite: 45 – 90 x 60 – 90 cm
Blütezeit: Frühsommer bis Herbst
Boden: Gut drainiert.

7-10

Botanischer Name: *Dierama pulcherrimum*
Deutscher Name: Trichterschwertel
Andere Arten/Sorten: Slieve-Donard-Hybriden, zwergwüchsige Formen
Beschreibung: Zwiebelpflanze, bildet einen Büschel aus immergrünen, langen grasartigen Blättern. Die gebogenen Stängel tragen herabhängende Glockenblüten in Malvenrosa. Selbst aussäend in unterschiedlichen Farbtönen.
Höhe x Breite: 120 – 150 x 30 cm
Blütezeit: Spätsommer
Boden: Feuchtigkeit speichernd bis feucht, humos.

Vordergrund

8-10

Botanischer Name: *Nemesia caerulea* „Elliott's Variety"
Deutscher Name: Nemesie
Andere Arten/Sorten: *N. caerulea, N. fruticans,* „Joan Wilder", *N.* „Woodcote"
Beschreibung: Frostempfindliche Staude, besitzt im Gegensatz zu anderen Sorten sehr kleine blasslila Blüten an drahtartigen Stängeln. Kleine lanzettförmige Blätter. Ist weitaus trockenheitsresistenter und blüht länger.
Höhe x Breite: 20 – 30 x 20 – 30 cm
Blütezeit: Sommer bis Frühherbst
Boden: Fruchtbar, gut drainiert, aber Feuchtigkeit speichernd.

Botanischer Name: *Petunia* x *hybrida*
Deutscher Name: Petunie
Andere Arten/Sorten: Carpet-Serie, „Daddy Blue", „Heavenly Lavender"
Beschreibung: Bedingt frostharte Einjährige mit großen, oft süßlich duftenden Blüten. Die runden bis lanzettförmigen Blätter sind mit klebrigen Härchen bedeckt. Vor Schneckenbefall schützen, und zur Anregung der Blütenbildung welke Blüten abschneiden.
Höhe x Breite: 15 – 30 x 30 cm
Blütezeit: Sommer bis Herbst
Boden: Fruchtbar, Feuchtigkeit speichernd.

Botanischer Name: *Lathyrus odoratus*
Deutscher Name: Duftwicke, Edelwicke
Andere Arten/Sorten: Continental-Hybriden, Old-Spice-Hybriden, Mammoth-Hybriden
Beschreibung: Kletterpflanze mit graugrünen gefiederten Blättern und verzweigten Ranken. Büschel aus duftenden Wickenblüten. Welke Blüten entfernen oder regelmäßig beschneiden. Gedeiht am besten in Regionen mit einem langen kühlen Frühling.
Höhe x Breite: 2,7 x 1 m
Blütezeit: Sommer bis Herbst
Boden: Fruchtbar, gut drainiert und Feuchtigkeit speichernd.

Hintergrund

4-8

Botanischer Name: *Berberis thunbergii* var. *atropurpurea*
Deutscher Name: Blutberberitze
Andere Arten/Sorten: *B.* x *ottawensis* „Purpurea"
Beschreibung: Strauch mit Ästen und Blättern in sehr dunklem Violettrot. Kleine löffelförmige Blätter und Büschel aus kleinen becherförmigen Blüten mit rosa Tönung. Rote Beeren und schöne Blattfärbung im Herbst.
Höhe x Breite: 2,8 x 3 m
Blütezeit: Vorfrühling bis Frühlingsmitte
Boden: Alle Bedingungen. Extrem trockene Böden sind jedoch wuchshemmend.

Botanischer Name: *Amaranthus hypochondriacus* „Erythrostachys"
Deutscher Name: Fuchsschwanz
Andere Arten/Sorten: Keine
Beschreibung: Bedingt frostharte Einjährige mit breiten bronzevioletten Blättern und aufrechten Rispen in dunklem Purpurrot. Warmer geschützter Standort. Schöner Blickfang auf Rabatten.
Höhe x Breite: 120 x 45 cm
Blütezeit: Sommer bis Herbst
Boden: Fruchtbar, gut drainiert, aber Feuchtigkeit speichernd.

Mitte

4-8

Botanischer Name: *Lobelia* x *gerardii* „Vedrariensis"
Deutscher Name: Lobelie, Männertreu
Andere Arten/Sorten: Lobelien-Hybriden (meist weniger frosthart), z. B. „Compliment Purple"
Beschreibung: Staude mit lanzettförmigen tiefgrünen Blättern. Die hohen aufrechten Stängel sind in violette Blüten gekleidet.
Höhe x Breite: 90 x 30 cm
Blütezeit: Spätsommer
Boden: Fruchtbar, humos, Feuchtigkeit speichernd bis feucht.

Botanischer Name: *Petunia* x *hybrida*
Deutscher Name: Petunie
Andere Arten/Sorten: Carpet-Serie F1, „Midnight Dreams", „Pirouette Purple"
Beschreibung: Bedingt frostharte Einjährige mit großen, oftmals süßlich duftenden Blüten. Die runden bis lanzettförmigen Blätter sind mit klebrigen Härchen bedeckt. Vor Schneckenbefall schützen. Zur Anregung der Blütenbildung welke Blüten entfernen.
Höhe x Breite: 15 – 30 x 30 cm
Blütezeit: Sommer bis Herbst
Boden: Fruchtbar, Feuchtigkeit speichernd.

Vordergrund

9-10

Botanischer Name: *Osteospermum* „Sunny Lady"
Deutscher Name: Kapmargerite, Kapkörbchen
Andere Arten/Sorten: „Port Wine", „Tresco Purple" u.v.a.
Beschreibung: Frostempfindliche Staude mit gezähnten Blättern und drahtartigen Stängeln. Margeritenblüten mit dunklerer Mitte und unterhalb blasseren Blütenblättern.
Höhe x Breite: 45 – 60 x 30 cm
Blütezeit: Sommer bis Herbst
Boden: Gut drainiert.

Hintergrund

6-9

Botanischer Name: *Salvia sclarea*
Deutscher Name: Muskatellersalbei
Andere Arten/Sorten: *S. s.* var. *turkestanica*
Beschreibung: Frostharte Zweijährige, oft als Einjährige kultiviert. Grundständiger Büschel aus breiten Blättern und Ähren aus kleinen zweilippigen Blüten, die von ausdauernden Deckblättern umgeben sind. Stark aromatische Pflanze.
Höhe x Breite: 120 – 150 x 45 cm
Blütezeit: Sommer
Boden: Gut drainiert.

5-10

Botanischer Name: *Thalictrum delavayi*
Deutscher Name: Wiesenraute
Andere Arten/Sorten: „Hewitt's Double"
Beschreibung: Staude mit zierlichen, akeleiartigen Blättern und locker verzweigten Rispen aus winzigen malvenfarbenen Blüten mit hervorstehenden cremefarbenen Staubblättern. Braucht einen geschützten Standort und tiefgründigen fruchtbaren Boden. Stängel abstützen.
Höhe x Breite: 150 x 60 cm
Blütezeit: Sommer
Boden: Tiefgründig, fruchtbar, Feuchtigkeit speichernd.

Mitte

Botanischer Name: *Centaurea cyanus* „Black Ball"
Deutscher Name: Kornblume
Andere Arten/Sorten: Keine
Beschreibung: Frostharte Einjährige mit lanzettförmigen graugrünen Blättern. Die schlanken verzweigten Stängel tragen runde Blütenköpfe in tiefem Rotbraunviolett. Unter heißen trockenen Bedingungen mehltauanfällig.
Höhe x Breite: 75 x 30 cm
Blütezeit: Frühsommer bis Frühherbst
Boden: Gut drainiert.

4-8

Botanischer Name: *Lilium* „Black Beauty"
Deutscher Name: Lilien-Hybride
Andere Arten/Sorten: Lilien-Hybriden, z. B. Black-Dragon-Hybriden
Beschreibung: Zwiebelpflanze mit violettschwarzen Stängeln und auffälligen Blüten. Die rotvioletten Blütenblätter sind stark zurückgebogen und weißrandig. In Gruppen zwischen niedrigeren Gewächsen pflanzen.
Höhe x Breite: 1,2 – 1,8 m
Blütezeit: Sommermitte
Boden: Fruchtbar, gut drainiert, aber Feuchtigkeit speichernd.

Vordergrund

5-10

Botanischer Name: *Erigeron* (Hybriden)
Deutscher Name: Berufskraut
Andere Arten/Sorten: „Dignity", „Quakeress", „Meer" (syn. „Black Sea")
Beschreibung: Teppich bildende Staude mit einer Fülle aus mittelgroßen margeritenartigen Blüten. Höhere Sorten sollten mit Stöcken abgestützt werden. Ideale Küstenpflanze.
Höhe x Breite: 45 – 60 x 60 cm
Blütezeit: Sommer
Boden: Fruchtbar, gut drainiert.

5-10

Botanischer Name: *Tradescantia* x *andersoniana* (Kultivar)
Deutscher Name: Dreimasterblume
Andere Arten/Sorten: „Purple Dome", „Bilberry Ice", „Pauline"
Beschreibung: Staude mit wirren Büscheln aus grasartigen Blättern. Die Stängel tragen Büschel aus kleinen dreiblättrigen Blüten.
Höhe x Breite: 60 x 60 cm
Blütezeit: Sommer bis Herbst
Boden: Fruchtbar, Feuchtigkeit speichernd.

Hintergrund

Botanischer Name: *Abutilon x suntense*
Deutscher Name: Abutilon, Schönmalve
Andere Arten/Sorten: „Jermyn's", „Ralph Gould", „Violetta", *A. vitifolium*
Beschreibung: Sehr frostharter Strauch, gedeiht besonders gut und blütenreich an einer warmen Mauer oder auf einer geschützten Rabatte. Hellgrüne gezähnte Blätter und scheibenförmige malvenfarbene Blüten. Kann plötzlich absterben.
Höhe x Breite: 5 x 3 m
Blütezeit: Spätfrühling bis Sommermitte
Boden: Fruchtbar, gut drainiert.

8-10

Botanischer Name: *Ipomoea purpurea*
Deutscher Name: Prunkwinde
Andere Arten/Sorten: *Ipomoea nil* „Platycodon Purple"
Beschreibung: Einjährige Kletterpflanze mit windenden Trieben, herzförmigen Blättern und Trompetenblüten. Gilt in manchen Teilen der Welt als Unkraut. In verschiedenen Farben erhältlich.
Höhe x Breite: 3 – 4,5 m
Blütezeit: Sommer
Boden: Fruchtbar, gut drainiert.

Mitte

3-10

Botanischer Name: *Campanula glomerata* „Superba"
Deutscher Name: Büschelglockenblume
Andere Arten/Sorten: „Joan Elliott"
Beschreibung: Gruppen bildende, leicht wuchernde Staude. Die aufrechten Stängel tragen dichte runde Büschel aus tiefvioletten Glockenblüten.
Höhe x Breite: 75 x 60 cm
Blütezeit: Frühsommer bis Sommermitte
Boden: Gut drainiert.

3-10

Botanischer Name: *Hemerocallis* „Ed Murray"
Deutscher Name: Taglilie
Andere Arten/Sorten: „Starling", „Chicago Royal Robe", „Persian Shrine"
Beschreibung: Staude mit einem Büschel aus breiten grasartigen Blättern, die im Frühling in leuchtendem Grün austreiben. Die Stängel tragen Büschel aus trompetenförmigen Blüten in Schwarz und Rot.
Höhe x Breite: 75 cm
Blütezeit: Sommermitte
Boden: Fruchtbar, Feuchtigkeit speichernd.

Vordergrund

Botanischer Name: *Ageratum* „Pacific"
Deutscher Name: Leberbalsam
Andere Arten/Sorten: „Blue Angel", „Blue Danube", „Bengall", „Blue Blazer"
Beschreibung: Bedingt frostharte Einjährige. Bildet flache Rosetten aus rundlichen gezähnten Blättern. Feste Büschel aus winzigen violettblauen flaumigen Blüten. Für eine längere Blütezeit welke Blütenköpfe abschneiden.
Höhe x Breite: 15 – 25 x 15 – 25 cm
Blütezeit: Frühsommer bis Herbstmitte
Boden: Mäßig fruchtbar, Feuchtigkeit speichernd.

Botanischer Name: *Stachys macrantha* „Superba"
Deutscher Name: Ziest
Andere Arten/Sorten: „Robusta", *Stachys macrantha*
Beschreibung: Staude, bildet einen Teppich aus faltigen herzförmigen Blättern mit gezähntem Rand. Kurze Ähren mit helmförmigen Blüten. Ausgezeichneter Bodendecker.
Höhe x Breite: 60 x 22 cm
Blütezeit: Sommer
Boden: Gut drainiert.

4-10

Hintergrund

5-8

Botanischer Name: *Cotinus coggygria* „Notcutt's Variety"
Deutscher Name: Perückenstrauch
Andere Arten/Sorten: „Royal Purple", „Grace"
Beschreibung: Strauch mit transparenten ovalen Blättern in dunklem Violettrot. Fedrige violettrosa Blütenstände. Kann für eine Bildung größerer Blätter auf Kosten der Blüten im Spätwinter mäßig zurückgeschnitten werden.
Höhe x Breite: 3 – 5 x 3 – 5 m
Blütezeit: Sommermitte bis Herbst
Boden: Tiefgründig, mäßig fruchtbar.

5-8

Botanischer Name: *Cotinus coggygria* „Royal Purple"
Deutscher Name: Perückenstrauch
Andere Arten/Sorten: „Notcutt's Variety", „Grace", „Velvel Cloak"
Beschreibung: Strauch mit transparenten ovalen Blättern in dunklem Violettrot. Fedrige violettrote Blütenstände. Kann für eine Bildung größerer Blätter auf Kosten der Blüten im Spätwinter mäßig zurückgeschnitten werden.
Höhe x Breite: 3 – 5 x 3 – 5 m
Blütezeit: Sommermitte bis Herbst
Boden: Tiefgründig, mäßig fruchtbar.

Mitte

7-10

Botanischer Name: *Acanthus spinosus*
Deutscher Name: Bärenklau
Andere Arten/Sorten: *A. mollis, A. spinosissimus*
Beschreibung: Elegante Staude mit kräftigen Ähren aus zweilippigen weißen Blüten mit großen violetten Brakteen. Die langen gebogenen Blätter sind tief eingeschnitten, glänzend und besitzen einen stacheligen Rand. Ausbreitende Wurzeln. Selbst aussäend.
Höhe x Breite: 120 x 60 cm
Blütezeit: Sommer
Boden: Gut drainiert.

8-10

Botanischer Name: *Penstemon* „Alice Hindley"
Deutscher Name: Bartfaden
Andere Arten/Sorten: „Stapleford Gem", „Sour Grapes", „Papal Purple", „Grape Tart"
Beschreibung: Buschige Staude, in milden Klimaten immergrün. Aufrechte Stängel mit glänzenden schmal lanzettförmigen Blättern und ausgestellten Röhrenblüten in blassem Violett.
Höhe x Breite: 90 – 120 x 60 cm
Blütezeit: Sommer bis Frühherbst
Boden: Fruchtbar, gut drainiert.

Vordergrund

9-10

Botanischer Name: *Osteospermum* „Pink Whirls"
Deutscher Name: Kapmargerite, Kapkörbchen
Andere Arten/Sorten: Keine
Beschreibung: Frostempfindliche, immergrüne kriechende Staude mit graugrünen gezähnten Blättern. Die malvenfarbenen Margeritenblüten besitzen löffelförmige Blütenblätter und eine dunklere blauviolette Mitte.
Höhe x Breite: 60 x 30 – 45 cm
Blütezeit: Sommer bis Herbst
Boden: Fruchtbar, Gut drainiert.

4-10

Botanischer Name: *Heuchera micrantha* var. *diversifolia* „Palace Purple"
Deutscher Name: Purpurglöckchen
Andere Arten/Sorten: „Rachel", „Pewter Moon"
Beschreibung: Gruppen bildende Staude mit immergrünen, gezähnten bronzepurpurnen Blättern. Duftige Büschel aus rosig weißen Blüten. Kann problemlos aus Samen gezogen werden.
Höhe x Breite: 45 x 45 cm
Blütezeit: Spätfrühling bis Sommermitte
Boden: Fruchtbar, Feuchtigkeit speichernd.

Hintergrund

5-9

Botanischer Name: *Buddleja davidii* „Harlequin" syn. *Buddleia davidii* „Harlequin"
Deutscher Name: Sommerflieder, Schmetterlingsstrauch.
Andere Arten/Sorten: Keine
Beschreibung: Strauch, dessen lanzettförmigen, cremeweiß umrandeten graugrünen Blätter einen idealen Kontrast zu den leuchtend purpurroten spitzen Blütenständen bilden. Für eine Bildung größerer Blätter und Blüten im Spätwinter stark zurückschneiden.
Höhe x Breite: 2,7 x 2,7 m
Blütezeit: Sommermitte bis Spätsommer
Boden: Gut drainiert.

6-9

Botanischer Name: *Hydrangea macrophylla* (Kultivare)
Deutscher Name: Gartenhortensie
Andere Arten/Sorten: „Europa", „Westfalen", Geoffrey Chadbund"
Beschreibung: Strauch mit breiten spitz zulaufenden Blättern und kuppelförmigen Köpfen aus zumeist großen unfruchtbaren Blüten. Schöne grüne Knospenbüschel und oftmals herrliche Blütenfärbung im Herbst.
Höhe x Breite: 2 – 3 x 2 – 3 m
Blütezeit: Sommer bis Herbst
Boden: Fruchtbar, Feuchtigkeit speichernd. Saurer Boden für eine violette Blütenfärbung der aufgeführten Pflanzen.

Mitte

8-10

Botanischer Name: *Penstemon* „Stapleford Gem"
Deutscher Name: Bartfaden
Andere Arten/Sorten: „Alice Hindley", „Sour Grapes", „Papal Purple", „Grape Tart"
Beschreibung: Staude, in milden Klimaten immergrün. Die Stängel tragen schmal lanzettförmige glänzende Blätter und ausgestellte Röhrenblüten in einem blassen Malventon und Weiß.
Höhe x Breite: 75 x 60 cm
Blütezeit: Sommer bis Herbstmitte
Boden: Fruchtbar, gut drainiert. Wurzelhals wegen Fäulnisgefahr im Winter nicht mit Mulch abdecken.

5-10

Botanischer Name: *Salvia* x *superba* syn. *S. nemorosa* „Superba"
Deutscher Name: Ziersalbei
Andere Arten/Sorten: *S.* x *sylvestris* „Mainacht"
Beschreibung: Buschige Staude mit lanzettförmigen Blättern und steifen Ähren aus blauen zweilippigen Blüten und violettroten Brakteen. Schöner Kontrast zu goldgelben Blüten, vor allem gegenüber denen der Schafgarbe.
Höhe x Breite: 90 x 45 cm
Blütezeit: Sommer bis Frühherbst
Boden: Fruchtbar, gut drainiert.

Vordergrund

10

otanischer Name: *Aeonium arboreum* „Atropurpureum"
eutscher Name: Rosettendickblatt
ndere Arten/Sorten: „Schwarzkopf" („Zwartkop")
eschreibung: Sukkulente mit aufrechtem locker verzweigtem Wuchs und Blattsetten in sehr dunklem Purpurrot. Goldgelbe pyramidenförmige Blütenstände. ach der Blüte sterben die Stängel ab.
öhe x Breite: 60 x 90 cm
ütezeit: Frühling
oden: Gut drainiert.

10

Botanischer Name: *Verbena* x *hybrida*
Deutscher Name: Eisenkraut
Andere Arten/Sorten: „La France", „Homestead Purple", „Tex Tuf Purple", „Romance-Hybriden"
Beschreibung: Frostempfindliche Staude mit kleinen, lanzettförmigen dunkelgrünen Blättern mit gesägtem Rand. Buschiger bis rankender Wuchs. Die steifen verzweigten Stängel tragen kuppelförmige Büschel aus violetten Blüten mit ausgestellter Öffnung.
Höhe x Breite: 15 – 30 x 30 – 45 + cm
Blütezeit: Sommer bis Herbstmitte
Boden: Fruchtbar. Trockene Bedingungen meiden.

Hintergrund

5-9

Botanischer Name: *Buddleja davidii* „Empire Blue"
Deutscher Name: Sommerflieder, Schmetterlingsstrauch
Andere Arten/Sorten: „Nanho Purple", „Lochinch", *B.* x *fallowiana*
Beschreibung: Wüchsiger aufrechter Strauch mit lanzettförmigen Blättern in dunklem Graugrün. Bildet am neuen Holz hell lavendelfarbene konische Blütenstände. Süßlich duftend. Im Spätwinter stark zurückschneiden.
Höhe x Breite: 3 – 4 x 3 – 4 m
Blütezeit: Sommermitte bis Frühherbst
Boden: Gut drainiert.

5-9

Botanischer Name: *Buddleja davidii* „Dartmoor"
Deutscher Name: Sommerflieder, Schmetterlingsstrauch
Andere Arten/Sorten: „Isle de France", „Lochinch", *B. fallowiana*
Beschreibung: Aufrechter Strauch, blüht am neuen Holz. Kräftig graugrüne lanzettförmige Blätter und große verzweigte Rispen mit dunkellila Blüten. Süßlich duftend. Im Spätwinter stark zurückschneiden.
Höhe x Breite: 3 – 4 x 3 – 4 m
Blütezeit: Sommermitte bis Frühherbst
Boden: Gut drainiert.

Mitte

2-9

Botanischer Name: *Aconitum* „Spark's Variety" syn. *A. henryi*
Deutscher Name: Eisenhut
Andere Arten/Sorten: „Bressingham Spire", *A. carmichaelii* „Kelmscott"
Beschreibung: Staude mit langen verzweigten Büscheln und helmförmigen blauvioletten Blüten. Gefingerte Blätter mit zerteiltem Rand. Hochgiftig.
Höhe x Breite: 120 – 150 x 0,50 cm
Blütezeit: Sommermitte bis Frühherbst
Boden: Fruchtbar, gut drainiert, aber Feuchtigkeit speichernd.

9-10

Botanischer Name: *Hebe* x *andersonii* „Variegata"
Deutscher Name: Hebe, Strauchveronika
Andere Arten/Sorten: Keine
Beschreibung: Immergrüner Strauch mit kurzen lilavioletten Blütenähren. Lange Blütezeit. Die ledrigen ovalen Blätter sind graugrün mit cremeweißem Rand. Frostempfindlicher als die unpanaschierten Formen.
Höhe x Breite: 1,2 x 1,2 m
Blütezeit: Sommermitte bis Herbst
Boden: Fruchtbar, gut drainiert.

Vordergrund

5-8

Botanischer Name: *Erica cinerea* „Hookstone Lavender"
Deutscher Name: Grauheide, Aschenheide
Andere Arten/Sorten: „Cindy", „Contrast", „Eden Valley", „Purple Beauty"
Beschreibung: Immergrüner kleiner Strauch mit nadelförmigen Blättern und einer Fülle aus winzigen Glockenblüten. Nach der Blüte mit einer Heckenschere leicht beschneiden.
Höhe x Breite: 30 x 45 cm
Blütezeit: Sommermitte bis Frühherbst
Boden: Neutral bis sauer, humos, aber gut drainiert.

9-10

Botanischer Name: *Heliotropium arborescens* syn. *H. peruvianum* (Kultivar)
Deutscher Name: Heliotrop, Sonnenwende
Andere Arten/Sorten: „Iowa", „Black Beauty", „Marine"
Beschreibung: Frostempfindliche buschige Staude mit lilafarbenen bis violetten Blütenbüscheln. Die schönen tief geäderten Blätter sind dunkelgrün, oftmals mit violettem Schimmer. Süßlicher Duft.
Höhe x Breite: 30 – 45 x 30 cm
Blütezeit: Sommer bis Frühherbst
Boden: Fruchtbar, gut drainiert.

5-9

Botanischer Name: *Buddleja davidii* „Black Knight"
Deutscher Name: Sommerflieder, Schmetterlingsstrauch
Andere Arten/Sorten: „Royal Red"
Beschreibung: Wüchsiger aufrechter Strauch mit lanzettförmigen graugrünen Blättern und konischen Blütenständen in kräftigem Pflaumenviolett. Duftend. Im Spätwinter stark zurückschneiden.
Höhe x Breite: 3 – 4 x 3 – 4 m
Blütezeit: Sommermitte bis Frühherbst
Boden: Gut drainiert.

Hintergrund

10

Botanischer Name: *Tibouchina urvilleana* syn. *T. semidecandra*
Deutscher Name: Tibouchine, Prinzessinenstrauch
Andere Arten/Sorten: Keine
Beschreibung: Immergrüner schwach verzweigter Strauch mit aufrechtem Wuchs. Große Blätter mit starker Paralleläderung und weichen Härchen. Große schalenförmige Blüten in leuchtendem Violett. Lange Blütezeit.
Höhe x Breite: 3 x 1,8 m
Blütezeit: Sommer bis Frühwinter
Boden: Neutral bis sauer.

8-10

Botanischer Name: *Hebe* „Autumn Glory"
Deutscher Name: Hebe, Strauchveronika
Andere Arten/Sorten: „Amy", „Bowle's Hybrid"
Beschreibung: Immergrüner Strauch, bildet eine flache Kuppel aus violettschwarzen Trieben und kräftig graugrünen Blättern mit einem feinen roten Rand. Kurze Blütenähren in kräftigem Lavendelviolett. Lange Blütezeit.
Höhe x Breite: 60 – 90 x 60 – 90 cm
Blütezeit: Sommermitte bis Frühwinter
Boden: Fruchtbar, gut drainiert.

Mitte

5-10

Botanischer Name: *Aster* x *frikartii* „Mönch"
Deutscher Name: Bergaster
Andere Arten/Sorten: *A. frikartii* „Wunder von Stäfa"
Beschreibung: Staude mit ovalen graugrünen Blättern. Die verzweigten Stängel tragen lavendelviolette Korbblüten mit gelber Mitte. Im Gegensatz zu einigen anderen Astern ist *A. frikartii* mehltauresistent.
Höhe x Breite: 90 x 40 cm
Blütezeit: Sommermitte bis Herbstmitte
Boden: Fruchtbar, gut drainiert.

3-10

Botanischer Name: *Nepeta* x *faassenii*
Deutscher Name: Katzenminze
Andere Arten/Sorten: *N.* „Six Hills Giant"
Beschreibung: Staude mit kriechenden Wurzeln. Bildet flache Büschel aus weichen, graugrünen aromatischen Blättern. Schlanke Blütenstände mit kleinen lavendelfarbenen Blüten. Lockt Katzen an, daher der Name.
Höhe x Breite: 45 x 45 cm
Blütezeit: Frühsommer bis Spätsommer
Boden: Gut drainiert.

Vordergrund

5-10

Botanischer Name: *Tradescantia* x *andersoniana* „Purple Dome"
Deutscher Name: Dreimasterblume
Andere Arten/Sorten: „Bilberry Ice", „Pauline"
Beschreibung: Staude mit grasartigen Blättern in großen wirren Büscheln. Die Stängel tragen endständige Bündel aus kleinen dreiblättrigen Blüten.
Höhe x Breite: 60 x 60 cm
Blütezeit: Sommer bis Herbst
Boden: Fruchtbar, Feuchtigkeit speichernd.

Hintergrund

7-9

Botanischer Name: *Leycesteria formosa*
Deutscher Name: Buntdachblume
Andere Arten/Sorten: Keine
Beschreibung: Aufrechter Strauch mit leuchtenden immergrünen Trieben im Winter und dunkelgrünen lanzettförmigen Blättern. Hängende Trauben aus kleinen weißen Glockenblüten mit purpurroten Brakteen. Purpurschwarze Beeren.
Höhe x Breite: 2,5 x 3,5 m
Blütezeit: Spätsommer
Boden: Mäßig Feuchtigkeit speichernd, aber gut drainiert.

5-8

Botanischer Name: *Elsholtzia stauntonii*
Deutscher Name: Elsholtzie
Andere Arten/Sorten: Keine
Beschreibung: Halbstrauch mit aromatischen gezähnten Blättern und kurzen flauschigen Ähren aus malvenfarbenen Blüten. Stirbt in kalten Klimaten in jedem Winter bis zum Boden ab.
Höhe x Breite: 1,5 x 2,2 m
Blütezeit: Spätsommer bis Frühwinter
Boden: Flachgründige, stark alkalische Böden meiden.

Mitte

9-10

Botanischer Name: *Fuchsia* „Love's Reward"
Deutscher Name: Fuchsie
Andere Arten/Sorten: „Estelle Marie", „Rose of Castile", „Berba's Ingrid", „Fey"
Beschreibung: Frostempfindlicher buschiger Strauch mit ovalen spitz zulaufenden Blättern in Mittelgrün. Herabhängende Glockenblüten mit weißen Kelchblättern und purpurrandigen weißen Blütenblättern.
Höhe x Breite: 90 x 90 cm
Blütezeit: Sommer bis Herbstmitte
Boden: Gut drainiert, humos, Feuchtigkeit speichernd.

3-9

Botanischer Name: *Hosta* „Tall Boy"
Deutscher Name: Funkie
Andere Arten/Sorten: „Honeybells", „Krossa Regal", *H. ventricosa*
Beschreibung: Staude mit kräftigen Büscheln aus hübschen lanzettförmigen Blättern. Die Stängel (bis 1,5 m) tragen blassviolette Trompetenblüten.
Höhe x Breite: 90 – 150 x 60 cm
Blütezeit: Sommer
Boden: Gut drainiert bis feucht.

Vordergrund

8-10

Botanischer Name: *Viola hederacea*
Deutscher Name: Veilchen
Andere Arten/Sorten: Keine
Beschreibung: Frostempfindliche immergrüne Staude mit winzigen runden Blättern. Die Stängel tragen weiße Veilchenblüten mit auffälligen violetten Flecken. Guter Bodendecker in wärmeren Klimaten.
Höhe x Breite: 2,5 – 5 cm x unbestimmte Breite
Blütezeit: Sommer
Boden: Gut drainiert, Feuchtigkeit speichernd.

4-10

Botanischer Name: *Sedum* „Strawberries and Cream"
Deutscher Name: Fetthenne
Andere Arten/Sorten: „Ruby Glow", „Vera Jameson"
Beschreibung: Staude mit buschigem aufrechtem Wuchs und fleischigen ovalen Blättern in dunklem Purpur. Dichte gewölbte Blütenstände mit karminroten Knospen, die sich zu cremeweißen und rosafarbenen Blüten öffnen.
Höhe x Breite: 60 x 60 cm
Blütezeit: Spätsommer
Boden: Gut drainiert bis trocken.

Hintergrund

7-10

Botanischer Name: *Verbena bonariensis* syn. *V. patagonica*
Deutscher Name: Eisenkraut
Andere Arten/Sorten: Keine
Beschreibung: Frostempfindliche Staude mit einem grundständigen Büschel aus dunkelgrünen Blättern. Die schlanken, spärlich belaubten aufrechten Stängel tragen kleine leuchtend violette Blütenbüschel. Selbst aussäend.
Höhe x Breite: 1,5 x 0,5 m
Blütezeit: Sommer bis Herbst
Boden: Gut drainiert.

6-9

Botanischer Name: *Clematis viticella* „Little Nell"
Deutscher Name: Klematis, Waldrebe
Andere Arten/Sorten: „Minuet", „Elvan", „Royal Velours"
Beschreibung: Kletterpflanze mit gefiederten Blätter und rankenden Trieben. Braucht Halt. Kann auch an einem Strauch hochgezogen werden. Im zeitigen Frühjahr auf 30 cm zurückschneiden.
Höhe x Breite: 3,7 x 3,7 m
Blütezeit: Spätsommer
Boden: Gut drainiert, humos, Feuchtigkeit speichernd. Mulchen.

Mitte

5-9

Botanischer Name: *Tricyrtis formosana*
Deutscher Name: Krötenlilie
Andere Arten/Sorten: *T. hirta*
Beschreibung: Staude mit aufrechten, in glänzende dunkelgrüne Blätter gehüllten Trieben. Ungewöhnliche gesprenkelte Blüten in Büscheln. In Regionen mit heißen Sommern gut wässern.
Höhe x Breite: 60 – 90 x 45 cm
Blütezeit: Frühherbst
Boden: Gut drainiert, aber Feuchtigkeit speichernd und humos.

9-10

Botanischer Name: *Fuchsia* „Berba's Ingrid"
Deutscher Name: Fuchsie
Andere Arten/Sorten: „Estelle Marie", „Rose of Castile", „Love's Reward"
Beschreibung: Frostempfindlicher buschiger Strauch mit ovalen, spitz zulaufenden mittelgrünen Blättern. Büschel aus hängenden Glockenblüten mit weißen zurückgebogenen Kelchblättern und violetten Blütenblättern.
Höhe x Breite: 90 x 90 cm
Blütezeit: Sommer bis Herbstmitte
Boden: Gut drainiert, humos, Feuchtigkeit speichernd.

Vordergrund

4-10

Botanischer Name: *Sedum maximum* „Atropurpureum"
Deutscher Name: Fetthenne
Andere Arten/Sorten: *S.* „Ruby Glow", *S.* „Vera Jameson"
Beschreibung: Staude mit dichten Büscheln aus winzigen roten Sternblüten. Fleischige braunviolette Blätter mit grauweißem Flaum.
Höhe x Breite: 60 x 60 cm
Blütezeit: Spätsommer
Boden: Gut drainiert bis trocken.

3-10

Botanischer Name: *Liatris spicata* syn. *L. callilepis*
Deutscher Name: Prachtscharte
Andere Arten/Sorten: „Kobold"
Beschreibung: Staude, bildet einen dichten Büschel aus gebogenen grasartigen Blättern und aufrechten Stängeln. Die Blütenähren leuchten in einem rosigen Malventon und öffnen sich von oben nach unten.
Höhe x Breite: 60 x 30 cm
Blütezeit: Spätsommer
Boden: Gut drainiert.

Hintergrund

5-8

Botanischer Name: *Clematis* „Betty Corning"
Deutscher Name: Klematis, Waldrebe
Andere Arten/Sorten: *C. v.* „Little Nell", *C. v.* „Venosa Violacea"
Beschreibung: Kletterpflanze mit feinen Trieben und gefiederten Blättern. Braucht eine Kletterstütze oder kann an einem Strauch hochgezogen werden. „Betty Corning" ist eine Kreuzung aus *C. texensis* und *C. viticella*.
Höhe x Breite: 3 – 3,5 x 3 – 3,5 m
Blütezeit: Sommermitte bis Frühherbst
Boden: Fruchtbar, humos, Feuchtigkeit speichernd.

5-8

Botanischer Name: *Clematis* „Jackmanii"
Deutscher Name: Klematis, Waldrebe
Andere Arten/Sorten: „Superba"
Beschreibung: Kletterpflanze mit gefiederten Blättern und tiefvioletten Blüten, deren vier Kelchblätter wie Blütenblätter aussehen. Vorjahrestriebe im späten Winter/zeitigen Frühjahr auf 30 cm zurückschneiden.
Höhe x Breite: 3,5 – 4,5 x 3,5 – 4,5 m
Blütezeit: Sommermitte bis Frühherbst
Boden: Fruchtbar, humos, Feuchtigkeit speichernd.

Mitte

9-10

Botanischer Name: *Canna* (Kultivar)
Deutscher Name: Canna, Indisches Blumenrohr
Andere Arten/Sorten: „Black Knight", *C. indica* „Purpurea"
Beschreibung: Rhizomstaude, ähnelt einer kleinen Bananenpflanze. Die großen Blätter sind je nach Kultivar bronzegrün bis braunviolett, und die Blüten können schlicht und ungemustert oder andersfarbig gefleckt oder umrandet sein.
Höhe x Breite: 90 – 120 x 45 – 60 cm
Blütezeit: Spätsommer bis Herbst
Boden: Fruchtbar, Feuchtigkeit speichernd bis feucht.

3-10

Botanischer Name: *Aster ericoides* „Blue Star"
Deutscher Name: Myrtenaster, Septemberkraut
Andere Arten/Sorten: „Erlkönig"
Beschreibung: Verzweigte Staude mit kurzen schmalen Blättern. Im Herbst mit winzigen Korbblüten übersät. Im Winter bietet die blattlose Pflanze einen zarten sternförmigen Anblick.
Höhe x Breite: 60 – 75 x 30 cm
Blütezeit: Herbst
Boden: Fruchtbar, gut drainiert.

Vordergrund

5-10

Botanischer Name: *Liriope muscari*
Deutscher Name: Lilientraube
Andere Arten/Sorten: „Majestic", „Big Blue", „Variegata", „Gold-banded"
Beschreibung: Immergrüne Staude mit Büscheln aus breiten grasartigen Blättern. Die festen violetten Blütenähren erinnern an die Traubenhyazinthe, daher der botanische Name. Robuste Pflanze, ideal zur Randbepflanzung.
Höhe x Breite: 30 x 45 cm
Blütezeit: Herbst
Boden: Fruchtbar, mäßig drainiert.

5-8

Botanischer Name: *Crocus nudiflorus*
Deutscher Name: Herbstkrokus
Andere Arten/Sorten: *C. vernus, C. medius, C. speciosus*
Beschreibung: Knollenpflanze, bildet im Herbst kelchförmige Blüten mit auffälligen goldgelben Staubblättern an nackten Stängeln. Die schmalen grasartigen Blätter entstehen später im Winter und Frühling und sterben danach ab. Ideal zum Auswildern auf Rasen.
Höhe x Breite: 10 x 2,5 – 8 cm
Blütezeit: Herbst
Boden: Gut drainiert.

Hintergrund

6-8

Botanischer Name: *Callicarpa bodinieri* var. *giraldii* „Profusion"
Deutscher Name: Schönfrucht, Liebesperlenstrauch
Andere Arten/Sorten: *C. bodiniei, C. japonica, C. americana*
Beschreibung: Strauch mit lockerem Wuchs. Violett getönte Blätter im Herbst. Die lilafarbenen Blütenbüschel wachsen in den Blattachseln an zweijährigem Holz und reifen zu leuchtenden violettpurpurnen Beeren heran. Für guten Fruchtansatz in Gruppen pflanzen.
Höhe x Breite: 3 – 4 x 3 – 4 m
Blütezeit: Spätsommer
Boden: Fruchtbar. Stark alkalische Böden meiden.

5-8

Botanischer Name: *Hibiscus syriacus* „Mauve Queen"
Deutscher Name: Straucheibisch, Hibiskus
Andere Arten/Sorten: „Russian Violet", „Coelestis", „Carmation Boy"
Beschreibung: Strauch mit aufrechten Ästen und buschigem kelchförmigem Wuchs. Dunkelgrüne gelappte Blätter und große trompetenförmige Blüten mit hervorstehender Narbe und Staubblättern.
Höhe x Breite: 1,5 – 1,8 x 1,5 – 1,8 m
Blütezeit: Sommer bis Herbstmitte
Boden: Fruchtbar, gut drainiert. Stark alkalische Böden meiden.

Mitte

5-10

Botanischer Name: *Aster turbinellus*
Deutscher Name: Herbstaster
Andere Arten/Sorten: Keine
Beschreibung: Staude mit aufrechten verzweigten Trieben, die in kleine schmale Blätter gehüllt sind. Lockere Blütenzweige aus winzigen violettblauen Korbblüten.
Höhe x Breite: 120 x 60 cm
Blütezeit: Herbst
Boden: Fruchtbar, gut drainiert.

3-9

Botanischer Name: *Cimicifuga simplex* „Atropurpurea" (*C. racemosa* „Atropurpurea")
Deutscher Name: Silberkerze
Andere Arten/Sorten: „Brunette"
Beschreibung: Staude mit tief zerteilten, glänzenden purpurschwarzen Blättern. Die dünnen Stängel tragen lange, schmale flauschige Blütenstände in rosigem Weiß. Duftend.
Höhe x Breite: 1,2+ x 0,6 m
Blütezeit: Frühherbst bis Herbstmitte
Boden: Fruchtbar, feucht.

Vordergrund

6-8

Botanischer Name: *Daboecia cantabrica* „Atropurpurea"
Deutscher Name: Irische Heide
Andere Arten/Sorten: „Hookstone Purple", *D.* Scotica-Gruppe
Beschreibung: Immergrüner kleiner Strauch, bildet einen flachen Teppich aus kleinen Blättern und aufrechten Büscheln hängender Glockenblüten. Gedeiht im Halbschatten, verträgt aber bei feuchtem Boden auch volle Sonne. Im Frühling etwas trimmen.
Höhe x Breite: 20 x 90 cm
Blütezeit: Frühsommer bis Spätherbst
Boden: Neutral bis sauer, humos, Feuchtigkeit speichernd.

7-9

Botanischer Name: *Aster sedifolius* „Nanus"
Deutscher Name: Herbstaster
Andere Arten/Sorten: Keine
Beschreibung: Staude, bildet eine Kuppel aus verzweigten, in lanzettförmige Blätter gehüllte Stängel und lavendelblaue Sternblüten. „Nanus" ist eine besonders kompakte und standfeste Sorte.
Höhe x Breite: 30 – 45 x 30 – 45 cm
Blütezeit: Spätsommer bis Frühherbst
Boden: Fruchtbar, gut drainiert.

Hintergrund

6-10

Botanischer Name: *Strobilanthes atropurpureus*
Deutscher Name: Strobilanthes
Andere Arten/Sorten: Keine
Beschreibung: Buschige aufrechte Staude mit spitz zulaufenden gezähnten Blättern. An den Triebspitzen entstehen lockere Büschel aus ungewöhnlichen violetten Röhrenblüten mit ausgestellter Öffnung.
Höhe x Breite: 120 x 60 cm
Blütezeit: Sommer bis Herbst
Boden: Fruchtbar, gut drainiert.

10

Botanischer Name: *Cordyline australis* „Atropurpurea“
Deutscher Name: Keulenlilie
Andere Arten/Sorten: Purpurea-Gruppe
Beschreibung: Immergrüner verzweigter Baum. Langsamer Wuchs. Auf den nackten Stümmen bilden sich Rosetten aus langen, riemenförmigen purpurbronzenen Blättern. Sprays aus duftenden weißen Blüten an reiferen Pflanzen.
Höhe x Breite: 4+ x 3+ m
Blütezeit: Sommer
Boden: Gut drainiert.

Mitte

4-9

Botanischer Name: *Aster novi-belgii* „Marie Ballard“
Deutscher Name: Glattblattaster
Andere Arten/Sorten: *A.* x *frikartii* „Mönch“
Beschreibung: Staude mit aufrechten Stängeln, die evtl. gestützt werden müssen. Kleine, schmale dunkelgrüne Blätter und Büschel aus gefüllten Korbblüten.
Höhe x Breite: 90 x 45 cm
Blütezeit: Herbst
Boden: Gut drainiert, aber nicht trocken.

10

Botanischer Name: *Hypoestes aristata*
Deutscher Name: Botanischer Name
Andere Arten/Sorten: Keine
Beschreibung: Immergrüner buschiger Halbstrauch mit ovalen grünen Blättern und endständigen dichten Ähren aus violetten Röhrenblüten. Frostempfindliche, aber sehr attraktive Pflanze.
Höhe x Breite: 90 x 60 cm
Blütezeit: Spätwinter
Boden: Gut drainiert.

Vordergrund

8-10

Botanischer Name: *Phormium* „Bronze Baby“
Deutscher Name: Neuseeländer Flachs
Andere Arten/Sorten: „Rubrum“, „Tiny Tim“, „Dazzler“, „Dusky Chief“
Beschreibung: Immergrüne zwergwüchsige Staude. Bildet eine Rosette aus gebogenen riemenförmigen Blättern in rötlichem Violett mit einem dünnen roten Rand. Schöner Blickfang im Vordergrund sonniger Rabatten.
Höhe x Breite: 45 – 75 x 75 cm
Blütezeit: Sommermitte
Boden: Gut drainiert.

4-10

Botanischer Name: *Ophiopogon planiscapus* „Nigrescens“
Deutscher Name: Schlangenbart
Andere Arten/Sorten: Keine
Beschreibung: Immergrüne Staude mit purpurschwarzen, gebogenen grasartigen Blättern. Guter Bodendecker, breitet sich mittels unterirdischer Ausläufer aus. Unbedeutende hellviolette Blüten und Beeren.
Höhe x Breite: 23 x 30 cm
Blütezeit: Sommer
Boden: Gut drainiert.

Register – Botanische Namen

A

B

C

Register – Deutsche Namen

Bildnachweise

Die kursiv gekennzeichneten Angaben beziehen sich auf die Nahaufnahmen und alle anderen auf die Gesamtabbildung der Pflanze.

ol oben links, or oben rechts, ml Mitte links, mr Mitte rechts, ul unten links, ur unten rechts

Europa 39 mr

Jon Delorme 80

Harry Smith Horticultural Collection 6, 10, 13 mr, 18 mr, 37 ol, 37 ol, 37 or, 44 ol, 44 or, 44 or, 45 *ol*, 46, 48 *ol*, 49 or, 49 or, 49 ul, 49 *ul*, 49 ur, 52 ol, 52 ol, 52 ul, 52 *ul*, 52 *ur*, 54 or, 54 *or*, 55 ol, 55 ol, 55 *or*, 55 or, 55 ml, 58 or, 58 or, 64, 66 mr, 66 *mr*, 67 *ml*, 70 ml, 70 *ml*, 70 mr, 71 ml, 71 *ml*, 86 ol, 86 *ol*, 100, 104 ml, 104 *ml*, 122 ul, 122 *ul*, 123 ml, 124 ur, 124 *ur*, 125 ul, 125 *ul*, 128, 135 ol, 135 *ol*, 135 or, 142, 145 ml, 145 *ml*, 145 mr, 145 *mr*, 146 ml, 158 or, 159 or, 169 mr, 169 *mr*, 170, 189 ml, 189 *ml*, 192 ml, 192 *ml*, 192 mr, 192 *mr*

Alle anderen Fotos sind von Peter Stiles
Register von Kate Robinson

Widmung

In Liebe für Joan und Neil